Über das Buch   Der österreichische Schriftsteller Gerhard Roth genießt einen nahezu legendären Ruf als engagierter Essayist, der unermüdlich gegen Mißstände in Österreich polemisiert – auch wenn er dafür im eigenen Land oft als Nestbeschmutzer diffamiert wurde.

Dieser Band versammelt Beiträge der letzten zehn Jahre, die Roth in überregionalen Zeitungen, etwa als Autor für *Die Zeit* oder *profil*, publiziert hat. Er fungiert darin als Seismograph der jüngsten historischen Epoche Österreichs, die von der Wahl Waldheims zum Präsidenten 1986 bis zum EU-Beitritt 1995 reicht. Seine Artikel sind Warnungen vor Antisemitismus und Fremdenparanoia in Österreich, sie wollen verhindern, daß das Land Etappen seiner Vergangenheit, besonders die Rolle im nationalsozialistischen Machtgefüge, ausblendet. Analytische Wahrhaftigkeit treibt Roth dazu, die Ursachen für Verdrängung und Kleingeistigkeit in Österreich aufzuspüren, das eigentliche Wesen der Republik und ihrer Mentalität zu erkunden. Seine Recherche erhellt auch Orte, an denen sich die Institution Staat ihrer schwächsten Mitglieder höchstpersönlich annimmt: Obdachlosenunterkünfte, Entziehungsheime, Psychiatrien.

Aufgeschlossen berichtet er in den Interviews am Ende des Bandes über sein Leben als Schriftsteller und die Arbeit am großen Romanzyklus *Die Archive des Schweigens*.

Gerhard Roth, 1942 in Graz geboren, lebt als freier Schriftsteller in Wien und der Südsteiermark. Er hat Romane, Erzählungen, Essays und Theaterstücke geschrieben. Für sein Werk erhielt er zahlreiche Auszeichnungen, u. a. den Preis der SWF-Bestenliste, den Alfred-Döblin-Preis, den Österreichischen Würdigungspreis, den Ehrenpreis des Österreichischen Buchhandels und den Marie Luise Kaschnitz-Preis.

Kristina Pfoser-Schewig (Hg.), geb. 1957, studierte Germanistik, Publizistik und Philosophie. Seit 1981 Mitarbeiterin der Dokumentationsstelle für neuere österreichische Literatur in Wien, freie Mitarbeiterin des ORF, veröffentlichte Arbeiten zur österreichischen Literatur des 20. Jahrhunderts.

Gerhard Roth
Das doppelköpfige Österreich

Essays, Polemiken, Interviews

Herausgegeben von
Kristina Pfoser-Schewig

Mit einem Vorwort von
Josef Haslinger
und Kommentaren von
Gerfried Sperl

Fischer Taschenbuch Verlag

Originalausgabe
Veröffentlicht im Fischer Taschenbuch Verlag GmbH,
Frankfurt am Main, August 1995

© Fischer Taschenbuch Verlag GmbH, Frankfurt am Main 1995
Gesamtherstellung: Clausen & Bosse, Leck
Printed in Germany
ISBN 3-596-12914-1

Gedruckt auf chlor- und säurefreiem Papier

Inhalt

Josef Haslinger: Das endlose Land 9

1.
Die doppelköpfige Republik.
Antworten auf
das österreichische Selbstverständnis

»Was für den einen das Paradies ist, kann für den
anderen die Hölle sein«
Drei österreichische Karikaturen. Überlegungen beim
Bleistiftspitzen 21

Der unhörbare Trauermarsch
Österreich und die Vergangenheit 43

Im Reich des Herrn Karl
Noch einmal Österreich: Bücher über den
»Waldheim-Komplex«, eine »Politik der Gefühle« und
»Das Ende der Gemütlichkeit« 49

Das doppelköpfige Österreich 56

Österreich, das Reich der neuen Rede
Rede anläßlich der Verleihung des Literaturpreises der Stadt
Wien und des Marie Luise Kaschnitz-Preises 1992 63

Von Schafen, falschen Hunden, bedrohlichen Krähen
und anderen Tieren
Rede anläßlich der Verleihung des Ehrenpreises des
Österreichischen Buchhandels 70

2.
Gespenster.
Konflikte und Repliken

Ein Gespenst geht um 83

Der Würgegriff des Volksempfindens 87

Brief des Vizebürgermeisters von Wien Erhard Busek an
Gerhard Roth. Wien, 20. 8. 1987 93

Brief von Gerhard Roth an Erhard Busek. Kopreinigg,
26. 8. 1987 96

3.
Der Schein siegt.
Zwischenrufe und Polemiken
über Politisches und Kulturelles

Der Schein siegt 105

Vergreist und verfault 110

Rushdie und die Weltbild-Zyklopen 112

Offener Brief von Gerhard Roth an den Innenminister
Franz Löschnak 114

SPÖ und ihr »dialektischer Populismus« 117

Im Lande des Zigeunerbarons 119

Die Kultur vernichtet die Kunst 122

Das Theater und seine Spielregel 126

4.
Sonnenkönig und Menschenfeind.
Bruno Kreisky und Thomas Bernhard

Der Menschenfeind, der der Alpenkönig war
Nachruf auf Thomas Bernhard 137

»Ein Regisseur, der gern die Hauptrolle spielte«
Erinnerung an Bruno Kreisky 140

5.
Der ewige Sieg des Apparats.
Krankheit, Kunst, Krieg

Der ewige Sieg des Apparats 145

Eismeer des Schweigens
Ernst Herbeck: »Alexander« – Ausgewählte Texte
1961 – 1981 151

Ernst Herbeck
Über das Gedicht »Der Morgen« von Ernst Herbeck 157

Mir wird mein Leben lästig schon
Über den österreichischen Künstler August Walla 162

Rat Smrt 167

6.
Der österreichische Kopf
ist mein Thema.
Antworten und Fragen

Warum sie schreiben wie sie schreiben
Eine Umfrage 175

»Für mich ist Schreiben eine Qual«
Gespräch mit Günter Kaindlstorfer 178

»Man hat die Vergangenheit im Ärmel verschwinden
lassen wollen«
Gespräch mit Georg Pichler 184

Meine Geschichten betreffen auch mich selbst
Gespräch mit Walter Vogl 193

»Der österreichische Kopf ist mein Thema«
Gespräch mit Karin Kathrein 203

»Ich bin zum Ziel gekommen, indem ich gescheitert bin«
Gespräch mit Carna Zacharias 220

Gespräch mit Gerhard Roth
Von Peter Ensberg 228

Gerfried Sperl: Roth und der Zeitbruch 237

Anmerkungen 240
Auswahlbibliographie und Quellenverzeichnis 246

JOSEF HASLINGER

Das endlose Land

»Ich gehe von der Ansicht aus, daß die Geschichte eine Entwicklung von einem Irrtum zum nächsten Irrtum ist.« Dieser
Satz von Gerhard Roth, geäußert 1986 in einem Gespräch mit
Günter Kaindlstorfer, beinhaltet auf den ersten Blick pure Resignation. Betrachtet man ihn genauer, beginnt er auf eigenartige Weise zu schillern. Er bezieht sich auf sich selbst und
widerspricht sich dabei. Daß die Geschichte eine Entwicklung
von einem Irrtum zum nächsten Irrtum ist, könnte nämlich
der neueste Irrtum sein. Entweder ist Geschichte eine Anhäufung von Irrtümern, dann kann derjenige, der das behauptet,
nicht recht haben, oder er hat recht, dann gibt es in der Geschichte auch noch einen Standpunkt außerhalb dieser Irrtümer. Diese Lesart hebt den Satz merkwürdigerweise nicht
auf. Die paradoxe Formulierung betrifft nämlich nur den Ne-
bensatz. Gerhard Roth sagt ja nicht: »Ich behaupte, daß...«,
sondern: »Ich gehe von der Ansicht aus, daß...« Was ja nur
heißen kann: Von diesem Widerspruch (des Nebensatzes)
gehe ich aus. Oder anders formuliert: Ich will natürlich die
Wahrheit sagen, aber ich kann, erwägt man den bisherigen
Lauf der Dinge, nicht sicher sein, ob sie nicht doch ein Irrtum
ist.
Allerorten wurde in den achtziger Jahren intellektuelle Inven-
tur gehalten. Und dabei wurde auch das alte Stehaufmänn-
chen Geschichtslogik wieder einmal ausgemustert. Niemand
wollte mehr glauben an das richtige, wahre Leben, von dem
man einst sagte, daß es, durch viele Niederlagen und Verstel-

lungen hindurch, der Lohn sei für die Mühen (und Befriedigungen) des gesellschaftlichen Engagements. Roths Äußerung scheint sich aber weniger auf den intellektuellen Showdown der achtziger Jahre zu beziehen als vielmehr auf seine eigene Geschichtserfahrung. Und die österreichische Geschichte allein dieses Jahrhunderts legt es durchaus nahe, skeptisch zu sein. Zu viele Wahrheiten haben sich hier abgewechselt. Keine hat lange gehalten. Aber das Eigenartige ist, daß keine auch jemals wirklich zugrunde gegangen ist. Österreich kann einem als ein Land erscheinen, in dem es unmöglich ist, etwas zu beenden, einen Irrweg abzubrechen, ein historisches Kapitel zu schließen. Manches mag zwar von der Oberfläche verschwinden, weil es unbequem geworden ist, inopportun, aber plötzlich stehen düstere Weltbilder, rassistische Menschenverachtung und herrschaftsgläubige Erwartungen aller Art wieder in einer Unschuld vor uns, als habe sich nie jemand ernsthaft mit ihnen auseinandergesetzt.

Zu Beginn des Jahrhunderts zerbrach ein multiethnisches Staatsgebilde am deutschnationalen Wahn. Österreich wurde auf eine Größe reduziert, die es zuletzt vor einem halben Jahrtausend hatte. Mangels Kaiser war es obsolet, Monarchist zu sein. Aber Böhmen, Mähren, Galizien, Siebenbürgen, Bukowina, das waren klingende Namen einer verlorenen Größe, von der alte Menschen, wie meine Großmutter, noch in der Zweiten Republik schwärmten – auch wenn sie in der Monarchie nur ein Dienstmädchen war.

Diese klingenden Namen kamen in den achtziger Jahren als Teil der Mitteleuropa-Debatte in den intellektuellen Diskurs zurück. Schriftsteller und Bürgerrechtler aus diesen Landstrichen legten uns nahe, daß die Folgen dessen, was 1918 geschehen ist, noch lange nicht ausgestanden seien. Der Zusammenbruch der österreich-ungarischen Monarchie habe ein Machtvakuum hinterlassen, dessen sowjetische Füllung man durchaus als vorläufig betrachten könne. Denn von ihren kulturellen Traditionen her gehörten diese Regionen keineswegs zum Osten. Österreichische, deutsche, italienische und französische Publizisten hielten Nachschau in Przemyśl, Czernowitz und im Banat, dem Geburtsland von Nikolaus Lenau. Ihr Befund: Nicht daß es hier von Kaiserfreunden wimmelte, aber so verrottet wie unter dem Kommunismus seien die Zustände in der Monarchie nicht gewesen. Mit dem Zusammenbruch der kommunistischen Herrschaftssysteme in Osteuropa bekam das Ende der k. u. k. Monarchie eine völlig neue Gewichtung für die Geschicke dieses Jahrhunderts. Die Folgen des Versagens des österreichischen Liberalismus waren plötzlich spürbarer als etwa die Folgen des Zweiten Weltkriegs. Der österreichische Kaiser führte, obwohl schon siebzig Jahre amtsenthoben, weiterhin ein Schattendasein.

Ob man in der Ersten Republik katholisch, rechts und antisemitisch war oder atheistisch, links (und oft ebenfalls antisemitisch), resultierte in den seltensten Fällen aus einer bewußten Entscheidung. Normalerweise hing es schlicht davon ab, wo man wohnte und welchem Beruf man nachging. Österreich war in der Barockzeit so ausgiebig mit dem katholischen Pflug beackert worden, bis das letzte Reformpflänzchen seinen Geist ausgehaucht hatte. Ende des 16. Jahrhunderts waren achtzig Prozent der Wiener protestantisch gewesen, hundert Jahre später war die Sünde der Auflehnung ausgemerzt. Die katholische Hegemonie hielt zwei weitere Jahrhunderte lang auch das politische Zepter in der Hand. Die gescheiterte Revolution von 1848 war ein Vorgeschmack auf die kommende große Herausforderung. Sie erwuchs dem System aus der Kultur der Arbeiterbewegung.

Die nach dem Ersten Weltkrieg ausgerufene Republik hatte keinerlei Erfahrung, wie man auf demokratische Weise mit gegensätzlichen Gesinnungen umgehen kann. Der katholische Pflug war mittlerweile technisch weitergereift. Der Versuch eines bewaffneten Generalstreiks im Februar 1934 endete damit, daß die Arbeiterwohnheime von der Artillerie beschossen wurden. Die sozialdemokratischen Führer flüchteten, die Linke wurde verboten.

Vier Jahre später war die sozialdemokratische Schadenfreude darüber, daß die katholische Diktatur den braunen Horden nicht standhielt, nicht nur eine klammheimliche. So manche rote Fahne wurde mit dem Hakenkreuzemblem auf Vordermann gebracht. Und die braunen Horden, so stellte sich auf katholischer Seite erst recht heraus, waren längst in den eigenen Reihen. Sie eilten dem Glaubensgenossen aus Braunau entgegen, als wäre Gottvater persönlich erschienen.

Ihm wurde fleißiger gedient als je einem Dienstherrn zuvor. Die katholische Glaubens- und die nationalsozialistische Rassenlehre umarmten sich in Österreich so intensiv, daß viele meiner Landsleute, denen man im allgemeinen ja nicht nachsagt, daß sie unter Arbeitswut leiden, in einen bisher unbekannten historischen Tatendrang verfielen und bei der Vertreibung und Vernichtung jener Landsleute, die sie für »minderwertig« hielten, zum eifrigsten Bevölkerungsteil des Dritten Reiches wurden. Aber was hatten sie davon? Sieben Jahre später, als das Land auf seine Ausgangsgröße zurückgekämpft war, konnten sie davon nicht einmal mehr erzählen. Österreich war das erste Opfer des Naziregimes. So hieß die neue Glaubensformel. Sie wurde für unser Land zur stabilsten Wahrheit dieses Jahrhunderts. Über vierzig Jahre lang log man sich das vor. Bis einer, den die Welt kannte, in Argumentationsnotstand darüber kam, warum die Opfer auf seiten der Täter ihre Pflicht erfüllten. Da stürzte das Land in eine Identitätskrise.

Der bilanzierende Blick zurück findet tatsächlich in der österreichischen Geschichte »eine Entwicklung von einem Irrtum zum nächsten Irrtum«. In der ersten Hälfte des Jahrhunderts eine Aufeinanderfolge von Glaubensverlusten, in der zweiten Hälfte die relativ lange Stabilität einer Lüge. Die nur für einen kleinen, noch dazu wenig geachteten Teil der Bevölkerung gültige Aussage, Hitlers erstes Opfer gewesen zu sein, wurde in der Zweiten Republik wie eine schützende Decke über das ganze Land gezogen. Wenn irgendwo der Wind hineinfuhr und sie zu heben drohte, griffen gleich Tausende Hände danach, um sie wieder herabzuziehen.

Warum, so muß man sich fragen, waren die Österreicher so krampfhaft bemüht, diese Decke absolut dicht zu halten. Die Antwort ist einfach und wurde doch in vielen Debatten über das österreichische Problem mit der Vergangenheit zu wenig beachtet: weil darunter der Bürgerkrieg versteckt lag. Man konnte nicht über den Nationalsozialismus sprechen, weil man sonst über den Bürgerkrieg von 1934 hätte sprechen müssen. Der war nämlich die Ursache dafür, daß in Österreich der Widerstand im großen und ganzen eine Angelegenheit der Kommunisten blieb.

Man muß sich das vorstellen: Die Linke, die in einigen Industriegegenden und Städten, vor allem natürlich in Wien, seit langem die Mehrheit stellte, war 1934 gleichsam mit dem Militär aus dem Parlament geschossen worden – und es wurde nie wieder darüber gesprochen. Die Linke hatte keine Gelegenheit, sich am militanten Katholizismus zu rächen. Das ist wohl einer der Hauptgründe für die notorischen Verdrängungsmechanismen der österreichischen Politik. Als sich, nach der Befreiung, erstmals die Möglichkeit zur Revanche geboten hätte, war das ganze Land so kompromittiert – und außerdem von den Alliierten besetzt –, daß es ratsam war, nicht dort fortzusetzen, wo man 1934 aufgehört hatte. Die verspätet nachgetragene Rache war des demokratischen Neuanfangs, in den man nolens volens hineingestolpert war, nicht würdig. Zumindest war es nicht opportun, davon zu sprechen.

Die Sozialdemokraten liefen zwar jedem Nazi nach, den sie kriegen konnten, selbst ehemalige SS-Mitglieder waren willkommen, aber warum sie sich so verhielten, warum sie in einem Nazi ein geringeres Übel sahen als in einem »Bürgerlichen«, wurde nie öffentlich ausgesprochen. Und das, was öffentlich gesagt wurde, war ein Konglomerat von Phrasen und Sprachregelungen. Noch während der sozialdemokratischen Alleinregierung wurde in den Schulbüchern die Entstehung des »Ständestaates« – so lautete das offizielle Wort für die austrofaschistische Diktatur – mit der »Selbstausschaltung des Parlaments« erklärt.

Damit hatten die politischen Hauptmotive keine öffentliche Sprache mehr. Politik wurde zu einem heimlichen Gemauschel unter der gemeinsamen Decke der Lüge vom Naziopfer. Gerhard Roth und ich wuchsen in einer Republik auf, in der Jugendliche, die sich erste politische Gedanken machten, mit den Worten zurechtgewiesen wurden: »Tut's nit politisieren!« Über Politik zu reden galt noch in den ersten Jahrzehnten der Zweiten Republik als etwas Negatives, Unheilvolles, ja Gefährliches. Die Befreiung hatte – so gesehen – tatsächlich nie stattgefunden. Die Menschen spürten, daß »politisieren« auch bedeuten kann, nahe an die Tabuzone des Staates zu geraten.

So wurde nichts abgeschlossen, nichts ausgetragen, ja nicht einmal ausgesprochen. Es entstand eine Konfliktscheu, die in Westeuropa ihresgleichen sucht. Die relevanten politischen Kräfte trafen sich zur Klausur in den Räumen der Sozialpartnerschaft und versuchten für möglichst alle Gesetze schon im vorparlamentarischen Rahmen Einstimmigkeit zu erzielen. Wenn eine Zeitschrift *Rotfront* hieß und die Abschaffung des bürgerlichen Rechtsstaates zum erklärten Ziel hatte, wurde sie von den Sozialdemokraten genauso subventioniert wie ein monarchistischer Verein oder der Kameradschaftsbund. Und selbstverständlich wurden den katholischen Privatschulen, obwohl sie Schulgeld kassierten, die Lehrer vom Staat bezahlt. Alles und auch das Gegenteil davon sollte gleichzeitig möglich sein, wenn es nur nicht zum Konflikt kommt. Das andere, das Fremde, das war in Österreich immer das Feindliche, dem man sich nicht stellen wollte, das einen an das Umgehen des überfälligen Konflikts im eigenen Herzen erinnerte: Wer bin ich? Wo stehe ich nun wirklich?

Als Gerhard Roth den Satz von der Geschichte als der Entwicklung von einem Irrtum zum nächsten Irrtum äußerte, konnte er nicht wissen, daß wenige Tage später in *profil* und

New York Times die SA-Mitgliedschaft von Kurt Waldheim enthüllt werden würde. Waldheims Unfähigkeit, sich von seiner eigenen Lebenslüge zu verabschieden, brachte die Lebenslüge eines ganzen Landes auf die Tagesordnung. Ereignisse, die fünfzig Jahre zurücklagen, brachen mit einer Heftigkeit ins öffentliche Bewußtsein, als wären sie vorige Woche geschehen. Dazwischen lag ein Vakuum. Und was tat Gerhard Roth, der gerade noch gesagt hatte, der Schriftsteller müsse sich freimachen »vom Zweck der Ideologien, aber auch frei vom Zwang, moralisch zu sein«? Er hielt dem Land Österreich eine Moralpauke nach der anderen. Mit welchem Recht? Auf der Grundlage welchen Irrtums?

Emphatisch ausgedrückt könnte man sagen, Gerhard Roth fiel eine historische Rolle zu. Er wurde zu einer wichtigen Stimme in der Herausarbeitung einer Epoche. Das freilich ist etwas, was sich erst im nachhinein beurteilen läßt, wenn die Epoche zu Ende gegangen ist. Und diese Epoche ist zu Ende gegangen. Sie dauerte ziemlich genau zehn Jahre: vom Waldheim-Wahlkampf 1986 bis zum Beitritt Österreichs zur Europäischen Union 1995.

Es war ein Jahrzehnt des Kampfes um die Wahrheit der österreichischen Geschichte. Nie zuvor wurde in Österreich soviel über Identität gesprochen. Eine Lüge, zusammengekleistert aus privater Bequemlichkeit, staatlicher Räson und parteipolitischer Taktik, war – mit starker ausländischer Nachhilfe – zerbrochen. Aber was war hinter dieser Lüge versteckt? Von ihrer Formulierung bis zur Waldheimaffäre war so viel Zeit vergangen, daß der Rachegedanke mit jenen Politikern bestattet worden war, die mittlerweile am Wiener Zentralfriedhof ihr Ehrengrab gefunden hatten. Und so war für viele auch gar nicht mehr einsichtig, wie es überhaupt zu diesem beharrlichen Festhalten an einer Geschichtslüge – samt aller damit verbundenen Demütigungen für die wirklich Verfolgten – hatte kommen können. Als man schließlich zögernd und Stück für Stück die Decke wegzog, fand man an jener Stelle, wo einst die Eiterbeule des Bürgerkriegs war, nichts als ein ausgetrocknetes schwarzes Loch.

So scharf Gerhard Roth auch das Land kritisierte, so vorsichtig war er, wenn es um konkrete Schuldzuweisungen ging. Er war einer derjenigen, die inmitten der heftigsten Auseinandersetzungen um Kurt Waldheims Vergangenheit davor warnten, in Waldheim etwas Besonderes zu suchen. Roth ging es nicht um Waldheim, sondern um Österreich. Waldheims Antwort auf die Frage nach der österreichischen Schuld war nichts als das diplomatisch geschulte Klettergerüst der österreichischen Durchschnittsmentalität. Roth warnte davor, sich an Waldheim abzuputzen. Damit die Waldheim-Epoche möglich wurde, bedurfte es einer Vorgeschichte, in der auch ein ansonsten von Roth geschätzter Politiker eine fatale Rolle spielte, nämlich Bruno Kreisky. Über ihn schrieb Roth: »Kreisky war die Person, in der man sich mit der Vergangenheit aussöhnen konnte, ohne sich mit ihr auseinandersetzen zu müssen.«

Was sich von außen und im nachhinein gesehen fast wie eine Bestimmung ausnimmt, war in Wirklichkeit vermutlich nichts als ein tiefes Unbehagen, in einer einmal erkannten Lüge so weiterzuleben, als wäre sie nicht erkannt worden. Gerhard Roth tat, so gesehen, seinerseits nichts anderes, als von einem Irrtum zum nächsten fortzuschreiten, freilich in der Absicht, einmal erkannte Irrtümer aus dem Land endgültig zu vertreiben.

Mag es auch aussichtslos sein, die Zukunft zu täuschen, so sind wir deshalb noch lange nicht aus der Geschichte entlassen. Skepsis gegenüber der ewigen Wahrheit bedeutet nicht, die Hände in den Schoß zu legen. Skepsis ist nicht Resignation. Im Gegenteil. Sie hat es eiliger mit dem Handeln als jenes ewige Besserwissen, das sich absolut setzt, und sei es von einem Tag auf den anderen. Der Skeptiker weiß, daß sein Handeln ein Ablaufdatum trägt. Die Wahrheit ist zeitlich, ja räumlich. Umso dringlicher ist es, das zu tun, was hier und heute richtig ist. Eine versäumte Gelegenheit läßt sich nicht einfach wiedergutmachen: »Wer zu spät kommt, den bestraft das Leben.« Was nicht heißt, daß derjenige, der das Richtige zur richtigen Zeit tut, deshalb straffrei ausgeht. Das Richtige zu tun oder zu sagen, muß nicht unbedingt zum eigenen Vorteil sein. Deshalb kommt es auch nicht so oft vor, daß es trotzdem getan oder gesagt wird. Die Macht der Erkenntnis ist gewöhnlich schwach, wenn ihr die Erkenntnis der Macht entgegensteht.

In diesem Buch ist Gerhard Roths zehnjähriger publizistischer Hader mit Österreich, seinen Bewohnern und deren kulturellen, politischen und religiösen Traditionen versammelt. Es sollte nicht als Kommentar zu einer Epoche gelesen werden, sondern als Kommentar in einer Epoche, als drängender Teil derselben. Diese Artikel verlangen nach einem Abschluß, nach einem Zuendegehen der Unerträglichkeiten. Es sind keine feinsinnig erwägenden Anfragen an Historiker und Politologen, ob man dieses oder jenes so sehen könne, sondern es sind Aufschreie von einem, dem es weh tut.

»Hysterischer Hausarzt« wurde Gerhard Roth einmal von Antonio Fian genannt. Abgesehen davon, daß man von einem Hausarzt mehr erwartet als Diagnosen, Gerhard Roth es aber an therapeutischen Vorschlägen fast gänzlich fehlen läßt, verschiebt ein psychopathologischer Ausdruck wie »hysterisch« das Augenmerk vom Problem auf den hin, der es verzweifelt zu lösen versucht.

Tatsächlich unterscheidet sich die Sprache einiger Artikel und Reden Gerhard Roths deutlich von der in seinen Essays und noch deutlicher von der in seinen Romanen. Aber das ist nicht einem Anfall von Hysterie zuzuschreiben, sondern dem Umstand, daß eine eher machtlose literarische Stimme in Artikeln und Reden den ihr angestammten Kommunikationskreis überschreitet, um sich im Kreis der Machthaber Gehör zu verschaffen. Dabei kommt es zu jener eigenartigen Melange von sensibler persönlicher Wahrnehmung und politischer Rhetorik, die seit jeher die politische Rede von Dichtern charakterisiert.

Die empörten Aufrufe und Reden besitzen ihre Wahrheit in dem Rahmen, den sie skizzieren, und in der Epoche, um deren Ende sie ringen. Auf einen allgemeinen Nenner gebracht, besagen sie: Österreich hat, gemessen an den intellektuellen und politischen Standards anderer westlicher Demokratien, ein unzeitgemäßes, für den weltoffenen und gründlichen Menschen unzumutbares politisches Klima.

Man sollte die in diesem Band gesammelten Aufsätze, Reden und Gespräche weder von den Ereignissen losgelöst sehen, in die sie sich einmischen, noch von Gerhard Roths übrigem Werk, das in dieser Zeit entstand. Während die Romane die Innenseite der österreichischen Gegenwart abbilden, das Empfinden des mißtrauisch gewordenen Subjekts, treten die meisten der in diesem Band versammelten Texte auf wie eine Art politischer Eingreiftrupp. Roths zur gleichen Zeit geschriebene Reportagen und Essays wiederum, die unter dem Titel *Eine Reise in das Innere von Wien* erschienen, lesen sich wie die Beweisführung für eine provokante Behauptung Thomas Bernhards, die Roth zustimmend in seinem Nachruf zitierte: »Er hatte früh erkannt, daß die Wurzel des österreichischen Übels in einer Melange aus Nationalsozialismus, Katholizismus und (später auch) Nadelstreifensozialismus zu finden ist, die die österreichische Politik bis heute bestimmt.«

Das war 1989. Seither hat sich einiges getan. Nicht, daß das Land eine Identität gefunden hätte. Aber es hat das Unterfangen, einen eigenständigen Weg zu gehen, abgebrochen. Und das war gut so. Denn jenes neue Herrenmenschentum, das sich seit der Öffnung des Eisernen Vorhangs in Österreich breitmachte, war seinen historischen Vorbildern noch so unverblümt nahe, daß die Einbindung in den westeuropäischen Hegemonieprozeß einem Zivilisierungsversuch, einer Rettungsaktion für ein Jahrzehnte währendes Versäumnis, gleichkommt.

1.
Die doppelköpfige Republik

Antworten auf
das österreichische Selbstverständnis

»Was für den einen das Paradies ist, kann für den anderen die Hölle sein« [1]

Drei österreichische Karikaturen.
Überlegungen beim Bleistiftspitzen

Welcher Natur ist das Fette im österreichischen Schweinsbraten, an dem Peter Handke würgt? Was ist dieses österreichische Land, das, wie Wolfgang Bauer schreibt, die Form einer Bauchspeicheldrüse hat, die – wenn sie entzündet ist, sich selbst verdaut? Und weshalb schmort diese entzündete Bauchspeicheldrüse EWIG in einem fort weiter in ihrem eigenen Saft, ohne sich selbst zu zerstören oder möglicherweise wieder zu genesen? – Dem Versuch, die Ursache dieser Unverdaubarkeit als eine geistige Krankheit, einen Minderwertigkeitskomplex, eine Massen-manisch-depressivität darzustellen, wie es der Wiener Psychiater Ringel in der *Österreichischen Seele* mit dem Vokabular der Psychoanalyse getan hat, soll hier ein phänomenologischer Deutungsversuch entgegengestellt werden, eine Art Stichwörtersammlung auf der Basis des Generalisierens. Es soll kein Vergleich zu anderen Ländern angestellt, sondern ein *Selbstangriff* unternommen werden, meinetwegen, um österreichisch zu bleiben, ein im vorhinein mißlungener Selbstmordversuch. Zwangsläufig muß er banal bleiben, er muß sich mit allen Banalitäten auseinandersetzen, die diesen im vorhinein mißlungenen Selbstmordversuch bedingen, denn die Aussicht auf ein glückliches Ende – dieses österreichische Wesen begraben zu können – ist nicht gegeben. Wir haben uns mit der Geste zu begnügen. Auch scheitern wir daran, jene merkwürdige Ausformung der Natur quasi wissenschaftlich genau zu erfassen, also eine Linnésche Klassifizierung der österreichischen Schwächen vorzunehmen, wir sehen nur die Mittel der Karikatur mit ihren Vergrößerungen und Verkleinerungen, Weglassungen und Verstärkungen, um seine Gestalt sichtbar zu machen und es der Lächerlichkeit preiszugeben.

1. Eine politische Karikatur

Kommt ein Österreicher von einer Reise aus dem fremdsprachigen Ausland zurück, so berichtet er unausweichlich davon, wie man ihn zuerst für einen DEUTSCHEN gehalten hat und anschließend als ÖSTERREICHER identifizierte, worauf wie von selbst alle Türen *luftzugartig* aufgerissen wären. Wie jedermann ist der Österreicher nie ein im vorhinein geliebter Mensch, höchstens weil er als indirekter Verwandter der Berge, eines Mozart, Schubert oder Mahler betrachtet wird. Es soll auch vorgekommen sein, daß man den drei Berühmtheiten eine möglicherweise ebenso große oder noch größere, einen gewissen Herrn Hitler aus Braunau, hinzugezählt hat. Natürlich kennt der Österreicher von Mozart außer den Mozartkugeln, von Schubert außer dem Gasthaus »Schuberthof«, von Mahler außer dem Anstreicher Kipfler, der ihm die Küche ausmalt und von Hitler außer dem sogenannten Hitlerbärtchen nichts. Statt dessen begreift er sie seit eh und je aus den *Vorstellungen*, die er sich von ihnen macht. Die Hitlervorstellung kulminiert kurz gesagt in dem Wunsch, daß wieder ein KLEINER hergehöre. Und wenn der erfolgreiche FPÖ-Chef Jörg Haider[2], der seine Abschlußveranstaltung[3] nicht nur zufällig in Braunau abgehalten hat, möglicherweise auch kein kleiner Hitler ist, obwohl er sich angeblich gerne nach seinen Initialen HJ rufen läßt, so profitiert er doch zumindest von der Tatsache, daß man ihn mancherorts damit verwechselt und er es vermeidet, im politischen Alltag seine Abscheu davor für jedermann erkenntlich zu machen. Nicht weil H gleich h ist, sondern weil man aus dieser pseudomathematischen, politischen Gleichung Kapital schlagen kann.

(Selbst die größten österreichischen Tageszeitungen nahmen und nehmen keinen Anstoß daran, im Gegenteil, sie haben Haider ja GEPUSHT, auch die Wiener Zeitgeistblätter fanden ihn schick – und damit basta.)[4] Wir wollen HJ's nonchalante Haltung mit Rücksicht auf das Pressegesetz sagen wir frivol nennen, daß er aber dieses Verwechslungsspiel auch noch mitbedingt, sicherheitshalber nur demagogisch.

In Wien gibt es derzeit neben der Kapuzinergruft die Hofburg als Grabmal eines »toten« Regenten. In ihr ist ein politisch Einbalsamierter aufbewahrt – der österreichische Bundespräsident Waldheim. Während Waldheim – auch wenn er dem Tenno doch noch die Hand reichen sollte[5] – der vergeßliche Vergessene, das österreichische Vergessen repräsentiert und sonst nichts und niemanden –, verkörpert Haider gerade die Erinnerung. Wollte man in Österreich mit Waldheim das Vergessenkönnendürfen wählen, so wählte man mit Haider das Sicherinnernkönnendürfen. Waldheim war natürlich ein sehr komplexer Fall. Er war die Folgeerscheinung einer Summe schwerer politischer Fehler der Regierungspartei SPÖ, zum Beispiel eines klobigen Bundeskanzlers Sinowatz, der mit dem Knotenstock Florett fechten (und später Cancan tanzen)[6] wollte, oder eines Gegenkandidaten Steyrer[7], der als Gesundheitsminister versagt hatte und im Wahlkampf eine Garantie für Arbeitsplätze abgab, die Monate später von seiner eigenen Partei als Schwindel entlarvt wurde, und der als Mann ohne religiöses Bekenntnis sich bei Fragen danach aufführte, als sollte in Österreich nicht ein Bundespräsident, sondern der Papst gewählt werden. Dazu kam noch, daß die SPÖ ihre Kompetenz für die Vergangenheit im Falle Frischenschlager – Reder[8] verspielt hatte, als der FPÖ-Verteidigungsminister den SS-Obersturmbannführer und Kriegsverbrecher bei dessen Heimkehr 40 Jahre nach dem Krieg mit einem Handschlag und der Erklärung begrüßte, daß für ihn, Frischenschlager, der Krieg hiermit endgültig zu Ende sei. Ein daraufhin erfolgter Mißtrauensantrag der allerdings weder geschickteren noch charakterstärkeren Opposition wurde aus innenpolitischen Gründen, nämlich um die SPÖ-FPÖ-Koalition[9] aufrechtzuerhalten, mit den SPÖ- und FPÖ-Stimmen im Parlament niedergestimmt, womit dieser Handschlag endgültig in den Rang eines hochoffiziellen Staatsereignisses erhoben wurde. Auch die von Herrn Waldheim als Kampagne bezeichnete, vom sachlichen Standpunkt sehr unglücklich geführte Spurensuche im Dickicht seines verwilderten Erinnerungsvermögens war von der SPÖ mit einer Pontius-Pilatus-Technik begleitet worden. Die Theorie, daß von SPÖ-Politikern belastende Dokumente gegen Waldheim in Österreich mit-aufgespürt und dem Jüdischen Weltkongreß zugespielt worden waren, mit der sehr österreichischen »HACKL-INS-KREUZ-METHODE«, DIESER würde nun in seiner berechtigten Empörung die sogenannte »Drecksarbeit« verrichten, ist nicht von den dauergewaschenen Händen zu weisen[10]. Abgesehen davon, daß die SPÖ selbst in ihren Reihen Politiker hatte, an denen der Nationalsozialismus SS- und SA-förmige Spuren hinterlassen hatte, und abgesehen davon, daß hier nicht jemand in Schutz genommen werden soll, der in Anbetracht des höchsten Amtes, das der Staat zu vergeben hat, von SELBST alles hätte tun müssen, um Einblick in den kollektiven Vergessensvorgang dieses Landes an seinem eigenen Beispiel zu geben, abgesehen auch von allen moralischen Problemen, deren Erläuterung angesichts der Tatsachen kleinliche Pedanterie sein könnte, ist dieses vermutete Doppelspiel der SPÖ nur noch den bittersten Zynismus wert, mit dem solche Zeilen geschrieben werden könnten. Denn wiederum waren in diesem Land alle jene der »öffentlichen Meinung« preisgegeben, die den Holocaust nur durch Geschick oder Zufall überstanden hatten, und drohten neuerlich zwischen die Mühlsteine machtbessener Scherenschleifer zu geraten. Selbst Waldheims Pferd[11], das diesen hoffnungsvollen Österreicher dereinst auf dem Rücken tragen durfte, jener Hengst Maestoso Austria, blieb nicht ungeschoren und wurde – nachdem sich alle als unschuldig herausgestellt hatten, quasi zu einem Trojanischen Pferd, mit dem man getreu der hierzulande gepflogenen Denkungsart nicht HINTER die Stadtmauern der Vergeßlichkeit gelangte, sondern sich noch mehr in ihrer Weite verlor. Wir haben das einzige posthum als faschistisch denunzierte Pferd der Welt. Es soll nicht verschwiegen werden – und das gehört dazu, einer Karikatur eine gewisse (verzerrte) Ähnlichkeit zu verleihen –, daß es auch Menschen gab, die nicht begreifen konnten und vielleicht auch nicht wollten, daß ein Mann wie Waldheim, der jahrelang Außenminister[12] des Landes, schon einmal – damals allerdings erfolgloser – Präsidentschaftskandidat[13] und zwei Perioden lang Generalsekretär der Vereinten Nationen gewesen war, daß also ein solcher Mann, der doch, wie man annehmen durfte, national und international geprüft worden sein mußte – nun PLÖTZLICH den schwersten internationalen Vorwürfen ausgesetzt war, die noch dazu bis heute nicht bewiesen werden konnten. Was blieb, war für sie wohl die schwierige Auseinandersetzung im semantischen Bereich (über »Pflichterfüllung«[14] nachdenken zu müssen, ist angesichts der bestehenden staatlichen Systeme nirgendwo ein einfaches Unterfangen) und die VERGESSLICHKEIT des Präsidentschaftskandidaten, die aber ihre EIGENE war. So wählte man auch die EIGENE Vergeßlichkeit, die eigene Absicht, vergessen zu wollen. Aber ohne es zu wissen oder wahrscheinlich wahrhaben zu wollen, verriet man gleichzeitig die eigene Identitätsschwäche. Denn die Anschuldigungen gegen Waldheim waren aus dem AUSLAND gekommen. Das sogenannte AUSLAND aber ist ein spezifisch österreichisches Problem.

2. Eine historische Landschaftskulisse
als Hintergrund

Als das Mycel des rotweißroten Fliegenpilzes, der habsburgische Vielvölkerstaat, zerfallen, zerstört war, fand Österreich sich plötzlich im Ausland wieder. Vorher war es In- und Ausland zugleich gewesen, das Ausland hatte sich tief in das In-

nerste des Inlandes und das Innerste bis in das entfernteste
Äußerste des Auslandes hinerstreckt, aber dieses unterirdi-
sche Geflecht, das alles zusammengehalten hatte, war zugrunde gegangen. Mit ihm war auch der Doppeladler ent-
schwunden, jenes legendäre zweiköpfige Wesen, dessen einer
Kopf gleichsam das Inland und dessen anderer das Ausland
verkörpert hatte und das jahrhundertelang quasi als Pawlow-
scher Adler abwechselnd gemästet worden war oder Federn
gelassen hatte. Zwangsläufig stellte sich also an die verbliebe-
nen Überreste die Frage des Überlebens. Es ist der Zeitpunkt,
von dem an sich Österreich in ein anderes Doppelwesen verwandelte: Es wurde national und nationalnational. Der nationale Teil, wenn man ihn so bezeichnen will, identifizierte sich
mit den vergleichsweise mikroskopischen Überresten des
Habsburgerreiches als seinem Staat, der nationalnationale
wünschte aus Angst vor dem wirtschaftlichen Untergang den
Anschluß an Deutschland. War der nationale Teil damit beschäftigt, die Existenzfähigkeit dieses auf einer Europakarte
kaum auszunehmenden Gebildes unter Beweis zu stellen,
wünschte der nationalnationale Teil den Phönixflug in ein
Großdeutschland anzutreten. Die Meinungen gingen übrigens in unterschiedlichster Form durch alle politischen und
gesellschaftlichen Lager: durch bürgerliche, kleinbürger-
liche, proletarische. Nicht nur trugen Burschenschafter nach
organisierten Friseurunfällen ihre Gesinnung im Gesicht,
selbst sozialdemokratische Theoretiker wie Otto Bauer oder
auch Karl Renner waren Fürsprecher eines Deutschösterreich
»als Bestandteil der Deutschen Republik«. Denn aus den
Österreichern waren mit Ende der Monarchie Österreicherdarsteller geworden und sind es bis zum heutigen Tag geblieben. Sie sind die Schauspieler, die beim Auftritt Könige sind,
nach Ende der Vorstellung, wenn die Nacht über das stock-
dunkle Land hereinbricht, die anonymen Trinker in irgendwelchen Wirtshäusern. Kommt man nach Österreich, wird
man sofort in die Inszenierung der Österreicherdarstellung
einbezogen, die als erstes durch den enormen Kostümfundus,

die TRACHTEN, ins Auge sticht. In Österreich sind vom Kind bis zum Politiker, vom Beamten bis zum Bauern, vom Kellner bis zum berühmten Schauspieler Brandauer alle Trachtendarsteller, das heißt Österreicherdarsteller. Die Inszenierung dieses Operettenspektakels ist durchwegs schlecht und erschöpft sich in der ewiggleichen Einfallslosigkeit vom Lipizzanerreigen bis zu den als Trachtenwasteln verkleideten Politikern hin. Den wirklichen Österreicher, falls in Österreich überhaupt einmal etwas wirklich war, den habsburgischen, gibt es nicht mehr. Wie man in weniger wohlhabenden Familien notgedrungenerweise in die zu großen Schuhe, die ausgelatschten, schweißigen, faltenreichen TRETER des älteren Bruders zu steigen hatte, hatten und haben die übriggebliebenen Österreicher nur noch das hinterlassene Gewand dieses verstorbenen Habsburger-Bruders geerbt — aber sie selbst wuchsen nicht mehr. Sie blieben kleinwüchsig von Natur auf, und sie haben nur die Wahl, in das zu große Gewand zu schlüpfen und sich lächerlich zu machen oder es zu ÄNDERN, doch der Stoff, das Material mußte noch für lange Zeit ABGETRAGEN werden. Zwei politische Ereignisse, die für das weitere Schicksal bestimmend waren, seien herausgegriffen. Der führende Christlichsoziale Ignaz Seipel, Vertreter von Bauern, Klerus, Beamten, Bürgerlichen, Großbürgerlichen und Geschäftsleuten, wollte 1931 mit den seit 1919 in Opposition befindlichen Sozialdemokraten eine wohl nationalnationalnationale Koalition schließen, d. h. etwas, das über den einfachen Glauben an die Existenz des Landes hinausging und über den Anschlußgedanken, etwas, das sich sowohl gegen die Arbeitslosensituation als auch gegen den aufziehenden Gewittersturm des Faschismus hätte richten können, aber die Sozialdemokraten lehnten dies vielleicht auch aus Mißtrauen ab. Denn noch immer stellten — wie in der Monarchie — die RECHTEN sowie die wohlständische und bald wohlständestaatliche Kirche den bürgerlichen Wohlstand dar, während die LINKEN die Arbeiter und Arbeitslosen und Hungernden, auf jeden Fall aber die Nicht-Wohlhabenden, verkörperten. Welchen Grund hätten diese gehabt, ihren »Herren« plötzlich zu trauen, noch dazu, wo ihre eigenen Theoretiker sich nicht einig waren, ob sie national, internatio-nal oder nationalnational sein sollten? Als im Jahre 1934 der Konflikt zwischen den Linken und Rechten in einem Bürger-krieg eskalierte, da gab es auch ein nationales, nationalnatio-nales und nationalnationalnationales Durcheinander. Dieser Konflikt aber machte aus allen entweder NUR CHRIST-LICHSOZIALE oder NUR SOZIALDEMOKRATEN (bzw. Nationalsozialisten oder Kommunisten), alle übrigen Über-legungen rückten in den Hintergrund, ohne aber jemals ganz zu verschwinden. Auch hier, wo nur Bitterkeit am Platz wäre, verbleibt angesichts der folgenden Ereignisse noch ein Fun-ken Zynismus, will man aus der Schilderung keine lar-moyante österreichische Tragödie machen. Denn von diesem Zeitpunkt an, als der stolze, österreichkleine Hahnen-schwänzler Dollfuß die sozialdemokratische Partei aufgelöst hatte und die Szene mit seiner »Vaterländischen Front« be-herrschte, schwand die Widerstandskraft gegen den Faschis-mus auf doppelte, auf dreifache Weise. Will man die wirt-schaftliche Not und das Arbeitslosenproblem ausnahmsweise nicht in den Vordergrund der Betrachtungen stellen, so hatte sich folgendes ereignet: Der ständestaatliche, nationale Doll-fuß hatte als Austrofaschist u. a. dem Duce Benito Mussolini gegen den Nationalsozialismus und Hitler noch im Jahre 1934 eine Sicherheitsgarantie abgerungen. Als die National-sozialisten dann Dollfuß als eines der ersten Opfer noch im Jahre 1934 hatten hingemetzgert, war seinem Nachfolger Schuschnigg bald klar, daß er sich auf den Faschisten Musso-lini nicht verlassen konnte, und vier Jahre später konnte Hitler tatsächlich unter dem Jubel der Österreicherdarsteller, die endlich DEUTSCHE (Ostmärker) sein durften, also Identität und Arbeit bekamen, in das Land einmarschieren, das für die Ideologie des Nationalsozialismus nicht nur durch die wirt-schaftliche Situation, sondern auch durch die politischen Vor-bilder REIF dafür gemacht worden war, zuletzt durch die

Auflösung der Sozialdemokratischen Partei, deren ehemalige Mitglieder nun zum Großteil die Stunde der schadenfrohen »Rache« gekommen sahen. Lachend und ahnungslos marschierten sie in das nationalsozialistische Schlachthaus, die Sozialdemokraten ebenso wie die Christlichsozialen, die Nationalen ebenso wie die Nationalnationalen, alle bis auf die wenigen Kommunisten, die damals noch dem Eigentümer eines anderen Schlachthauses mit Namen Stalin dienten. Das folgende Inferno sei versuchsweise mit Hilfe von einigen Zahlen angedeutet. Im Zweiten Weltkrieg ließen 55 Millionen Menschen ihr Leben. Ungefähr 6 Millionen Juden und 500000 »Zigeuner« wurden in den Konzentrationslagern umgebracht. Österreich war folgendermaßen betroffen: 2700 Widerstandskämpfer wurden zum Tode verurteilt und unter dem Schafott hingerichtet, zumindest 6500 Österreicher in Zuchthäusern innerhalb der besetzten Gebiete ermordet, weitere 10000 kamen in Gestapohaft um, und ungefähr 16500 starben im KZ. 65500 österreichische Juden wurden in den Konzentrationslagern ermordet, und 380000 Österreicher kehrten aus dem Zweiten Weltkrieg nicht mehr zurück. Wie man sehen kann, waren die Österreicher nicht nur als TÄTER in dieses Schlachthaus gegangen, sondern auch als OPFER, wenn auch vornehmlich und in erster Linie als Täter. Gespaltenerweise aber, so stellten sie im nachhinein fest, waren sie nicht als ÖSTERREICHER Täter gewesen, sondern als DEUTSCHE, ein Umstand, der ihnen später dabei behilflich sein sollte, die VERGANGENHEIT RUHEN zu lassen, denn die Zeiten, um die es ging, waren ja wirklich VORBEI. Wie aber waren sie in das Schlachthaus gelangt? Sie begriffen nicht, daß sie ihre Erklärung nicht in einer langen Geschichte finden konnten, sondern in einer kürzesten, einer 20jährigen, der Ersten Republik [15]. Diese – und keine andere – war IHRE Geschichte gewesen, über sie hatten sie VORDRINGLICH nachzudenken und über die sieben ostmärkischen Jahre des Tausendjährigen Reiches, quasi, um hier – allem zum Trotz – einen Terminus aus der Psychoanalyse zu verwenden: über die traumatische Kindheit ihrer Demokratie. Sie begriffen nicht, was ihre politische Kindheit mit ihrem Leben zu tun haben sollte, und WOLLTEN es auch nicht wissen.

Eine kleine Gruppe Überlebender aus unterschiedlichen Lagern hatte dem nationalsozialistischen Wahnsinn widerstanden und war untergetaucht, geflohen oder hatte in den Konzentrationslagern dem Ende des Tausendjährigen Reiches entgegengezittert. Diese Überlebenden, die vielleicht rechtzeitig DURCHSCHAUT hatten, WAS um sie geschehen würde, repräsentierten nach dem Krieg für das AUSLAND plötzlich das ANDERE Österreich. Aber was war dieses ANDERE Österreich? Bestand sein Zusammenhalt nicht ausschließlich darin, daß man dem Nationalsozialismus die Stirne geboten hatte? Und waren nicht gerade diese wenigen ANDEREN Österreicher für eine überwiegende Mehrheit der Bevölkerung, die ja zum größten Teil aus ehemaligen Nazis oder Nazisympathisanten bestand, Abtrünnige des gemeinsamen Schicksals? Hatten sich diese nicht dem gemeinsamen Schicksal entzogen? Der geringste Teil der Bevölkerung begriff nicht, daß er keinem SCHICKSAL zum Opfer gefallen, sondern einem MASSENWAHN erlegen war – und begreift es bis heute nicht. Die Rolle der österreichischen Widerstandskämpfer ist im allgemeinen Bewußtsein nicht vorhanden, ebensowenig die von Partisanen. Eher, daß man mit ihnen nicht viel zu tun haben wollte und will, eher daß man ihnen ARGWÖHNISCH gegenüberstand, denn sie sind ja eine LEBENDE ANKLAGE gegen das, was man angeblich nicht wissen konnte – und nun nicht mehr wissen will. Bezeichnenderweise heißt in Österreich die Zeit vom Ende des Zweiten Weltkrieges bis zum Staatsvertrag knapp zehn Jahre später: DIE BESATZUNGSZEIT, während man die Zeit nach dem Einmarsch Hitlers bis zum Kriegsende den ANSCHLUSS nennt. Nicht also von den Nazis begreift und begriff man sich als besetzt, sondern von den Alliierten, während man sich jetzt nicht an die Welt wieder ANGESCHLOSSEN fühlte, sondern von ihr BESETZT. Vergessen war, daß die

Alliierten eben erst dieses Österreich, das es sieben Jahre nicht gegeben hatte und auf das sich nun alles berief, wieder NEU ERFUNDEN hatten, daß es ohne diese nur noch in den Geschichtsbüchern und den Romanen von Robert Musil oder Joseph Roth existiert hätte. Es ist auch bezeichnend, daß sich dieselbe Generation, die vorhin im Krieg alles zusammenge-hauen, -gebombt, -geschossen hatte, plötzlich als AUFBAU-GENERATION bezeichnete, sich selbst als die WIEDER-AUFBAUGENERATION heroisierte, gleichzeitig aber mit den Kriegserlebnissen prahlte. Alles, was sich in die Köpfe ge-senkt hatte, war, daß man den KRIEG verloren hatte. Man machte sich kaum Gedanken darüber, welchen Herren man gedient hatte, welcher Art die »Pflichterfüllung« gewesen war – das heißt, zu welchem Endzweck man in diesen Krieg ge-gangen war und welches Ungeheuer von Staat man bei ge-wonnenem Krieg in die Welt gesetzt hätte. Und am allerwe-nigsten, daß jede einzelne Handlung, jeder militärische Handgriff der Fortbewegung des Weberschiffchens gedient hatte, das den monströsen Teppich der Vernichtung über die Erdkugel webte.

Man befand sich also wieder im AUSLAND. Man war vom Ausland besetzt und – wollte man die Ausländer loswerden, so mußte man alles tun, um keine KRITIK aus dem AUSLAND hervorzurufen. In zehn Jahren perfektionierten die Österrei-cher und die österreichischen Politiker den Umgang mit dem AUSLAND. Statt sich mit der eigenen, jüngsten Vergangen-heit auseinanderzusetzen, verwandte man alle Geschicklich-keit und Energie darauf, zu DEUTEN, was das Ausland mit einem vorhatte. Damals wurde man HELLHÖRIG. Man spitzte bei Kritik aus dem Ausland die Ohren, denn Kritik war gleich ANGRIFF. Bis heute fühlen sich die Österreicher, wer-den sie vom Ausland kritisiert, vom Ausland ANGEGRIF-FEN, bis heute fehlt jene Souveränität, die das Land von sich politisch zu haben behauptet, im Umgang mit kritischen Stimmen.

In der sogenannten Besatzungszeit [16] gefielen den ausländischen Besatzern die Österreicherdarstellung und die Österreicherdarsteller, auch gefielen sich die Österreicherdarsteller selbst als Österreicherdarsteller, also fing die Österreicherdarstellung wieder einmal von vorne an. Alle übrigen aber lasen aus dem Kaffeesud, was welche Besatzungsmacht möglicherweise mit einem vorhatte und wie man das AUSLAND FREUNDLICH stimmen konnte. Allmählich begriffen sich die alten Nazis oder ehemaligen Nazisympathisanten wieder als Sozialdemokraten und Christlichsoziale in den Nachfolgeparteien SPÖ und ÖVP, und natürlich stammten Hunderttausende von Stimmen für jede österreichische Partei von sogenannten EHEMALIGEN, die es aber häufig noch immer waren, weil sie ja NIE VON ETWAS GEWUSST hatten und jetzt auch NICHTS MEHR WISSEN WOLLTEN. Immer redeten sie sich heraus, sie bemerkten nicht einmal, wie sie sich fortlaufend widersprachen. Gerade diejenigen, die sich eine Anspielung auf »gewisse Dinge«, die es unter Hitler nicht gegeben hätte, schwer verhehlen konnten, gleichgültig, ob es sich um abstrakte Gemälde handelte, Comichefte oder Jazzmusik und lange Haare (»lange Haare – kurzer Verstand«), gerade diejenigen argumentierten auf die Frage, weshalb sie den Wehrdienst nicht verweigert hätten, richtig, daß damals eine Diktatur geherrscht habe und jeder Widerstand mit Gewalt gebrochen worden wäre. Aber warum haßte man diese nationalsozialistische Diktatur nicht zumindest jetzt im nachhinein? Als der österreichische Staatsvertrag mit den vier »Besatzungsmächten« abgeschlossen worden war, war Österreich BEFREIT. Der österreichische Staatsvertrag gilt als DAS ÖSTERREICHISCHE FREIHEITSDOKUMENT, die Staatsvertragspolitiker gelten als DIE Helden. Sie hatten ja alle ehemaligen Nazis und Nazisympathisanten vom AUSLAND befreit, zu dem man kurzfristig wieder geworden war und wiederum in ein INLAND zurückverwandelt. Die größte Heldentat eines österreichischen Politikers, die berühmteste und an jedem Wirtshaustisch bekannte, stammt aus dieser Zeit und ist die Legende vom heiligen Trinker FIGL[17], der

DEN Russen bei schwierigen Verhandlungen unter den Tisch »gesoffen« hatte – das ist die größte Ruhmestat, die ein österreichischer Politiker jemals vollbracht hat. Daneben verblassen alle Justizreformen, erfolgreichen Lohnverhandlungen und Schulgesetze, daneben sind alle übrigen nur Staffage. Denn die österreichische Tat ist in der Regel das Sprechen, das Sprechen ist bereits die AKTION des Österreichers, und die zweite Tat das Saufen, das Tschechern, der Heurige. Figl hatte es nun zuwege gebracht, das SPRECHEN mit dem TSCHECHERN zu einer Art SCHMÄH zu verbinden, dem »der« widerspenstige Russe nicht gewachsen war, vergleichbar nur einem Durchmarsch von »Schneckerl« Prohaska [18] aus dem eigenen Strafraum über die Torlinie des Gegners, wenn dieser die Bundesrepublik Deutschland ist. Doch trotz Staatsvertrag, trotz glanzvoller und, wie man nun weiß, effizientester Räusche BLIEB die österreichische Identitätskrise. Wiederum fand man sich am Anfang einer Geschichte, wie man sich einredete, aber diesmal hatte es kein zu großes Gewand, keine zu großen Schuhe zu erben gegeben, sondern nur eine halbversengte SS-Uniform, die man in eine Kiste auf dem Dachboden steckte. Betrachtet man die Entwicklung der letzten 70 Jahre, so ist die österreichische Identitätsschwäche kein Wunder, und es ist nur logisch, daß der eine Nachbar der PIEFKE ist, der andere der TSCHUSCH und der dritte der KATZELMACHER. Den einstigen Hochmut konnte man sich nicht mehr leisten, dafür wollte man sich jetzt selbst etwas leisten. Wir stehen vor dem Beginn der Hochblüte der österreichischen Kleinbürgermonarchie. Der Kaiser, der König war jetzt jeder selbst. Er haßte alles, was mehr war als er, was oben war – DENN WARUM WAR ER SELBST NICHT OBEN, er haßte aber auch alles, was UNTER IHM WAR, denn er hatte Angst, dorthin abzusinken. Erst der sozialistische »Großbürger« Kreisky [19] gab das ersehnte Ansehen aus dem Ausland wieder, jenes ANSEHEN, jenes ANGESEHEN WERDEN und REGISTRIERT WERDEN, das die Österreicherdarsteller so sehr vermißt hatten. Und Kreisky verstand es, die

Gelegenheit zu nutzen. Für 10 Jahre waren die Österreicher-darsteller auch wieder Österreicher, denn Kreisky als ANTI-FASCHIST und JUDE konnte sich die Geste der Versöhnung erlauben, er durfte sich versöhnen, mit den Irrenden und weniger Irrenden aus dem Dritten Reich, ja sogar mit der weiter zurückliegenden Monarchie. Der Verfasser hat im Jahre 1961 maturiert, in der Geschichtsdarstellung war er bis zum Jahre 1871 gelangt, in der Literaturdarstellung bis Rainer Maria Rilke. Über alles, was später gekommen war, war geschwiegen worden. Fast ein ganzes Jahrhundert war in seinem und im Kopf seiner Mitschüler und in den Köpfen des Großteils aller Österreicher seines Alters nicht vorhanden gewesen. Die Österreicher haben nach dem Krieg 20 Jahre und vielleicht noch länger über das gegenwärtige Jahrhundert OFFIZIELL GESCHWIEGEN. Die Auseinandersetzung mit der Vergangenheit hatte sich im IGNORIEREN erschöpft, in der Ignoranz und den festgefahrenen Vorurteilen. Wir waren ja alle von ehemaligen Nazis, Nazisympathisanten und Dennoch-Nazis erzogen und unterrichtet worden, ganz zu schweigen von den übrigen Bereichen des öffentlichen Lebens, auf das sie nach wie vor Einfluß nahmen. Auch so gesehen war ein Mann wie Kreisky willkommen. Kreisky war die Person, in der man sich mit der Vergangenheit aussöhnen konnte, ohne sich mit ihr auseinandersetzen zu müssen. Und Kreisky, ein alles in allem außergewöhnlicher Mann, der nicht nur SPRE-CHEN, sondern auch DENKEN konnte und der wie jeder Denkende irrte, ließ an seinem Versöhnungswillen keinen Zweifel. Er holte sich fünf vom Nationalsozialismus belastete Minister in sein Kabinett, von denen einer, der am schwersten belastete, ein SS-Mann [20], zurücktreten mußte, und er versöhnte sich mit dem Obmann der nationalen Freiheitlichen Partei Österreichs, Peter [21], der bei der Waffen-SS »gedient« hatte. Aber Kreisky überschätzte sich, wenn er glaubte, einen längst unaufschiebbaren Prozeß damit vermeiden zu können. Als er sich öffentlich gegen den sogenannten NAZIJÄGER Wiesenthal [22] wandte, rieben sich viele heimlich die Hände.

Kreisky verwandelte ihr Unbehagen an der Vergangenheit, die sie anders sahen, anders sehen wollten, in ein schadenfrohes Behagen. Endlich wurden die Dinge wieder zurechtgerückt. Die Versöhnungsgeste Kreiskys, zweifellos aufrichtig gemeint, wenn auch für ihn immer politisch nützlich, war gleichzeitig für viele ein Mißverständnis, ein Mißverständnis, das nach dem Koalitionspakt zwischen SPÖ und FPÖ, der die nationalen Freiheitlichen salonfähig machte, zum Fall Frischenschlager – Reder führte und später zum Fall Waldheim und zuletzt zum Fall Haider. Wie Peter Schlemihl nicht ohne seinen Schatten leben konnte, kann man auch nicht ohne seine schattenwerfende Vergangenheit leben. Bald werden die Schatten länger fallen, bald kürzer, aber ohne Schatten zu leben ist nicht möglich, alles andere ist ein Märchen.

3. Eine Mischung aus Bauernschläue
und Beamtenintrigantentum –
Das österreichische Wesen

Weil dem Österreicher alles RELATIV ist, weil er immer das einerseits UND das andererseits im endlosen Meer der Möglichkeiten auftauchen sieht, ist er empfänglich für »ewige Werte«. Schon diese Empfänglichkeit degradiert ihn zum Spießer. Die österreichischen Sozialisten sind genauso spießig und konservativ wie die Schwarzen, deren Parteigänger noch spießiger als ihre Repräsentanten. Denn ihre Repräsentanten müssen sich gezwungenermaßen der VERÄNDERUNG stellen, während sie den Traum der meisten Österreicher träumen, daß sich NICHTS ÄNDERT. Der Österreicher ist demnach ERZKONSERVATIV, vielleicht, weil sich aus der Monarchie im wesentlichen nur der Bauern- und Beamtenstand relativ unbeschadet in die Zweite Republik »gerettet« haben, während der Adel abgeschafft, das Großbürgertum mit der Lupe zu suchen ist. Der größte Teil der Arbeiterschaft ist zu Kleinbürgern geworden, wir haben es also mit Bauern, Beamten und einem bäuerlichen, beamtischen und aus dem Arbeitermilieu kommenden (konservativen) Kleinbürgertum zu tun. Dieses, empfänglich für das EWIGE, das es wiederum nicht versteht, aber von dem es sich eine Vorstellung macht, in dem es selber Platz hat, ist demnach empfänglich für EWIGKEITSKULTE und EWIGE WERTE, z. B. den TOTENKULT, den Religionskult, den Vergangenheitskult um das Habsburgerreich, das Tausendjährige Reich, das MUSEALE. Es hat folgerichtig keinen Umgang mit zeitgenössischer Kunst, mit lebenden Künstlern, soferne sie nicht SCHAUSPIELER oder OPERNSÄNGER sind, denn für den Österreicher und seine Kulturberichterstattung wird die Kunst offenbar weniger mit dem Kopf als mit dem Kehlkopf gemacht. Denkende österreichische Künstler sind den Österreichern SUSPEKT. Der Österreicher kennt sie nicht, er will sie nicht kennen, allein durch ihre Existenz fühlt er sich ANGEGRIFFEN. Nichts verachtet er mehr als die zeitgenössische Kunst, nichts erscheint ihm ABWEGIGER, nichts als größerer BETRUG. Dem Künstler, soferne er nicht vom Ausland anerkannt wird, haftet immer das Stigma des BETRÜGERS, des SPINNERS an, auch wenn der Durchschnittsösterreicher den Künstler zunächst für REICH hält. (Bestätigt sich dieser Verdacht nicht, hält er ihn sofort für ARM.) Was der Künstler verdient, interessiert ihn am meisten, viel mehr als das, was er denkt, schon gar, was er tut. Zumindest aber empfindet er den Künstler als Belästigung. Der Umgang der Politiker mit den Künstlern hingegen ist ein vorgetäuscht GUTER. Treffen ein Politiker und ein Künstler zusammen, so kann man als einzige Selbstverständlichkeit voraussetzen, daß der Politiker keine Ahnung von der zeitgenössischen Kunst im allgemeinen hat und noch weniger von den Werken des mit ihm zusammengetroffenen Künstlers und daß das Zusammentreffen eine entsetzliche Peinlichkeit ist. Die österreichischen Politiker begreifen nicht den geistigen Raum, die geistige Landschaft, in der sie herumfuhrwerken, sie haben nicht einmal eine Ahnung, daß es sie gibt. Was sie von der Kunst kennen, wissen sie aus den Gesellschaftsspalten, nämlich die Namen der KunstPROMINENZ bzw. derjenigen, die sich dafür hält. Wie der Österreicher im allgemeinen haben auch sie im speziellen von allen geistigen Fragen nur nebulose Vorstellungen, es ist so gesehen ganz gleichgültig, ob zum Beispiel der Minister für Unterricht und Kunst dem Maler Arnulf Rainer die Hand gibt oder dem Yeti. Unumstritten besteht die Bibliothek des Österreichers aus den abgelegten und fürs ROTE KREUZ aufbewahrten Tageszeitungen oder/und diversen SPRUCHkalendern, unumstritten sind seine Kunstwerke bestenfalls der Herrgottswinkel über dem Eßtisch und die falsche Malerei auf den Bauernmöbeln. Die Österreicher sind, was die Kunst betrifft, GESCHMACK-LOS, selbstverständlich genauso GESCHMACKLOS ihre Politiker. Logischerweise gibt es in Österreich keine wirklich ernstzunehmende Zeitung, vornehmlich Klatsch- und Gerüchtepostillen, von den Kulturseiten und Kulturkritikern ganz zu schweigen. Die Kritiker sind im großen und ganzen inkompetent, selbstzufrieden, arrogant, oberflächlich und faul. Außerdem sind sie am empfindlichsten, wenn Kritik an IHNEN geübt wird, Kritik an ihnen bedeutet ANGRIFF auf sie. Immer hat man den Eindruck, sie müßten sich für irgend etwas revanchieren, es wird sozusagen immer eine offene Rechnung MITPRÄSENTIERT, einem eines AUS-GEWISCHT. Gleichzeitig herrscht ein ungetrübtes Kritiker-Winkeladvokatenwesen. In irgendwelchen Ecken von Kaffeehäusern oder Beiseln werden winkeladvokatorische Beratungen abgehalten, aus Redaktionen winkeladvokatorische, gegenseitig vereinnahmende Telefongespräche geführt. Denn der Kritiker ist selbstredend der gehaßte Geliebte der Künstler oder geliebte Verhaßte in Österreich, vielleicht auch anderswo, wenngleich es so gut zum Bild des Landes paßt. Die Künstler selbst sind alle auf ihre Künstlerkollegen beleidigt, manchmal gruppenweise, manchmal pauschal. Den österreichischen Künstler erkennt man unweigerlich an der Verachtung, die er dem anderen österreichischen Künstler entgegenbringt, an der Unerbittlichkeit, mit der er sich über ihn ausläßt oder ihn ignoriert, denn im Innersten seines Herzens will er allein in seinem Wien, Graz oder Salzburg, in seinem ganzen Österreich sein, das er aber auch haßt. Der Österreicher haßt die Piefkes, Tschuschen und Katzelmacher, aber es haßt auch der Wiener den »Gscherten«, den »Mostschädel« (Oberösterreicher), den »Sterzler« (Steirer), aber auch der »Gscherte« den »Balkanesen«, den »Großkopferten« (Wiener), der Steirer den Kärntner usw. usf. Am meisten hassen sich die Österreicher untereinander und am allermeisten die österreichischen Künstler. Der österreichische Lebensstil ist auf Sentimentalität und den gegenseitigen Haß aufgebaut, der schließlich im Selbsthaß gipfelt. Der Selbsthaß jedoch ist nur der Ausdruck für das große SELBSTINTERESSE, das der Österreicher sich entgegenbringt, nur aus seiner Kleinlichkeit heraus kann er sich nicht selbst lieben; konsequenterweise verhält er sich sich selbst gegenüber ebenso kleinlich wie zu seiner Umwelt. Noch die überragendsten österreichischen Intellektuellen haben einen kleinlichen Zug an sich, die überragendsten Künstler sind besonders kleinlich – kleinlich, beleidigt und wehklagend, wie es der Charakter dieses Volkes zu verlangen scheint. Daraus ergibt sich, daß der Österreicher ARGWÖHNISCH sein muß. Zwangsläufig schließt er ja von sich auf die anderen. Der wichtigste und gleichzeitig tendenziöseste Satz in Österreich heißt: Was steckt wirklich DAHINTER? Was MEINT jemand wirklich? Natürlich ergehen sich die Politiker immer und überall in Halbwahrheiten und Unwahrheiten, aber diese Tatsache könnte in Österreich erfunden worden sein. Die Österreicher im einzelnen sind jeder für sich Politiker. Sie hassen die Politiker ihres Landes um so mehr, je mehr sie ihnen ähneln. Sie beobachten einander ja nicht, sie BELAUERN einander. Das argwöhnische Nachstellen, das Belauschen ist für sie ein Vergnügen, das NASERN – auf der anderen Seite befriedigt es sie, daß die übrigen genauso »schlecht«, niedrig, übel sind wie sie selbst. Tatsache ist auch, daß jeder wiederum die Bestätigung braucht, daß er ein »klasser Bursch« ist. Diese Bestätigung ist ihm im allgemeinen am wichtigsten. Am liebsten ist der Österreicher ein »klasser Bursch«, und am liebsten ist ihm der Umgang mit »klassen Burschen«. Ein »klasser Bursch« ist freundlich, hat seinen Schmäh, ist nicht aggressiv, aber humorvoll, ist nicht depressiv, sondern ausgeglichen, keinesfalls arrogant, doch auch nicht jedermanns Freund. In Österreich wollen alle: Politiker, Schriftsteller, Arbeiter, Sportler usw. in ERSTER LINIE »klasse Burschen« sein. Im Umgang mit »klassen Burschen« findet man sich selbst bestätigt, mit ihnen tschechert man aus Zuneigung, während man ansonsten tschechert, um die Abneigung und das Abgelehntwerden, die Selbstabneigung zuletzt zu ertragen. Der Preis für den Argwohn ist, daß es nur »klasse Burschen« gibt und »die anderen«. Speziell in Wien gilt der Argwohn als Zeichen von Intelligenz, argwöhnisch zu sein wird hier mit vorausschauend verwechselt. Kein Wunder, daß dem Argwöhnischen sein Argwohn bestätigt wird, weil er der geborene DEUTER ist, mit einem Wort, es hat jeder für sich den gefürchteten Überblick. Die Wiener im besonderen sind die geborenen Überblicksmenschen. Im Grunde genommen sind sie enttäuscht, wenn sie die Zeitung aufschlagen, OHNE einen Skandal darin zu finden. Sie fühlen sich hintergangen und um den nächsten Gesprächsstoff gebracht. Denn die Skandale sind die besten Bestätigungen des Argwohns und die besten Anlässe zu schimpfen, beschuldigen und VERURTEILEN. Österreichischer Gesprächsstoffkatalog: das Fernsehprogramm, die Skandale, Schisiege und Fußballniederlagen, die Politik – vor allem aber: DIE ANDEREN, DIE FEINDE. Der Österreicher unterhält sich am liebsten über ANDERE, und das ÄTZEND. Stundenlang können Österreicher zusammensitzen und sich beschweren, sich auslassen, bekritteln, schimpfen. Es ist ein Volk der Nörgler, der Stänkerer, der Schimpfer, solange es »unter sich ist«, d. h. unter Freunden. Zum Schimpfen wird in erster Linie Wein getrunken. Hat man sich über DEN oder DIE anderen auch noch lustig gemacht, war es eine schöne Unterhaltung, hierzulande HETZ[23] genannt. Die GRÖSSTE HETZ ist die beste Unterhaltung, es ist anzunehmen, daß Hetz von Hetzjagd kommt, die größte Hetz beruht auf der Schadenfreude. Die Schadenfreude gehört in Wien geradezu zur Gesprächskultur seiner Bewohner. Ohne Schadenfreude gäbe es ja auch keinen Schmäh, jene Form von Halbwahrheit, die so genau in der Mitte zwischen Wahrheit und Unwahrheit liegt, daß sie weder das eine noch das andere ist und auch als Witz nicht sofort erkennbar. Man könnte sagen, daß der Sinn, den der Schmäh transportiert, aus einer Vergrößerung oder Verkleinerung von Tatbeständen entsteht und daß diese Vergrößerungen und Verkleinerungen zusammen wieder einen verwirrenden Sinnzusammenhang stiften. Der Österreicher ist der sogenannte SCHMÄHFÜHRER, jede seiner Aussagen läßt auch die Möglichkeit offen, in das Gegenteil uminterpretiert werden zu können – aus Feigheit, Schlauheit, Alltagsdiplomatie, aber auch um jemanden der Lächerlichkeit preiszugeben. Dann »rennt der Schmäh«, und je mehr der »Schmäh rennt«, desto größer die »Hetz« und desto mehr »klasse Burschen« sind unter sich.

Es besteht ein Zusammenhang zwischen der Theaterliebe der Österreicher und ihrer Redelust, im Theater sieht er das sozusagen KULTIVIERT, was am Wirtshaustisch eine Art Volkskunst ist, ein Volksstück, frei improvisiert gesprochen. Demnach ist es auch nicht verwunderlich, daß SACHLICHE Kritik eher selten anzutreffen ist, sie ist fast immer polemisch, fast immer gehässig: Die scharfe Zunge wird höher geschätzt als der scharfe Intellekt. Im Alltag findet sich dieses Verhalten als: AUF DIE SEIFE steigen lassen, AUSSTEIGEN LASSEN oder AM SCHMÄH halten wieder, das ist die virtuose Technik des Österreichers zur Schadenfreude der Eingeweihten, jemand hintanzuhalten oder zu blamieren. Über nichts kann so glucksend gelacht werden, über nichts kann der Österreicher sich so ZERPECKEN, als wenn er jemanden »auf die Seife hat steigen lassen« – es ist unser Nationalsport. Auffallend dazu aber die überall anzutreffende und katastrophale Argumentations- und Formulierungsschwäche, ja geradezu Unfähigkeit, einen Satz grammatikalisch richtig zu beginnen und zu vollenden. Im allgemeinen spricht der Österreicher, wenn er nicht gerade Schmäh führt, nicht, sondern er STAMMELT. Von einem Österreicher darf man keine Erklärung verlangen – keine Zusammenhänge, nicht einmal zwei kann er formulieren. Sätze werden in der Mitte angefangen oder nicht vollendet, und die Antwort bezieht sich auf etwas ganz anderes, als wonach gefragt wurde. Man könnte sagen, um einen schulischen Ausdruck zu verwenden, es wird gewohnheitsmäßig das Thema verfehlt. Allerdings entsteht aus der Summe der Themenverfehlungen erstaunlicherweise eine Kommunikation, man versteht sich sozusagen über die Mißverständnisse und Unverständnisse. Diese einerseits Redelust, andererseits Redeschwäche und auch die vorhandene Identitätsschwäche, denn der Österreicher WEISS NICHT, wer er ist, erzeugen die typisch österreichische Charaktermischung aus Unterwürfigkeit, zu großer Freundlichkeit und plumper Schmeichellust, also die stets vorhandene Vereinnahmungstendenz und die unwillkürlich umschlagende oder schon von Anbeginn an herrschende Frechheit, Stänkerlust, Grantigkeit und Unfreundlichkeit. Dabei kann man als gegeben annehmen, daß die anfangs Frechsten bei Gelegenheit die Unterwürfigsten und die anfangs Unterwürfigsten hinter dem Rücken die größten Stänkerer – also am schlechtesten Redenden – sind. Aber wir sind schon zu tief in den österreichischen Rededschungel gelangt, der österreichische REDEURWALD ist ein eigenes Kapitel für sich. Mag sein, daß auch die allgemeine Verfilzung eine Ursache dieses »Schmähführens« ist, alles ist miteinander verflochten, verwickelt, verknäuelt, alle sind untereinander irgendwie VERPACKELT, so daß nichts geradlinig gelöst werden kann, alles nur UMS ECK, HINTEN HERUM, es ist ein Land der Schattenboxer und Kulissenschieber. Jeder ERFOLG muß von vorneherein »nicht mit rechten Dingen zugegangen sein«. Es gibt keine positive Einstellung zum Erfolg, der Erfolg ist immer etwas Fragwürdiges. Hat jemand Erfolg, *kann* etwas nicht mit ihm stimmen. Er *muß* ein Betrüger, Schwindler, Scharlatan sein. Denn jeder sieht sich durch den Erfolg des anderen GEFÄHRDET, vor allem und im besonderen die österreichischen Künstler, die sich nicht entscheiden können, ob sie NUR IN EINEM KLEINEN KREIS BERÜHMT SEIN WOLLEN oder ob sie eine Österreichberühmtheit, vielleicht sogar Weltberühmtheit sein wollen. Das ist schwierig genug, in einer Atmosphäre, in der FÜR etwas zu sein automatisch GEGEN hundert andere zu sein bedeutet, denn das geistige Netz ist jämmerlich engmaschig. Die OFFENE Auseinandersetzung, der OFFENE Konflikt sind unerwünscht – und wenn es sie doch gibt, manifestieren sie sich immer nur in gegenseitigen Beschimpfungen, die begierig von den nicht am Konflikt Beteiligten aufgenommen und weitererzählt werden (eine Hetz). Gleichzeitig gibt es notgedrungenermaßen eine oberflächliche Kameraderie, hinter der alle Gegensätze verborgen werden. Man gibt sich als »klasser Bursch«. Denn Menschen, Menschen sind alle, SCHULDIG und UNSCHULDIG zugleich, klein und groß, häßlich und schön. Und wenn auch das Land katholisch ist, wenn das Katholische in den Köpfen herumspukt, wenn dieses Land auch gleichzeitig ein Land der WASERLN ist und der Ehepaare, die sich mit VATI und MUTTI ansprechen, ein Land, wie vom österreichischen Karikaturisten Manfred Deix gezeichnet und von Helmut Qualtinger mit Text versehen, so ist es auch ein Land des Gegenteils, das Gegenteil des Gegenteils, das lebende Paradoxon. Vielleicht ist es deshalb so schwer zu fassen, weil es urban ist (Wien) und entsetzlich ÄLPLERISCH zugleich (Provinz) und weil dieses Urbane immer im Gegensatz zum Älplerischen steht, vor allem aber, weil der Österreicher sich ganz anders SIEHT, als er GESEHEN WIRD. Das mag daran liegen, daß er fast seit einem Jahrhundert nicht mehr in den Spiegel geschaut hat. Es wird langsam Zeit.

(1987)

Der unhörbare Trauermarsch
Österreich und die Vergangenheit

Österreich will nur sein »Image« im Ausland verbessern und nicht wirklich seine geistig-politische Situation überprüfen. Während nach außen hin alles unternommen wird, das Ausland von einem freundlichen, gewinnenden Österreichbild zu überzeugen, machen in Österreich selbst die Medien Front gegen alle, die sich darüber kritisch geäußert haben, um sie zum Schweigen zu bringen oder mit Hilfe von Verleumdungen zu ächten. Wer Nachdenklichkeit provozieren will, wird hierzulande als »Österreichbeschimpfer« bezeichnet.

Das offizielle Organ der »Vereinigung Österreichischer Industrieller«, dessen Herausgeber der Generalsekretär dieser Vereinigung, Herbert Krejci, ist, entblödet sich zum Beispiel nicht, Schriftsteller, die in den letzten Monaten Kritik an diesem Land geübt haben, mit der »geschickt aufgezogenen nationalsozialistischen Tarnorganisation Bund Deutscher Schriftsteller Österreichs« zu vergleichen, und fordert auf, »dem geistigen Hochverrat heute mehr Widerstand entgegenzusetzen als vor einem halben Jahrhundert«. Denn: »Sie (die Schriftsteller) betreiben im Ausland eine beispiellose Verleumdungskampagne gegen ihre Heimat, gegen das freigewählte Staatsoberhaupt und das ganze österreichische Volk...«

Ausgerechnet der Industriellenverband, dem an einem »positiven Image« Österreichs im Ausland gelegen sein muß, führt in seinem Blatt mit Billigung und Wissen seines Generalsekretärs eine Rufmord- und Verleumdungsaktion gegen öster-

43

reichische Künstler, mit dem Zweck, sie unmöglich zu machen und dadurch zum Verstummen zu bringen. Der Verfasser des Hetzartikels attackiert den »staatlich kontrollierten Monopolfunk«, wie er sich ausdrückt, und sträubt sich gleichzeitig dagegen, daß Österreich als Land verunglimpft werde, in dem es noch Zensur gebe.

In den größten österreichischen Tageszeitungen agieren Kolumnisten für ein in die Hunderttausende gehendes Leserpublikum mit Unterstellungen und Verhöhnungen gegen Schriftsteller, die sich um dieses Land und seinen Zustand ernsthaft Gedanken machen. Wer die Zeitungssituation in Österreich kennt, weiß, daß sich viele Berichte lesen, als gäbe es nicht nur einen »staatlich kontrollierten Monopolfunk«, sondern auch Zeitungen, die als eine Art gedruckter Volksempfänger tendenziöses Nachrichtenmaterial verbreiten.

Als freier Schriftsteller in Österreich zu leben, ist bedrückend. Alles, was während und seit der Präsidentschaftswahl in Österreich geschehen ist, liefert nur weitere Gründe, sich mit dem Land auseinanderzusetzen. Denn während die österreichische »Imagepflege« offensichtlich zum Hauptanliegen des offiziellen Österreich geworden ist, geht man den Gründen für das schlechte »Image« nicht nach, sucht nicht die Ursachen in diesem Land selbst, sondern ist bemüht, auf doppelgesichtige Weise die Wahrheit wegzuleugnen, indem man jenen, die auf sie hinweisen, eine drohende Grimasse schneidet und dem Ausland ein freundlich lächelndes Photographiergesicht zukehrt.

Nachdem die »Schilegende« Karl Schranz[24] in Sapporo von den Olympischen Winterspielen ausgeschlossen worden war, weil er angeblich gegen den Amateurparagraphen verstoßen hatte, bereiteten ihm Zehntausende Wiener und Wienerinnen einen triumphalen Empfang. Menschenspaliere winkten und jubelten ihm auf dem Wege zum Bundeskanzleramt zu, in dem er wie ein Staatsoberhaupt empfangen wurde. (Damals wurde übrigens in Österreich offen zum Boykott von »Mautner Senf« aufgerufen, da der Fabrikant als Mitglied der österreichischen Olympia-Delegation die Entscheidung des Olympischen Komitees den Österreichern zu wenig heimattreu nahebrachte. Es schien offensichtlich das Schlüssigste, den Senf des Nestbeschmutzers aus den Küchen zu verbannen.)

Nun, nachdem das Einreiseverbot für die Privatperson Kurt Waldheim in die USA ausgesprochen wurde[25], droht nach dem Karl-Schranz-Effekt ein Kurt-Waldheim-Effekt in der österreichischen Presse. Es wird der Zeitpunkt kommen, an dem man mit Staunen und Scham die Scherben betrachten wird, die man angerichtet hat. Bisher betraf der stillschweigende Schulterschluß von Presse und Waldheim nur die Künstler, die sich zu Wort gemeldet hatten, nun bekommt auch das ausländische Amerika den heimischen Holzfällerton zu spüren. Der FPÖ-Obmann Haider deutet das Einreiseverbot Waldheims unwidersprochen als »kollektiven Schuldvorwurf gegen die Soldatengeneration in Österreich«. Ein politischer Kommentator in Österreichs größter Tageszeitung (*Kronenzeitung*) schreibt unter dem Titel »Inquisition«: »Doch täuschen wir uns nicht: der Fall Out dieses politischen Tschernobyl kommt noch. Er kommt auf uns nieder, und er wird die Landschaft zwischen Österreich und den USA verseuchen. Alle Provokateure, die in New York und Wien seit Monaten am Werk waren und jetzt auf Kurzschlußreaktionen in Österreich hoffen, um dieses Land in die Isolation und internationale Ächtung treiben zu können, seien daran erinnert: Die Österreicher haben besonders in Zeiten arger Bedrängnis und tiefer Erniedrigung ihre Größe bewiesen...«

Wann? Beim Einmarsch Hitlers? Und wer sind diese Provokateure, »die jetzt in Triumphgeheul ihren billigen Sieg feiern«? Weshalb nennt man sie nicht beim Namen, wo man doch weiß, daß zunächst einmal der »Jewish World Congress« damit gemeint ist? Nicht annähernd große Schlagzeilen, Empörung und Entrüstung hingegen rief in Österreich eine im März 1987 veröffentlichte »Antisemitismus-Umfrage« hervor, durchgeführt von den fünf größten Meinungsforschungsinstituten, die alptraumhafte Ergebnisse brachte.

Man setzte sich allerdings nicht mit dem wahren Aspekt dieser Ergebnisse auseinander. Statt dessen wurden sie hinuntergespielt, uminterpretiert; schließlich sogar als etwas, worauf man stolz sein könne, hingestellt. In der *Kronenzeitung* triumphierten Kolumnisten: »Nach der heimtückischen Waldheimkampagne wurde ja Österreich von mancherlei Seite geradezu als das eherne Bollwerk des Antisemitismus hingestellt: Ganze sieben Prozent der Österreicher sind echte Antisemiten... hingegen stehen zwischen zwanzig und dreißig Prozent der Österreicher ihren jüdischen Mitbürgern mit deutlicher Sympathie gegenüber.«

Aber wie sieht dieser unter einer Statistik begrabene Antisemitismus der Österreicher wirklich aus? »Zwanzig bis zweiundzwanzig Prozent der Österreicher können nicht einmal beim Händegeben körperlichen oder persönlichen Widerwillen gegen Juden unterdrücken. Zwölf bis sechzehn Prozent«, erläutert der Professor für Vergleichende Politik- und Sozialforschung, Marin, »halten Juden für sehr, siebenunddreißig Prozent eher für unsympathisch. Für dreiundzwanzig Prozent sollte darauf geachtet werden, daß Juden keine einflußreiche Stellung in unserem Land einnehmen. Sechsundzwanzig Prozent sind gegenüber dieser Diskriminierung von Juden indifferent, was auch nicht neutral, sondern einfach antisemitisch ist. Das heißt, ein Viertel der Bevölkerung ist immer noch für aktive Diskriminierung, und ein weiteres Viertel nimmt das gleichgültig hin.«

Auf meinen Spaziergängen durch Wien, durch Parks, am Donaukanal entlang, in der Umgebung eines jüdischen Friedhofs stieß ich auf Hakenkreuze und »Juden-raus«-Sprüche auf Mauern, aber auch auf einem Brückenpfeiler, einer Banklehne, einer Plakatwand. Dieses Land ist von sich selbst vergiftet, es hört nichts mehr, es sieht nichts mehr, es redet nur noch unflätig in einer Art Agonie vor sich hin. Es begreift nicht, daß es sein »Image« nur aus sich selbst heraus verbessern kann.

Es ist ein starrer, unveränderlicher Mechanismus am Werk,

der die Österreicher von sich weg und auf »die anderen« hinschauen läßt und der immer und immer wieder eine Auseinandersetzung verhindert. Das ist schmerzhaft, vor allem weil diese Methode besonders in den gebildeten, den akademischen, den »besseren« Kreisen in Österreich zu Hause ist. Die gebildeten, die akademischen, die »besseren« Kreise sind die Hauptträger aller Übelstände, aller Ignoranz auf diesem Gebiet, weniger die einfachen Leute. Die »besseren Kreise« richten den größten Schaden für dieses Land an, in ihrer hochmütigen Kälte und Gefühllosigkeit. Von ihnen hört man am häufigsten antisemitische Äußerungen oder Vergewaltigungsgeschichten über russische Soldaten beim »Einmarsch« 1945 (so Haider bei den vergangenen Nationalratswahlen), nichts aber von der Zerstörung und Hinmetzelung ganzer Dörfer und ihrer Bewohner in Rußland durch die deutsche Armee. »Der deutsche Soldat war immer anständig. So etwas ist nie vorgekommen. Bitte, es hat Auswüchse gegeben...« Als wäre nicht schon der ganze Nationalsozialismus und als seine Folgeerscheinung der Krieg ein einziger Auswuchs gewesen. Auch hört man keine Bemerkung zu den vielleicht Hunderten von Kriegerdenkmälern in Österreich, auf denen zumeist gleichzeitig die »Helden« gefeiert werden, die im Ersten und im Zweiten Weltkrieg »für das Vaterland« gefallen sind. (Welche »Helden« sind für welches »Vaterland« und zu welchem Endzweck gefallen?) Wer erinnert an die zahlreichen in der »Reichskristallnacht« speziell in Wien in Schutt und Trümmer gelegten Synagogen?
Nicht der Krieg, nicht Bomben haben diese Tempel zerstört, sondern der politisch gelenkte Mob verübte 1938 »Rache« an den österreichischen Juden (angeblich für die Ermordung eines Nazidiplomaten in Paris), indem er ihre Synagogen in Brand steckte. Heute sind diese ehemaligen Synagogen nach wie vor dem Erdboden gleichgemacht. An ihrer Stelle findet man Parkplätze, einen verwachsenen Hinterhof oder Neubauten, die stillschweigend auf diesen Plätzen errichtet wurden. Weshalb keine Hinweise im Leopoldstädter Bezirksmu-

seum, das doch Auskunft geben können müßte, wohin die hundertachtzigtausend Juden dieses Bezirks im Laufe des Krieges verschwunden sind und weshalb nur noch ein paar Tausend dort leben... Darüber schweigen die »besseren Kreise« ebenso konsequent, wie sie nur über die Zeit »nach dem Zusammenbruch«, als sie Opfer waren, sprechen. Sie finden beredte Worte für die Schilderung der durch die Bomben zerstörten Stadt, den Hunger, die Winterkälte ohne Brennstoff, den Tod von Familienmitgliedern. Aber sie verstummen oder haben Entschuldigungen für sich parat, sobald es um die Geschichten geht, die vor diesen Geschichten liegen.

Karl Kraus hat Österreich als »Versuchsstation des Weltunterganges« bezeichnet. In Österreich ist die Welt untergegangen. Wir dürfen nicht – auch nicht auf Kosten der Lebenden – jene vergessen, die als unschuldige Opfer mit ihr untergegangen sind.

Um welches »Österreich-Image« also geht es? Welches »Image« ist schlecht? Nicht das »Image« seiner Widerstandskämpfer, nicht das »Image« seiner Künstler – jenes »Image« ist katastrophal, das mit der offiziellen Haltung seines Landes zusammenhängt: seiner Weigerung, sich zu erinnern.

(1987)

Im Reich des Herrn Karl

Noch einmal Österreich:
Bücher über den
»Waldheim-Komplex«,
eine »Politik der Gefühle« und
»Das Ende der Gemütlichkeit« [26]

»Mir brauchen Se garnix d'erzählen, weil i kenn das ...«,
fängt der Herr Karl im gleichnamigen Stück von Merz/Qual-
tinger seinen Monolog an, bevor er einen Beitrag zur Diskussion um die Vergangenheit leistet. Bei Merz/Qualtinger
saß der Prototyp des österreichischen Opportunisten, der
Herr Karl, im Keller einer Delikatessenhandlung inmitten
von Stellagen und Kisten. Inzwischen treffen wir ihn, der auf
seine alten Tage Karriere gemacht hat, in Beamtenzimmern,
Chefetagen, Redaktionsräumen, Ministerbüros, ja, sogar in
der Präsidentenkanzlei. Die Herr-Karl-Partei ist die stärkste
österreichische Partei geworden, sie besitzt die absolute
Mehrheit.

Wanted: In Österreich hängt in jedem Postamt, jeder Gendar-
merie-Stube, jedem Klassenzimmer das farbige Steckbrief-
Photo eines Mannes, der überall ist, ohne jemals irgendwo
gewesen zu sein. Dieser Mann ohne Vergangenheit und wohl
auch ohne Zukunft, mit der vagen Ähnlichkeit einer transsyl-
vanischen Kultfigur aus der phantastischen Literatur, mahnt
Werte ein, die er selber nicht repräsentiert. Das ist sein Dilemma.

Trotzdem oder gerade deshalb ist dieser Mann, stellvertretend
für die Herr-Karl-Partei, zum Symbol zweier sich bekämpfen-
der Gruppen geworden. Die eine, deren Präsident er ist, verteidigt ihn, die andere, die ihn nicht wahrhaben will, treibt ihn
aus. Beide Vorgänge geschehen mit derselben Vehemenz und
bilden das Gegenwartsspektakel: »Ein österreichischer Jeder-

mann«. Die Aufführung findet in einer Sonderschule für schwererziehbare Kinder statt, die noch immer in windschiefen Blockbuchstaben das Wort *Demokratie* in ein fleckiges Übungsheft kritzeln. Auf dem Podium oben verteidigt die eine Gruppe den steckbrieflich Gesuchten und plädiert auf Unzurechnungsfähigkeit, da er unter dem Einfluß einer Massensuggestion gestanden habe. Die andere Gruppe blickt in geheime Taschenspiegel mit Puderquasten und sieht anstelle des eigenen Spiegelbildes Nosferatu, getarnt als Oberleutnant der Heilsarmee. Unerbittlich will sie von dieser Schreckensvision befreit werden. Die Schüler kümmern sich nicht darum und schmieren zum abertausendsten Mal *Dämongradi* in ihr Heft. Das Bühnenbild stammt von Manfred Deix.

In Büchern kann man die Geschichte und Analyse dieses »österreichischen Jedermann« nachvollziehen, allerdings auf die Gefahr hin, daß einem das Lachen dabei vergeht. In Österreich wird zwischendurch auch bei allergewöhnlichsten Feststellungen der Satz eingeworfen: »Wenn ich ehrlich bin« – darauf folgt alles andere als ein Geständnis. Diese Methode könnte von Kurt Waldheim erfunden worden sein. Bernard Cohen und Luc Rosenzweig bemühen sich, detektivisch aufzuspüren, was Waldheim immer schon sagen wollte, ohne es jemals gesagt zu haben, gleichsam in einer Dauerdemonstration des Nietzsche-Aphorismus: »›Das habe ich getan‹, sagt mein Gedächtnis. ›Das kann ich nicht getan haben‹, sagt mein Stolz und bleibt unerbittlich. Endlich... gibt das Gedächtnis nach.«

Obwohl einige Fakten unrichtig sind (was man hinnehmen muß, weil es ja bis zum Waldheimologen langer Ausbildung bedarf), liest sich dieses Buch wie die böse Novelle über einen nach dem Prinzip des Danteschen Infernos Bestraften: Er muß immerfort das wiederholen, was er einmal falsch gemacht hat.

Aber was ist das Besondere an ihm? Antwort: das Normale. Denn das in Cohen-Rosenzweigs Buch wie in einem Puzzlespiel aus einzelnen Fakten zusammengesetzte Bild eines Opportunisten ist gleichzeitig das böse, unerbittliche Porträt des im geheimen unsicheren und meinungslosen, nach außen hin aber selbstsicheren Durchschnittsbürgers. Ein heimatfester Rechter, ein Geschickter, dessen Anpassungsfähigkeit so phänomenal ist, daß Cohen-Rosenzweig ihn mit der Woody-Allen-Figur Zelig vergleichen, der die Züge seiner jeweiligen Umgebung annimmt.

Der Fall Waldheim zeigt zugleich, wie austauschbar und beliebig bürgerliche Werte in der Politik sind – sie modifizieren sich nach den Gegebenheiten. Es ist demnach kein Wunder, daß Waldheim mit so großer Begeisterung zum Zeremonienmeister einer Verdrängungsgesellschaft geworden ist. Er ist ja ihre Verkörperung. Geschmückt mit der König-Zwonimir-Medaille in Silber mit Eichenlaub, die ihm »für heldenhafte Tapferkeit im Kampf gegen die Aufständischen im Frühjahr 1942« verliehen wurde, umgibt sich dieses Phantom des Opernballs mit der Aura eines unschuldigen Wiener Sängerknaben, wie Hunderttausende von Österreichern nach dem Krieg und auch heute noch. Das Besondere an Waldheim ist demnach nur, daß er über seine Alltäglichkeit zum Symbol geworden ist – und langsam, wie auf einer Photographie in der Entwicklerflüssigkeit, zeigen sich die Umrisse und später Einzelheiten einer Zeit, die aus den Watzlawicks[27] (so hieß noch Waldheims Vater) die Waldheims machte und aus Waldheim den »Österreicher, dem die Welt vertraut«[28].

Zum Vergleich einige andere österreichische Karrieren: Der christlich-soziale Abgeordnete Leopold Kunschak (geb. 1871) forderte 1920: »Wir können die Juden nur vor die Wahl stellen, entweder freiwillig auszuwandern oder aber in die Konzentrationslager gesteckt zu werden.« Leopold Kunschak wurde 1945 Vizebürgermeister von Wien und war bis 1953 Erster Präsident des Nationalrats. Der Antisemitismus war in der Christlichsozialen Partei gang und gäbe, aber auch in der sozialdemokratischen Arbeiterzeitung konnte man Sätze finden wie: »Die jüdische Plutokratie weiß ebenso, was sie an Seipel hat, wie Seipel weiß, was sein Regime an den jüdischen

Plutokraten besitzt.« (Ignaz Seipel war christlichsozialer Bundeskanzler von 1926 bis 1929.)

Selbstredend durfte in diesem politischen Gobelin der sogenannten Zwischenkriegszeit auch nicht der braune Faden fehlen, den die katholische Kirche hineinwob. Bekanntlich hatte auch der Wiener Erzbischof Kardinal Innitzer für den »Anschluß« Stimmung gemacht, und das Buch des österreichischen Bischofs Hudal, »Die Grundlagen des Nationalsozialismus«, nahm nach Ansicht des Wiener Publizisten Leopold Spira die ideologische Begründung für den Massenmord an den Juden vorweg.

Schließlich trugen auch Schriftsteller ihr Scherflein bei, und auch ihnen geriet das später nicht zum Nachteil, sondern gerade diese beherrschten lange Zeit noch die Schulbücher in der Zweiten Republik. »Gewaltiger Mann, wie können wir Dir danken«, schrieb beispielsweise Max Mell im *Bekenntnisbuch österreichischer Schriftsteller* euphorisch über Adolf Hitler.

Die Jahre von der Monarchie bis zum »Anschluß« waren in ihrer extremen politischen Instabilität geradezu ein Trainingscamp für Gesinnungswechsel und politische Anpassungsfähigkeit gewesen, und es ist kein Wunder, daß nach 1945 wieder dieselbe Verfahrensweise angewandt wurde wie zuvor.

In einem geistigen Klima, in dem in Österreich jedermann beargwöhnt wird, der nach dem Prinzip einer populären Weihnachtssendung »Licht ins Dunkel« bringen will, versucht es der 1955 geborene Schriftsteller Josef Haslinger mit der Vernunft. In dem Kapitel »Kleine Geschichte der politischen Nachkriegsmoral« versteht es Haslinger, den Maschinenplan jenes Verdrängungsmechanismus zu zeichnen, der über eine lange Kette von Ereignissen bis zu den Geschehnissen um den Bundespräsidentenwahlkampf geführt hat. Haslinger zitiert als Zeitzeugen der Ereignisse um die Entnazifizierung, bei der aus NSDAP-Mitgliedern Nichtmitglieder gemacht wurden, den ehemaligen Nationalratsabgeordneten der SPÖ Karl Mark, der zu berichten weiß, »daß sich Leute ohne Parteibuch bei ›Arisierungen‹ oft viel ärger verhalten haben als NSDAP-Mitglieder. Der Entlastungsreigen von Freundesdiensten und Persilscheinen nach 1945 läßt sich nur vergleichen mit dem Gedrängel von 1938, als die Wiener Parteileitung der NSDAP die Flut der Aufnahmeanträge nicht mehr bewältigen konnte. Damals ließen sich die Anwärter von befreundeten Illegalen bestätigen, daß sie schon vor 1938 für die Partei gearbeitet hätten, nur um zu einer niedrigen Mitgliedsnummer zu kommen. Die freilich wirkte sich nach 1945 negativ aus, weshalb man sich von denselben Freunden nun bestätigen ließ, eigentlich nie aus Gesinnung für die Partei gearbeitet zu haben, sondern der NSDAP nur aus beruflichen, ökonomischen und ähnlichen Gründen beigetreten zu sein.« Das bestätigt eine 1948 von den amerikanischen »Besatzungstruppen« durchgeführte Meinungsumfrage, die ergab, daß mehr als 40 Prozent der Bevölkerung den Nationalsozialismus noch immer »für eine gute Idee« hielten, »die nur schlecht ausgeführt worden sei«.

Die beiden Parteien SPÖ und ÖVP sahen indessen das immense Stimmenkapital brachliegen und entwickelten in Windeseile einen Gesinnungskapitalismus auf dem freien Markt der Demokratie. Haslinger beschreibt die Situation an den Universitäten, im Alltag und vor den Gerichten bis zur Regierung Kreisky, die »gleich fünf ehemalige Nazis in ihrer Kabinettsrunde hatte: Öllinger, Rösch, Weihs, Frühbauer und Moser«[29]. Bis zu diesem Zeitpunkt aber war schon ein trauriges Kapitel der SPÖ geschrieben worden. »Die Partei grenzte nicht nur ihre aus Widerstand und Exil zurückgekehrte Linke aus, sondern sie sicherte sich durch eine machtpolitische Kumpanei mit der ÖVP ihren Anteil am Proporzsystem.« Für die SPÖ war dies um so wichtiger gewesen, als sie nur fünf Prozent der Beamten zu ihren Verbündeten hatte rechnen können.

Haslingers Buch setzt sich nicht nur mit der »Zwischen- und Nachkriegszeit« auseinander, sondern auch mit der Familie als Mikrokosmos des Staates, der Waldheim-Wahl, dem aufschlußreichen Lebensbericht der jüdischen Emigrantin und späteren »Heimkehrerin« Ilse M. Aschner und mit der »vergessenen Wirklichkeit«. In diesem Teil des Buches rechnet er anhand von Mindestpensionen, Sozialhilfen und Arbeitslosengeldern mit dem Staat ab, der gerne als »übersozialisiert« bezeichnet und, wie es seit einiger Zeit heißt, von »Sozialschmarotzern« ausgenutzt wird.

»Politik ist jetzt tatsächlich ein Geschäft geworden«, stellt Haslinger fest. »Modernisierung meint Abstreifen von politischen Grundsätzen zugunsten eines wirtschaftlichen und ästhetischen Pragmatismus... Dabei war die Sozialdemokratie einst von der Erkenntnis ausgegangen, daß sich in unserer Gesellschaftsordnung Leistung am wenigsten für den bezahlt macht, der sie erbringt, aber am meisten für den, für den sie vollbracht wird... Eine Politik der Gefühle kann sich also im Moment darüber hinwegsetzen, so wie sie sich über alles hinwegsetzt, was nicht werbe- und damit mehrheitsfähig ist.« Die Politik der Gefühle, von der Haslinger spricht, bietet keinen Informationswert, sondern richtet sich danach, welche Aussagen, Formeln und Urteile sich verkaufen lassen. Auf diese Weise sind die österreichischen Parteien zu »Herr-Karl-Parteien« geworden, denn das Programm der Parteien ist nur noch ein öffentlicher und zuletzt staatlich betriebener Opportunismus. In einer solchen Situation, in der Parteien und Staat Grundsätze verdrängen, braucht das Land einen Psychiater. Es hat ihn in Erwin Ringel[30], der auch in seinem neuesten Buch als ein Prediger durch die Wüste zieht – *Zur Gesundung der österreichischen Seele*, wie der Titel heißt. Es ist eine notwendige Don Quichotterie, ein Lehrbuch für ein zu erfindendes Schulfach: »Menschenliebe« anhand und gegen den »Karlismus«.

Im Jahr 1986 hat auch der Publizist Klaus Harpprecht Österreich bereist und darüber ein Tagebuch geschrieben: *Am Ende der Gemütlichkeit*. »Dieses Land besitzt eine Härte, die sich an der Gewalt des Melker Barock, an der einstigen

Strenge des kaiserlich-königlichen Beamtentums, an der Festungsarchitektur des Roten Wien, den mörderischen Konflikten der zwanziger und dreißiger Jahre, am Haß der zeitgenössischen Schriftsteller ablesen läßt«, bemerkt Harpprecht. In einer unprätentiösen Sprache beschreibt er seine Wahrnehmungen, seine Gespräche mit Politikern, Künstlern, Journalisten und Freunden und entwirft in knappen Sätzen und in schwereloser Manier ein wie die Strudlhofstiege ineinander verwobenes Österreichbild aus Skurrilität, Bösartigkeit und Schwermut.

Beim Besuch des KZ Mauthausen liest er die Aufschrift am griechischen Mahnmal: »Das Vergessen des Bösen ist die Erlaubnis zu seiner Wiederholung.« »Es überraschte mich nicht«, hält Harpprecht an anderer Stelle fest, »daß Bundeskanzler Figl kurz nach der Begründung der Bundesrepublik Reparationen forderte. War es sein Ernst? Der alte Adenauer sagte: ›Können Sie haben. Wir werden Ihnen die Knochen Hitlers schicken.‹« – Nun, sie sind angekommen.

(1987)

Das doppelköpfige Österreich

Unser Land ist der lebendige Beweis für die Relativitätstheorie: Nichts ist wirklich, nichts ist faßbar – jede Erkenntnis, jedes Versprechen, jede Zusage lösen sich sofort in nichts auf, schlagen in das Gegenteil um. Das Land befindet sich in einem dauernden Schwebezustand. Waren die Hängenden Gärten der Semiramis eines der Sieben Weltwunder, so ist Österreich das achte: ein Land der schwebenden Entscheidungen, schwebenden Damoklesschwerter, schwebenden Meinungen, Urteile, Entschlüsse, vor allem der schwebenden Verfahren. So eine nicht faßbare, schwebende Papierfliegerfigur, die in Kreisen in die Tiefe trudelt, aber sich auf dem kahlen Ast eines Baumes verfangen hat und von dort partout nicht auf die Erde zurückkehren will, ist Kurt Waldheim, produziert und aus dem Fenster geworfen von einem siamesischen doppelköpfigen Zwillingspaar »Lüge und Wahrheit«.

Beide Zwillingsköpfe können ohne den anderen nichts tun, zwanghaft müssen sie überall gemeinsam auftreten. Es gibt keine endgültige Auseinandersetzung zwischen ihnen, weil sie aufeinander angewiesen sind. Dieses doppelköpfige, kleine, harmlos aussehende Monstrum, das zugleich lügt und die Wahrheit sagt, ist unser wahres Staatswappen und Waldheim ihr eindrucksvolles Symbol.

Der Kampf um ihn ist nur verständlich über das Modell der russischen Puppe in der Puppe: Während die eine Gruppe (und es ist zu befürchten, daß es die Mehrheit ist) Waldheim als größte äußere, alle anderen kleinen Puppen umschließende und beinhaltende Puppe sehen möchte, will die andere die kleine, vielleicht sogar winzigste Puppe aus ihrem Puppensystem entfernen. Waldheim hat sich also verdoppelt, vertausend-, verhunderttausendfacht.

Wie war das möglich?

Vielleicht, weil dieses Land der ausschweifenden Epiker (was die eigenen Biographien betrifft) auch ein Land der gartenzwerghaften Analytiker ist. Es ist geradezu ein Glück für den erzählenden Österreicher, sich in Einzelheiten zu verlieren – überhaupt das Sich-Verlieren, es ist das höchste Glück – und die Einzelheit als Gegenbeweis für das Ganze zu nehmen. Dazu eine Neigung zu einer seltsamen Auffassung von Komik: Bei uns fühlt sich komisch, wer todkrank ist, wer stirbt. Und auch die *anderen* sind komisch, die Türken, die Juden, die Gscherten für die Wiener, die Wiener für die Gscherten, alles ist komisch, was nicht ist wie wir selbst oder wie sonst. Wieder begegnen wir dem österreichischen Doppelwesen: Der dicke Epiker Ollie und der geistig zurückgebliebene Analytiker Stan, die eigene Todeskrankheit als Komik wie zugleich die Andersartigkeit des Fremden. Und natürlich stehen wir auch »doppelt« zum Ausland: Das Ausland hat uns 1938, beim »Anschluß«, im Stich gelassen, aber jetzt mischt es sich auf ungehörige Weise ein, die Alliierten waren zugleich die Besatzer und die Befreier, Österreich war zugleich das erste Opfer Hitlers und sein engster Verbündeter. Um es kurz zu machen: Österreich hat zugleich den Krieg gewonnen *und* verloren: Auf der einen Seite als erstes Opfer Hitlers den Staatsvertrag erhalten, auf der anderen Seite als Ostmärker für die deutsche Armee gegen ein damals imaginäres, jetzt aber seit über 40 Jahren bestehendes Österreich gekämpft, durch die eigene militärische Niederlage erst den eigenen politischen Sieg ermöglicht. Alle diese halbwahren Lügen, diese verlogenen Wahrheiten reichen bei uns von den Familien bis in die Öffentlichkeit hinein, bis zur Hofburg, bis zum Bundeskanzleramt.

In Österreich müßte Kierkegaards berühmtes Werk *Entweder –*

Oder »UND« heißen. Wenn woanders jemand Journalist *oder* Politiker ist, so ist er bei uns Journalist *und* Politiker. Es sei hier ausnahmsweise gestattet, den Generalsekretär der Industriellenvereinigung, Krejci, zugunsten des Vorgebrachten zu zitieren, denn wir heißen ihn gern im Reich der sogenannten österreichischen Nestbeschmutzer willkommen: Im Nachruf auf den Nationalbank-Präsidenten Stephan Koren sagte er: »Er war eine atypische Person für Österreich. Ein Unbestechlicher, der immer das gesagt hat, was er sich gedacht hat.« Wir sind also zumindest *auch* Bestechliche, die einen gravierenden Unterschied zwischen Denken und Sagen machen, und weil wir aus allem Zwitterwesen fabrizieren, sind wir bestechliche Unbestechliche und haben den Schmäh erfunden, um gleichzeitig *sagen* und *nicht sagen* zu können, was wir denken. Ebensolche Zwitterwesen sind unsere Politiker: Sie wissen gleichzeitig *alles* und *nichts*. Alles *vor* den Wahlen, nichts, wenn es um *Skandale* geht. Und Sozialschmarotzer sind Leute, die sich eine Arbeitslosenunterstützung erschwindeln, während Politiker, die von einem bankrotten Staat Doppelpensionen und -bezüge erhalten, und die, die sich Riesenabfertigungen aus der Wirtschaft holen, *Sanierer* sind – also sind unsere Sanierer *auch* Sozialschmarotzer.

Wir gebrauchen Sicherheitsnadeln, die es nicht gibt, weil wir mit Sicherheit zu den Siegern gehören wollen[31], und wir fühlen uns von der Welt betrogen, weil sie unser falsches Spiel aufdeckt. »Wenn ich ehrlich bin«, heißt eine Redewendung in Österreich, und es folgt wieder nur eine Lüge, die aber eine Halbwahrheit ist oder umgekehrt. Wir sind an einem Punkt angelangt, wo dieser Doppler-Effekt längst durchschaut wird – wir bemerken *es* nur schon wieder nicht.

Waldheim ist, wie er selbst sagt, einer wie *Hunderttausende anderer Österreicher auch*, und aus dieser Perspektive scheint es legitim zu sein, ihn zu einem Symbol für einen großen Teil der Österreicher zu erheben, wenn nicht überhaupt zum österreichischen Symbol. Er stammt aus einem Land, das im

Schatten der bestehenden Hierarchien dahinvegetiert, das nur Autoritäten hat, die in diesen Hierarchien herangewachsen sind – hierarchische Autoritäten also –, und keine natürlichen, aufgrund ihrer Begabung und ihres Charakters an der Sonne des hellen Verstandes gewachsenen.

Diese hierarchischen Autoritäten lähmen das geistige Wachstum in diesem Land, in dem das Übelste, das Opportunistischste, das Anpassungswillige, ja Anpassungssüchtige am schnellsten nach oben kommt. Seit viel zu langer Zeit herrscht eine starke bereitwillige Anpassungs- und Unterordnungssehnsucht in diesem Land; das hierarchische System, so muß man ihm zugute halten, kommt oft mit den Anordnungen nicht mehr nach. Längst sind sie ausgeführt, bevor sie noch angeordnet sind.

Inmitten dieser allgemeinen Rückenmarksschwindsucht wird jemand, der Waldheim kritisiert und die ehemaligen Nazis, schnell mit Goebbels verglichen, aber es gibt welche, die wie Goebbels schreiben und sich als Starkolumnisten feiern lassen.[32] Ist der Skandal wirklich an die Stelle des Alltags getreten, ist der Skandal an der Tagesordnung? Und wird es nicht mehr bemerkt, weil der blinde Gehorsam unser wahrer Bundespräsident ist, weil wir in der Dunkelheit des Gehorchens leben und nicht in einem aus Fragen und Antworten erhellten Land?

Das Land fürchtet sich vor Kritik, es fürchtet sich davor, zu kritisieren und kritisiert zu werden. Kritik aber muß endlich selbstverständlich werden, denn »die Wahrheit ist zumutbar«, wie Ingeborg Bachmann schreibt. Es muß dem freien Wort endlich die *Ehre* gegeben werden können. Es ist nicht einzusehen, weshalb dieses Prinzip vor dem Bundespräsidenten haltmachen soll, im Gegenteil, der Bundespräsident müßte ein solches Prinzip zumindest zu repräsentieren versuchen. Wenn aber gerade von der Seite des Präsidenten und seiner Umgebung das desavouierende Wort vom »Austro-Masochismus« für Kritik an diesem Land gebraucht wird, so scheint uns Waldheim selbst der leibhaftige Beweis dafür, daß es diesen »Austro-Masochismus« gibt, wenn auch nicht in der Weise, wie er es sich vorstellt – denn wie anders kann man das monatelange, ja, jahrelange Ertragen von Schmähungen, Herabsetzungen, Verhöhnungen erklären, als wenn man an eine Art »Austro-Masochismus« zu glauben bereit ist.

Es gilt jetzt ein Klima zu beenden, das den Eindruck erweckt: Das Land begeht Selbstmord und will dabei nicht gestört werden. Das größte Hindernis sind dabei wir selber: Wir sind unzufrieden mit dem, was ist, wollen aber gleichzeitig, daß sich nichts ändert. Wir können aber nicht mehr hinnehmen, daß Richter im Burgenland eine Landeshauptmannwahl[33] türken, daß das Schiff Österreich gesprengt wird[34] und mit seiner nie in Betrieb genommenen Atomverarbeitungsanlage Zwentendorf in einem Meer der Rechtlosigkeit versinkt. Auch wenn es noch so divergent klingt – es gehört zusammen, denn es hat alles eine gemeinsame Ursache: die Unverschämtheit. Wir können also nicht hinnehmen, was sich an verschiedenen Erscheinungsformen eines sich langsam ruinierenden Landes bildet, und doch sitzen wir hypnotisiert vor dem Symbol der Staatsschlange, einer täuschend ähnlichen Kunststoffnachbildung, von der wir uns erschrecken lassen.

Uns kann paradoxerweise nur eine Allergie retten – eine Allergie gegen die sogenannten »österreichischen Zustände«. Kurt Waldheim ist zumindest ein *Rädchen* der *jetzigen* Staatsmaschinerie[35], dies zu leugnen wird selbst *ihm* schwerfallen. Er stammt aus einer Generation, die die Mehrheit der Österreicher, welche jetzt zur Wahl gehen, erzogen hat, der sie in der Schule systematisch ihre politische Vergangenheit verschwiegen hat, die jahrzehntelang Vorgesetzte waren und jetzt noch, in einer Art blindem Vernichtungswillen, die nachfolgende Generation und deren Nachkommen in ihre Form der Vergangenheitsdebatte hineinziehen will.

Wir haben einen Präsidenten, der die Selbstrechtfertigung dieser Generation ist – deshalb wird auch die Auseinandersetzung um ihn mit allen Mitteln geführt, die gerade noch zulässig erscheinen: Wir aber müssen eine andere Form der Diskussion um die bedrückende und beängstigende politische Vergangenheit verlangen, eine ethische, einfühlsame, einsichtsvolle, den Opfern des Nationalsozialismus gegenüber und deren Nachkommen und Angehörigen.

Wir haben diesmal keine andere Wahl, als uns zu entscheiden. Denn zurücktreten UND Präsident bleiben kann Waldheim nicht. Auch wenn österreichischer Erfinder- und Komikergeist sogar eine solche Lösung zu finden imstande wären. Der Rücktritt Waldheims wäre der erste Schritt, unsere doppelköpfigen Monster zu verscheuchen, die Lüge von der Wahrheit auseinanderzuoperieren, selbst auf die »Gefahr« hin, daß die Lüge auf der Strecke bleibt.

Es muß endlich ein Zeichen gesetzt werden, daß die österreichische Bevölkerung anfängt zu lernen und nicht wie im Selbsttaumel darauf wartet, einem neuen Demagogen auf den Leim zu gehen. Mit der Erfahrung des Nationalsozialismus und seiner geradezu exemplarischen Demagogie hätte das in musikalischer Hinsicht so feine Ohr der Österreicher mit seinem oft absoluten Gehör gegen jeden falschen politischen Ton ausgestattet sein müssen. Aber man hat sich nach dem Krieg Ohropax in die Gehörgänge gestopft und die Klavierstimmer von den Konzertsälen ferngehalten. Nun kann auch ein zukünftiger burgenländischer Landtagsabgeordneter ungestraft für das Rechtsradikalenblatt *Sieg* Artikel verfassen und in der Frage nach den KZ auf Historiker verweisen, die diese anzweifeln – ja, im Gegenteil, statt daß jemand den Klavierdeckel zuhaut, kann es vorkommen, daß beim Ertönen des Badenweiler-Marsches[36] das Publikum begeistert mitklatscht, als sei nichts geschehen.

»Ich habe einen SEHR Glauben an dieses Land«, vermeldete der österreichische Vizekanzler und Außenminister Mock[37] vor einiger Zeit und zuletzt auch, daß es kleine fanatische Gruppen geben werde, die den von einer Mehrheit der Österreicher gewählten Präsidenten attackierten. Gegen derartige Intoleranz und Fanatismus müsse man sich aber wehren, damit die Dämonen der Vergangenheit nicht weiter herbeigerufen würden. Um auch vielen anderen Österreichern außer Mock einen SEHR Glauben an das Land zu geben und um die kleinen fanatischen Gruppen zu großen kritischen zu machen, muß Waldheim zurücktreten. Um ihm diesen Fortschritt zu erleichtern, wird an dieser Stelle eine Kurt-Waldheim-Gedächtnismedaille mit Eichenlaub und Schwertern vorgeschlagen, die jährlich an den Politiker mit der größten Erinnerungslücke verliehen werden soll. Das heurige Gedenkjahr ist sowieso schon zum Kurt-Waldheim-Gedächtnisjahr verkümmert.

(1988)

Österreich, das Reich der neuen Rede

Rede anläßlich der Verleihung
des Literaturpreises der Stadt Wien und
des Marie Luise Kaschnitz-Preises

1992

Am 8. November 1992 findet in der Evangelischen Akademie Tutzing in Bayern die Verleihung des Marie Luise Kaschnitz-Preises an Gerhard Roth statt. Am selben Tag wird bei der Demonstration gegen Ausländerhaß und Gewalt, an der 300 000 Menschen teilnehmen, Bundespräsident Richard von Weizsäcker mit Steinen und Farbbeuteln attackiert. Die Polizei muß gegen 300 Randalierer eine Mauer aus Schutzschilden bilden. Der Vorsitzende des Zentralrats der Juden in Deutschland, Ignatz Bubis, sagt nach Schluß der Kundgebung: »Ich schäme mich für das, was hier passiert ist. Wir sind nicht im Jahre 1938, sondern im Jahr 1992.«
Die in Tutzing gehaltene Rede, weitgehend identisch mit jener zur Verleihung des Literaturpreises der Stadt Wien, wird am 12. November gleichzeitig in der Hamburger *Zeit* und im Wiener *Standard* publiziert.

Nicht erst heute, eineinhalb Jahre nachdem ich den Romanzyklus *Die Archive des Schweigens* beendet habe, muß ich feststellen, daß die Saat des Schweigens der Kriegs- und Wiederaufbaugeneration zur politischen Vergangenheit Österreichs und zur eigenen Mitschuld aufgegangen ist.

Das mehr als 40jährige Schweigen hat Österreich geprägt in seiner NEUEN REDE. Ich treffe diese Feststellung nicht ohne Unbehagen, denn ich bin Österreicher, und die Auseinandersetzung mit diesem »Österreichisch-Sein« ist ein Teil meines Lebens.

Österreich ist das Land, das seinem Klischee am ähnlichsten ist. Die Beschreibung seiner schönen, oft düster-schönen Landschaft und des schönen, oft verkommen-schönen Wien, kann nicht düster oder verkommen-schön genug sein, seiner musikalisch-heiteren und elegischen Musik, nicht musikalisch, heiter und elegisch genug, seiner idyllischen, phantastischen und sezierenden Literatur nicht literarisch genug, seiner philosophischen und künstlerischen Werke nicht tiefsinnig und ernsthaft genug. Andererseits gibt die sarkastischste, böseste und satirischste Beschreibung dieses Landes durch seine Dichter ein geradezu naturwissenschaftlich präzises Bild der bestehenden Tatsachen wieder.

Das Bild vom rassistischen, ausländerfeindlichen Österreicher ist längst keine Karikatur mehr, sondern farbige Fotografie.

In den letzten Jahren ist im Land etwas in Bewegung geraten. Es herrscht ein neuer, aufgeregter Ton in den Hausfluren und Straßenbahnen, den fernseh-abendlichen Wohnzimmern und an den halbdunklen Gasthaustischen. Das Land schweigt zur jüngsten Vergangenheit nicht mehr EISERN, wo doch Schweigen angeblich GOLD ist, sondern es redet in Zungen.

Der zum Ver-Schweigen erzogene Österreicher, dessen Denken von der christlichen, in Österreich katholischen, Erziehung bestimmt ist und damit vom katholischen Antisemitismus, der katholischen Kinderdressur, der katholischen Wahrheits- und Körperfeindlichkeit, der katholischen Toleranz dem Nationalsozialismus gegenüber, der also mit seinem Innenleben allein gelassene und zwischen den eingetrichterten Meinungen und seinem wahren Empfinden hin und her gerissene, man kann ruhig hinzufügen, oft arme Österreicher, der immer nur zum GEHORSAM angeleitet und dem das Fragen als UNVERSCHÄMTHEIT zu empfinden beigebracht wurde, dieser als Erwachsener nicht zuletzt sentimental und im gleichen Ausmaß brutal gewordene Österreicher war schon immer als Äquivalent zu seiner Unterdrückung ein großer Liebhaber der scharfen Rede, des Stänkerns und Schmähführens.

Kein Wunder, daß besonders politische Bütten-, aber auch Brandreden, auf sein offenes Ohr stoßen, und kein Wunder, daß es noch heute zum guten Ton des Landes gehört, die schaurig schmierenkomödiantischen und todesbedrohlichen Reden eines Hitler oder Goebbels als eindrucksvoll zu bezeichnen.

Ich habe immer den größten Argwohn vor »guten« Rednern gehabt, denn in jeder guten Rede glimmt zumindest ein Funken Demagogie. Mein Argwohn hat sich übrigens stets bestätigt, auch der Argwohn gegenüber den Überblicksmenschen, die alle Wahrheiten kennen und nur ihre eigenen zulassen und die das Zusammenspiel der Worte so lange verdrehen können, bis es im Sommer schneit und im Winter die Kastanienbäume blühen.

Umso mehr gilt das für ein Land, das die Schauspieler und das Theater liebt, wie es die Österreicher – zu Recht – tun.

Österreich hat sich langsam, aber unaufhörlich und unüberhörbar vom Schweigensreich zum Reich der NEUEN REDE gewandelt, allerorten kann man merkwürdig aufgebrachte Stimmen hören, Stimmen, die nichts Gutes verheißen. Die NEUE REDE, die zu hören ist, was ist das für eine? Es ist die GESTRIGE und die VORGESTRIGE, es ist die EWIGGESTRIGE in neuem Gewand.

Das Land scheint nach seinem letzten Rausch noch immer nicht ausgenüchtert zu sein, es schnarcht und wimmert und redet im Halbschlaf. Zum Katerfrühstück hat es sich die ersten Gläser hochprozentig braunen WÖRTHERSEEWASSERS einverleibt, und sein Durst ist groß.

Das aufgeblähte österreichische Geschichtsbewußtsein mit seinem Pathos und der Habsburger-Nostalgie, das in Wahrheit so gering ist, daß es einem habsburgischen Quizmaster[38] keine noch so leichte historische Frage über die Habsburger richtig beantworten könnte (außer, daß Romy Schneider – genannt Sissi – die Ehefrau von Kaiser Franz Joseph war), das österreichische Geschichtsbewußtsein also, mit seinem Hang zum Vergessen und dem großen Herz für die Verbrechen des Nationalsozialismus, erinnert an die Gedächtnislücken und grotesken Erzählungen von Schwerbetrunkenen, die abwechselnd mit Selbstmord drohen und sich für die Größten halten. Der Mief der Zweiten Republik ist ein katholisch-nationalsozialistischer, wie schon Thomas Bernhard sinngemäß feststellte, der später mit feiner Spürnase auch das aufdringliche Rasierwasser von Nadelstreifensozialisten witterte. Alle österreichischen Geschichtskatastrophen – und derer gab es nicht wenige – waren habsburgische, habsburgisch-katholische, christlich-soziale oder deutsch-nationalsozialistische, egal wie man die Dinge dreht und wendet. Noch heute ist die öffentliche Toleranz in Österreich gegenüber allem politisch Rechtem oder sogar Rechtsextremem größer als gegenüber dem Linken oder gar Linksextremen. (Ich verwende diese Klischeebegriffe »rechts« und »links«, ohne zu zögern, der Einfachheit halber, weil ich glaube, daß jeder, der keine philosophisch-spitzenklöpplerischen Debatten führen möchte, weiß, was damit gemeint ist.)

In den letzten Jahren ist der Geist des Landes immer stärker an einer Paranoia, der Ausländerparanoia, erkrankt. Oft ist der Patient verwirrt. Aber zumeist verbirgt er seine Gedanken hinter einer hinterhältig-schlauen Einfalt. Er verbiegt Wahrheiten, um der Angst eine Richtung zu geben.

Daß auf dem neuen jüdischen Friedhof in Eisenstadt in der Nacht zum 31. Oktober 80 Grabsteine mit Hakenkreuzen, Nazigestammel und sonstigem Unflat beschmiert wurden, erfüllt mit Abscheu, daß die Eisenstädter Polizei, wie man immer wieder hört, schon VOR dem Anschlag darüber informiert war, ohne etwas zu unternehmen, ist ein bedrohliches Zeichen.

Derartige Vorfälle ereigneten sich seit dem vorigen Jahr mehrmals auf dem alten jüdischen Teil des Wiener Zentralfriedhofs, nur, daß in der Zwischenzeit weitere Auswanderer und Flüchtlinge nach Österreich gekommen sind, wie viele Stammhalter und Stammhalterinnen österreichischer Familien vor ihnen: von den höchsten Politikern angefangen bis zu meinen eigenen Vorfahren. Mein Großvater mütterlicherseits schrieb sich Druschnitz und wurde 1889 in Konstantinopel geboren, wo sein Vater, also mein Urgroßvater, als Glasbläser und damit Gastarbeiter in einer Glasfabrik arbeitete. Immer sprach er voller Wärme von den Stätten und türkischen Menschen seiner Kindheit, nie hatte er die Absicht gehabt, die türkische Identität zu »umvolken«, wie der freiheitliche Kultursprecher in Österreich sich ausgedrückt hat. Mein Vater wiederum, in Hermannstadt geboren, ist demnach ein Siebenbürger gewesen, nach allgemeinem Verständnis in Österreich Rumäne.

300 000 Burgenländer, mehr als das Bundesland jetzt Einwohner hat, wanderten in den letzten 100 Jahren als sogenannte Wirtschaftsflüchtlinge nach Amerika aus. Keiner wirft ihnen vor, sie hätten ihre Heimat im Stich gelassen.

Inmitten des neuen, durch den sogenannten »Jugoslawien-Krieg« und den »Zusammenbruch des Kommunismus« entstandenen Flüchtlings- und Auswandererelends sehen wir österreichische Politiker ihren Geschäften nachgehen – was sollen sie auch anderes tun? –, einige aber dubiose Geschäfte betreiben.

Ein sozialdemokratischer Politiker fühlte sich schon vor zwei Jahren bemüßigt festzustellen, daß »das Boot voll«, ein anderer erst kürzlich, daß Österreich kein Einwanderungsland sei. Die Fremdengesetze des von einem sozialdemokratischen Minister geführten Innenministeriums sind zum Teil skandalös. Der konservative Vizekanzler verlangte die Ausweisung der geschätzten 150 000 illegalen Einwanderer, die schon seit Jahren in Österreich und für Österreich und zumeist um wenig oder weniger Geld arbeiten. Der freiheitliche Parteiobmann droht ultimativ mit einem sogenannten »Ausländervolksbegehren«, das in Wirklichkeit nur ANTI-Ausländervolksbegehren[39] heißen kann. Ich befürchte, daß als nächstes jemandem zur Kennzeichnung von Ausländern der gelbe Stern einfällt. Österreich braucht keine scharfen Satiriker mehr, Österreich

IST bittere Satire. Mit einem ANTI-Ausländervolksbegehren stellt sich Österreich möglicherweise auch außerhalb der internationalen Staatengemeinschaft und führt selbst das Auswandern von Österreichern aus wirtschaftlichen oder beruflichen Gründen ad absurdum.

Schon deshalb, weil vielleicht einige Österreicher Vorsorge treffen müssen, noch auswandern zu können, wenn der Oberösterreicher aus dem Kärntner Bärental[40], der immer von den »Altparteien« spricht und selbst ein Ewiggestriger ist, in Österreich an die Macht kommt, müssen wir gegen dieses Volksbegehren auftreten.

Es soll nicht verschwiegen werden, daß ein Teil der katholischen Kirche, allen voran Kardinal König, in dieser Frage eine vorbildliche Haltung einnimmt.

Der Geist aber, der hinter den blamablen sogenannten VERBALEN Entgleisungen österreichischer Politiker in den letzten Jahren, den bedenklichen Erscheinungen und erschreckenden Ereignissen steckt, war als Poltergeist in den »Archiven des Schweigens« eingeschlossen, in denen er sich immer ungeduldiger bemerkbar machte. Nun ist er darauf und daran, mit dämonischem Geheul und Zähneknirschen auszuziehen, schon stehen Flüchtlingsheime in Deutschland in Flammen, schon verbreiten sich Haß und Angst.[41] Manchmal kommen mir Deutschland und Österreich wie Landstriche vor, in denen Dantes Inferno angesiedelt ist. Dort müssen die Verdammten auf ewig ihre Verbrechen wiederholen, ohne daß es eine Erlösung gibt.

Aber die Phänomene sind auf keine geographischen Räume beschränkt. Albert Camus, der von mir geliebte und visionäre Schriftsteller, hat ihren Erreger mit dem Pestbazillus verglichen, der Jahrhunderte unter Gerümpel und alten Kleidern versteckt überdauern kann. Und wie wir wissen, kann der Pestbazillus jedermann befallen.

(1992)

Am 27. November 1992 brennt die Wiener Hofburg. Die Tageszeitung *Die Presse* kennt die eigentlichen Brandstifter bereits: »Werden wir deutlicher. Der österreichische Schriftsteller Gerhard Roth hat bei der Entgegennahme des Marie Luise Kaschnitz-Preises in Deutschland laut *Die Zeit*, die seine Rede im Wortlaut abdruckte, unter anderem gesagt: ›Das Bild vom rassistischen, ausländerfeindlichen Österreicher ist längst keine Karikatur mehr, sondern farbige Photographie.‹ Und stets weiter generalisierend und ›der Österreicher‹ sagend, hat er behauptet –, des Österreichers Denken sei bestimmt von allen möglichen bösen Katholiken, so von ›der katholischen Toleranz dem Nationalsozialismus gegenüber‹.

Das ist das Gefährliche, ist die eigentliche Brandstiftung. Hier wird Meinung gemacht, die teuflisch jener ähnelt, wie sie vor 1938 herrschte: im Staat, den keiner wollte.«

Die Mahnungen Roths bestätigen sich exakt an diesem Kommentar: Schuld sind jene, die Österreichs historische und geistige Defizite zum Thema machen.

Roths Sorge um die politische Entwicklung wird im *Standard* vom Wiener Schriftsteller Antonio Fian attackiert, der Kritiker als »Hysterischer Hausarzt« diffamiert. In einem Leserbrief schreibt der ORF-Journalist Peter Huemer: »Das jahrzehntelange Schweigen ist in Österreich einer neuen Redseligkeit gewichen, deren bösartige Ausdrucksformen aus dem vorausgegangenen Verschweigen abgeleitet werden können.«

Von Schafen, falschen Hunden, bedrohlichen Krähen und anderen Tieren

Rede anläßlich der Verleihung des Ehrenpreises des Österreichischen Buchhandels

Gerhard Roths Rede zur Verleihung des Ehrenpreises des Österreichischen Buchhandels erschien am 11.11.1994 im *Album* des *Standard*. Jörg Haider hat in Umfragen bereits die Österreichische Volkspartei (ÖVP) überholt, seine FPÖ hat strukturell bereits einen höheren Arbeiteranteil als die Sozialdemokraten des nach den Wahlen vom 9. Oktober 1994 wiederbestellten Bundeskanzlers Franz Vranitzky.

»Um ein tadelloses Mitglied einer Schafherde sein zu können, muß man vor allem ein Schaf sein«, sagt Albert Einstein. Ich möchte diesen Satz als Leitmotiv über meine Betrachtungen stellen, die sich mit der Verwechslung von Toleranz und dem Schweigen der Lämmer beschäftigen.

Ich selbst wollte nie ein Schaf sein – vielleicht blieb das ein frommer Wunsch –, auch kein schwarzes, das einförmige Geblök, der Gleichschritt von Gedanken, Phrasen und Worten haben schon früh Unbehagen in mir hervorgerufen. Von Kindheit an erlag ich (zu meinem Glück) der Magie des Lesens; das Lesen war Schutz und Abenteuer, wie die einhüllende Phantasie beim Spielen als Kind oder die Anwesenheit meines geschichtenerzählenden Großvaters.

Zu schweren Prüfungen des Lebens ebenso wie zu den Schwierigkeiten des Alltags habe ich mich immer, wenn es ging, in das Lesen geflüchtet, wie eine Schildkröte unter ihren Panzer. Meist habe ich ein Buch eingesteckt, ein kleinformatiges Manesse-Bändchen, etwas aus der Reclams Universal-Bibliothek oder ein Taschenbuch von Camus, Sartre, Pasolini oder Orwell, Joyce, Kafka, Dostojewski und Flaubert, Swift oder Melville, Joseph Conrad oder die Neuerscheinung, die ich gerade lese. Ich hatte ein Buch bei mir im Krankenhaus, im unpersönlichen Hotelzimmer in einer fremden Stadt, in der Wintereinsamkeit auf dem Land, ebenso als mein Großvater begraben wurde oder bei Entscheidungen, die Mut verlangten – auch wenn ich als Medizinstudent in die Anatomie zum Sezieren von Leichen ging. Aus Büchern lernte ich früh die Einzigartigkeit jedes Menschen zu begreifen und daß es absurderweise gerade diese Einzigartigkeit ist, die alle Menschen wiederum gleich macht.

Die Welt der Bücher war mir nie *Gegenwelt*, immer nur ein wesentlicher Bestandteil *dieser* Welt – am ehesten wie eine Sauerstoffkapsel, die mich vor dem Ersticken bewahrte.

Bücher sind mein ganzes Eigentum. Manchmal komme ich mir vor wie Kien in Canettis *Blendung*, doch brenne ich selbst und fürchte das Bibliotheksfeuer daher nicht. Ich führe mit meinen Büchern, wie gesagt, kein Ersatzleben, ich schwanke nur beständig zwischen dem Wunsch nach Rückzug in meinen Kopf und dem Lebensdrang nach außen – der eine Zustand treibt mich sozusagen dem anderen in die Arme. In der Bücherwelt, die mich veränderte und faszinierte, war der Vorhang zur Seite gezogen, ich sah wie durch ein Guckloch in einen fremden Raum und beobachtete ungesehen, was dort geschah. Ich war ein Voyeur, mehr noch, durch einen Trickspiegel konnte ich den fremden Menschen sogar bis in das Gehirn hineinblicken und ihre Gedanken lesen. Ich begriff damals, wie es vielen Lesern von Büchern ergangen sein wird, daß die Menschen ganz anders sind, als sie erscheinen, daß sie in der sogenannten Wirklichkeit nur Attrappen ihres Selbst sind, Chamäleons, die sich anpassen, verstellen, heucheln und einander hassen, die von Ängsten geplagt und von Gier heimgesucht werden, aber auch, daß sie (zumindest für sich selbst) nichts mehr wünschen, als in der »besseren Welt« zu leben, die in dieser oftmals nur als blutiges Schlachthaus erscheinenden Wirklichkeit zumeist unauffindbar verborgen ist. Vor allem lernte ich aus den Büchern, daß ich mit meinen Fehlern, Lüsten, Süchten, Wünschen nicht allein war – was mich von Selbstvorwürfen und schweren Gedanken befreite –, ja, daß es im Gegenteil gerade diese Fehler, Lüste, Süchte und Wünsche waren, die mich mit den anderen Menschen verbanden. Ich zog daraus den Schluß, daß die Menschen zumindest so »schlecht« sind wie ich selbst. Und ich erkannte, daß meine Gegner und Quälgeister zumeist nicht DIE waren, die WUSSTEN, WER SIE WAREN oder es zumindest AHNTEN, oder die, die sich bemühten, ihrer Lächerlichkeit und Erbarmungswürdigkeit ins Auge zu blicken, nicht die Gescheiterten, die schuldig waren und es Tag für Tag zu spüren bekamen, sondern jene glatten Dr. Jekylls, die sich gegen die Selbsterkenntnis sperrten und sie verdrängten, indem sie vom dunkeltriebigen Mr. Hyde in sich ablenkten und auf die ANDEREN zeigten, die einem ungeschriebenen Naturgesetz nach offenbar immer die Schwächeren, die Minderheit, die Außenseiter sein müssen.

Es riecht nach Blut, wenn sich solche Dr. Jekylls zusammenrotten und ihren Mr. Hyde in dem VERMEINTLICH GANZ ANDEREN verfolgen. Die Einäugigkeit – eine Voraussetzung für dieses Treiben – ist weiter verbreitet, als man in prosperierenden Zeiten annimmt. Mancher Slogan: Einfach ehrlich – einfach XY[42], wie es auf Wahlplakaten im Herbst zu lesen war, suggeriert ein positives Lebensgefühl, das sich mit dieser Einäugigkeit verbindet – alles ist EINFACH, wenn man nur EHRLICH ist (was immer man auch darunter versteht). Der Obertroll in Ibsens *Peer Gynt* schlägt, als er diesen zum Troll machen will, gleich vor, ihm das Augenlicht zu nehmen, und macht sich mit scharfen Instrumenten ans Werk:

Den linken Augapfel hier
Ritze ich Dir leicht: Dein Blick wird scheel
Doch was Du siehst, gefällt Dir dann besser
Und das rechte Auge
Schneid ich Dir gleich ganz heraus.

Der glücklich-unglückliche Peer Gynt kann fliehen, bevor ihn
ein Trolltrupp, wie es im Text heißt, »zu Brei haut«. Das Stück
wurde übrigens vor mehr als hundert Jahren, 1867, uraufgeführt, und man sieht, daß das Lesen auch Kenntnisse darüber
vermittelt, was mancher Politiker mit dem einzelnen vorhat,
um aus ihm einen Troll oder sogar ein Schaf zu machen.
Ich lebe seit 1986, also seit acht Jahren, als Korrespondent in
eigener Sache in Wien, in dieser zwar schönen, aber unheimlichen, wie vom Zeichner Escher entworfenen Stadt voller
Winkelzüge, Doppelbödigkeit, gegenseitiger Händewa-
schungen, voller fliegender Hacken, unsichtbarer Sesselsägen, nasser Seifen, auf die man – einen Augenblick unacht-
sam geworden – leicht steigt, voller Wetterwendigkeit,
SCHNITT- und Diffamierungsspezialisten, in der eine unter-
irdische Flüstersymphonie tagein, tagaus ohne Unterbrechung die Exkremente der Verleumder mit einem atonalen
Geraune begleitet – in dieser wie gesagt zwar schönen, aber
unheimlichen Stadt also, in der die Paranoia mit der Gleichgültigkeit als Lebensform konkurriert, die Existenzangst mit
der Euphorie und der Dumpfheit des Alkoholrausches. Eine
Stadt voller Gekränkter und Beleidigter, unerwidert Lieben-
der und zu Unrecht Übersehener jedenfalls, die nach Gerech-
tigkeit dürsten, obwohl sie wissen, daß sie ihnen ein Leben
lang verwehrt wird. Nicht zuletzt eine Stadt voller Menschen,
denen übel mitgespielt wurde und die wohl oder übel dieses
Spiel mitspielen, indem sie sich nicht in die Karten schauen
lassen und geduldig auf den nächsten Stich warten.
Wenn die Menschen überall gleich sind, so sind sie, um es mit
George Orwells *Animal Farm* zu sagen, in Wien gleicher.
Gleicher in ihren Schwächen und Bösartigkeiten, gleicher in

ihrer Rückgratlosigkeit, die fast immer durch ein scharfes Gebiß kompensiert wird.

Im Hintergrund lauern die scheinheiligen Benützer von anderen Menschen, im Volksmund »falsche Hunde« genannt, welche zum Unterschied von den »echten« – Menschen sind. Man erkennt sie daran, daß sie große Fertigkeiten im Ziehen von Drähten besitzen, nachdem sie schon seit frühester Jugend durch das Beispiel der Älteren darauf abgerichtet sind. Deshalb ist Wien auch die Stadt der schlafenden Hunde (wenn auch der falschen), die man nicht wecken soll, denn weckt man sie, dann kann es sein, daß sie den Unvorsichtigen zerfleischen.

Ausgerechnet in Wien, dieser bestbewachten Stadt, wie man nun weiß, in einem Obdachlosenasyl, dem Männerheim Meldemannstraße, lebte Adolf Hitler von Dezember 1909 bis Mai 1913. Das Männerheim, ein düsteres Gebäude, mutet an wie ein Depot für soziale Alpträume. Ich habe es mehrfach betreten und mich davon überzeugen müssen, daß es offenbar zu den menschlichen Gewohnheiten gehört, das Elend mit Verachtung und Gleichgültigkeit zu strafen, möglicherweise aus einer Art Verdrängungsmechanismus heraus. Wer nicht mehr KONFORM und außerdem ARM und HILFLOS geworden ist, ist zugleich zum Ärgernis, zur lästigen Überflüssigkeit geworden, bestenfalls zu einem Nichts, durch das man hindurchschaut. Immer wieder fiel mir auf, daß Logisgäste schlechter als Haustiere, schlechter als geschätzte Gegenstände, die niemand achtlos liegen läßt, behandelt wurden. Das ganze Männerheim erschien mir wie ein Sturzplatz, auf dem die Obdachlosen wie menschlicher Abfall herumlagen, den eine Menschen-Müllabfuhr entsorgt hatte. Wie auch immer – dort unter den »Erniedrigten und Beleidigten« begriff ich schockartig die Realität der sozialen Ängste. Ich wußte zu diesem Zeitpunkt oft selbst nicht, wo ich das Geld für den nächsten Tag hernehmen sollte, und hatte es mir abgewöhnt, an morgen zu denken, deshalb war ich für den Schrecken doppelt empfänglich.

Für Adolf Hitler, um auf den prominentesten Bewohner des Männerheims Meldemannstraße zurückzukommen, gehörte dieses Asyl neben dem Krieg zu seinen Universitäten. Aus seinen Reden und Schriften kann man leicht schließen, wie eng Angst und Haß miteinander verbunden sind, wie sich das eine, die Angst, in das andere, den Haß, umpolen läßt.

Unser Gesellschaftssystem jedenfalls versteckt in solchen Asylen mit Erfolg seine Kehrseite, die es nicht wahrhaben will. Ich empfehle dem Wiener Bürgermeister, unangekündigt dorthin zu gehen, und jungen Gemeinderäten, eine Nacht anonym im großen Schlafsaal zu verbringen, als Initiations-Ritus sozusagen für den künftigen Beruf. Die meisten kennen ein Asyl kaum von innen, dafür ihre inneren Existenzängste aber umso besser. Hitler hat sich diese Ängste zu Nutzen gemacht. Zwar waren es andere Zeiten, die seine Saat aufgehen ließen, aber wie Vorboten sind in der jüngsten Vergangenheit verstärkt die Krähenschwärme der sozialen Ängste aufgetaucht und haben sich überall in der Stadt niedergelassen, als ob sie einen frühen, strengen Winter ankündigten. Es zeugt von Weitsicht, sich auf einen solchen Winter vorzubereiten, auch wenn er nicht eintreten sollte, damit nicht jene die Gelegenheit nutzen, die mit den Ängsten ihre Geschäfte machen, wie der zitierte Mann aus dem Männerheim Meldemannstraße es tat, der die Rücken der Schafe als Stufen zum Thron der Macht benutzte, von wo aus er sie, die laut auf sein Kommando hin blökten, im Gleichschritt der politischen Bewegung zuerst zum Scheren trieb und dann zur Schlachtbank marschieren ließ. Der Schlachtbank konnte so manches entkommen, ungeschoren kam keines davon.

Vom Standpunkt der Toleranz aus gesehen, was hatten die Schafe falsch gemacht im Umgang mit diesem verhängnisvollen Mann, der geradezu die Intoleranz verkörperte? War er nicht zu verhindern gewesen? Hatte man etwa nicht still geschwiegen? War man nicht KONFORM genug gewesen, um ihn abzuwehren? Wußte man am Ende nicht, was er wollte, und hatte er alle nur getäuscht? – Nein, dieser Mann hatte bekanntlich in einem Buch mit dem Titel *Mein Kampf* seine Pläne bereits 1927 auf den Tisch gelegt. Im Jahre 1939, als der Krieg begann, waren 5 750 000 Exemplare dieses politischen Bekenntnisses verbreitet. Er hatte sich darin als »freiheitlicher Denker« bezeichnet und über die Freiheit, die er meinte, ausgelassen. Und was hatten die Schafe gemacht? – Schafe lesen nicht. Und die falschen Hunde? – Sie zogen noch emsiger an Drähten, nur an anderen. Die fliegenden Hacken, was war mit ihnen? – Aus ihnen sprossen Kreuze. Die unsichtbaren Sesselsägen? – Sie sägten unverdrossen weiter, es gab genügend Stühle. Die nassen Seifen? – Man raunte zuletzt, daß sie aus Menschen hergestellt waren. Und was taten die Gekränkten? Die zu Unrecht Übersehenen? Jene, denen man übel mitgespielt hatte? – Viele von ihnen brüllten vor Hoffnung oder aus Schadenfreude, viele verkrochen sich oder tauchten in der anonymen Menge der grauen Soldatenmasse unter. Was taten die Schafe? Die Lämmer schwiegen. Aus Toleranz?

Es schwiegen rasch auch jene, die ihre Stimme erhoben: Im Grauen Haus ist den Guillotinierten, die zum Schweigen gebracht wurden, ein Gedenkraum gewidmet.

Und was hatte der Mann, A. H., der selbst ein Buch geschrieben hatte, wenn auch ein in jeder Hinsicht schreckliches, mit den Büchern gemacht?

Er hatte jene Bücher in der Nationalbibliothek, die ihm ein Dorn im Auge waren – wie die Werke Sigmund Freuds –, weil sie ein anderes Licht auf den Menschen warfen, als es sein von Klischees besessener Geist wahrhaben wollte oder sein Rassenwahn ihn dazu antrieb, mit dem Stempel »GESPERRT« versehen, wie er später Menschen mit dem gelben Stern abstempelte.

Der Mann sah seinen Feind auch im freien Geist, in der freien Kunst, Philosophie und Wissenschaft als Brennpunkte des freien menschlichen Denkens. Er hatte zum Unterschied von so manchen Schafen erkannt, daß das gedruckte Wort zumeist keine Gegenwelt beschreibt, sondern daß es die Welt durchsichtiger oder undurchdringlicher machen kann. (Auch heute fühlen sich nicht wenige Menschen gestört vom freien Geist, der unzensuriert aus Büchern, Worten und Kunstwerken weht, und wissen vielleicht nicht einmal, warum.)

Wilhelm Reich hat in seiner *Rede an den kleinen Mann* – einer Art Schaf-Predigt an die schweigenden Lämmer – diesen auch für seine Taten zur Verantwortung gezogen, hat ihn verantwortlich gemacht für sein Schweigen, verantwortlich für die falschen Entscheidungen, die er getroffen hatte. Er zeigte ihm, daß er mehr ein gutgetarnter Mr. Hyde als Dr. Jekyll war, und hielt ihm einen Spiegel vor. Aber der kleine Mann schaut nicht gerne in den Spiegel, den man ihm vorhält.

Hat der kleine Mann aus der Geschichte gelernt? – Ich fürchte, auf ihn ist unter bestimmten Umständen noch immer Verlaß. Kann man aus der Geschichte überhaupt lernen? Wenn der einzelne oft nicht einmal in der Lage ist, aus seiner eigenen, persönlichen Geschichte zu lernen... Wenn er seine privaten Fehler ein Leben lang wiederholt und wiederholt – wie unter Zwang und sogar, wenn er sie kennt –, sodaß sein Leben in erster Linie eine Anhäufung von Fehlern darstellt, ist bei einem ganzen Volk Skepsis angebracht. Wie soll es aus der Geschichte lernen, wenn es in ähnlich schlimmen Fällen als Einzelmensch einen Psychiater und die geschlossene Abteilung einer Anstalt für geistig abnorme Rechtsbrecher brauchen würde, um seine Taten möglicherweise nicht mehr zu wiederholen.

Kann man versuchen, darzustellen, wie die Österreicher sich mit ihrer Vergangenheit auseinandersetzten? – Von Bewältigung kann angesichts der Überwältigung durch die geschichtlichen Ereignisse kaum die Rede sein. Vereinfacht gesagt: Die Österreicher haben sich immer nur als Sieger oder als Märtyrer gesehen, manchmal bei ein und demselben Ereignis abwechselnd als Sieger und als Märtyrer zugleich. Von Schuld oder Täterschaft ist – wie man weiß – selten die Rede. Noch heute EMPFINDEN die Österreicher in erster Linie diese jüngste Geschichte, anstatt sie auch zu DURCHDENKEN.

Noch heute ist ihre Darstellung mit dem unhörbaren Pochen von Beethovens *Schicksalssymphonie* und den Märtyrerklängen von Schuberts *Unvollendeter* verbunden. Wer sich als Märtyrer empfindet, wartet auf einen Erlöser oder glaubt an eine Erlösung. Das ist ein Verhängnis. Soll man also die Märtyrer – Schafe, die jetzt wieder auf der Weide des Alltags grasen – in ihrem Glauben belassen? Gilt auch nicht heute noch, wie Wilhelm Reich schreibt, daß der »Kleine Mann« seine Wohltäter (wie zum Beispiel Sigmund Freud) zu Märtyrern macht und seine Unterdrücker, wie den Mann aus dem Männerheim Meldemannstraße, zu seinen Königen? Soll man dem kleinen Mann immer nachgeben? Ihn lassen, wie er ist? Sich gegen ihn stellen?

Jetzt, wo in Österreich der Rundfunk reformiert wird und, wie es heißt, in einen Wirtschaftskörper umgewandelt werden soll, wäre die Lektüre von Wilhelm Reichs Rede eigentlich Pflicht für die Verantwortlichen.

Man darf ein so komplexes Gebilde nicht freiwillig, in vorauseilendem Gehorsam – wenn auch aus anderen Gründen – so umgestalten, als ob der König des »kleinen Mannes« dort schon ein- und ausginge. Das gehörte zum Widerstand gegen die Verwandlung des einzelnen in ein Schaf. (Denn richtet man das angebliche Flaggschiff mit dem Kompaß nur nach den Einschaltziffern, fährt man auf direktem Weg von der Qualität zum Populismus.)

Das Eintreten für Toleranz besteht für mich in erster Linie in der Auseinandersetzung mit den SCHAF-MACHERN, den vermeintlichen guten Hirten und oft genug mit der so lieblichen und scheinbar friedlich grasenden Schafherde, die glockenbimmelnd über die bunten Sommerwiesen unseres schönen Alpenlandes zieht. Das Schweigen der Lämmer, und sei es noch so friedlich, kann nicht der Maßstab für die Grenzen der Toleranz sein. Der Einsatz für Toleranz verlangt neben Widerstandskraft auch das erhellende Wort.

Die uralte Angst, die in den Köpfen spukt, die Angst der Mehrheit vor Minderheiten, kann nicht allein durch oft noch dubiose Gesetzesregelungen behoben werden, sondern nur, wenn man den Verängstigten auch zeigt, daß unter ihren Betten oder in ihren Schränken keine schwarzen Männer versteckt sind, wie sie es sich in dunklen Nächten vor dem Einschlafen ausmalen.

Das Eintreten für Toleranz ist also mühsam. Aber man soll sich auch noch nach seinem Tod im Spiegel anschauen können.

Ich danke Fritz Raddatz für die Laudatio.

Ich bedanke mich beim Hauptverband des Österreichischen Buchhandels für den Preis.

Zum Abschluß noch ein Hinweis: Wenn Sie im ersten Bezirk am Haus Seilergasse 4 vorbeikommen, werden Sie neben einem Lebensmittelgeschäft, das den Namen »Bauernland« trägt, eine Gedenktafel sehen. Die Inschrift lautet: »In diesem Haus befand sich bis März 1938 die Verlagsbuchhandlung Moritz Perles. In Gedenken aller jüdischen Buchhändler und Verleger Wiens, deren Leben und Existenz nach dem Anschluß Österreichs vernichtet wurden, gewidmet vom Hauptverband des Österreichischen Buchhandels.«

(1994)

2.
Gespenster
Konflikte und Repliken

Ein Gespenst geht um

Gerhard Roth wurde zu Beginn des Jahres 1985 vom österreichischen Fernsehen gebeten, für die Sendung »Politik am Freitag« eine Erklärung zur innenpolitischen Situation abzugeben. Bundeskanzler Fred Sinowatz sollte mit dieser Meinung konfrontiert werden. Sinowatz wollte sich dazu nicht äußern, daraufhin weigerte sich der ORF, Roths Stellungnahme zu senden. Die *Kleine Zeitung*, Graz, und kurz darauf auch die Hamburger *Zeit* druckten den Text ab.

Die politische Vorgeschichte: Die österreichische Koalitionsregierung aus Sozialdemokraten (SPÖ) und Freien Demokraten (FPÖ) war wegen zweier Fälle in Schwierigkeiten geraten: erstens wegen ihres Beharrens auf dem Bau des heftig umstrittenen Donaukraftwerks Hainburg, für das sich vor allem SPÖ-Landesrat Brezovszky eingesetzt hatte, und zweitens wegen ihres Verteidigungsministers Friedhelm Frischenschlager (FPÖ), der den aus Italien freigelassenen Kriegsverbrecher Reder als letzten Kriegsheimkehrer begrüßt und empfangen hatte. In beiden Fällen trat Bundeskanzler Fred Sinowatz den Rückzug an: Hainburg wurde vorerst nicht gebaut; Frischenschlager entschuldigte sich.

Nach längerem Schweigen zu politischen Ereignissen, die mir nur noch Ausdruck von plumper Schläue der Beteiligten zu sein scheinen, möchte ich, als bisheriger SPÖ-Wähler und mißtrauischer Sympathisant, einige Anmerkungen zur Regierung machen, weil diese sich offensichtlich in geistigem Notstand befindet.

In Hainburg hat die Regierung mit unfreiwillig clownesker Tolpatschigkeit dem kafkaesken Beamten und Apparatschik Brezovszky mehr geglaubt als Menschen, die bereit waren, ihre Gesundheit für ihre Überzeugung aufs Spiel zu setzen. An der Vorgangsweise der SPÖ-Minister und Regierungsverantwortlichen war zu erkennen, daß die Partei mit ihrem fetten Hintern so schwerfällig auf ihren Pfründen sitzt, daß sie ihr Gesäß nicht mehr heben kann, um unter die Menschen zu gehen und zu hören, was sie bewegt. Denn bestenfalls hört die Partei, die mit gehirnwäscheartigen Informationen ihre Anhänger über die Gewissenlosigkeit und Machtinteressen ihrer Funktionäre hinwegtäuscht, nur noch auf das von ihr selbst erzeugte Echo.

Es besteht die Gefahr, daß unter dieser Partei, die den Großteil der Regierung stellt, zuletzt auch das Land verrottet. 1970 kam mit Kreisky frische Luft in den Modergestank eines altdeutsch möblierten Wohnzimmers namens Österreich. Jetzt fault der Kadaver der damaligen Idee auf den rostigen Federn eines zerschlissenen Staatssofas. Eine Partei, die nicht mehr fähig ist, geistige Strömungen wahrzunehmen, die nichts mehr sieht und nichts mehr hört, sondern nur noch im eigenen Fett schmort, ist tot. Als eine Art Zombie betoniert sie Landschaft und geistige Räume zu, ein Schreckgespenst, ein ausgehöhlter Kürbis.

Dieses Gespenst, das umgeht, weiß nicht mehr, was Symbole sind, kann nicht begreifen, daß Hainburg eines der Symbole gegen den besinnungslosen Naturkrieg ist, den die Menschheit führt, und hat nicht begriffen, daß der SS-Sturmbannführer und Kriegsverbrecher Reder ein Symbol für die Grauen des Nationalsozialismus ist. Die Regierungspartei SPÖ, einstige Notwehrpartei, entstanden aus Verzweiflung, Demütigung und Ausbeutung, hat gegen Menschen, die aus Notwehr gegen den fortgesetzten Naturkrieg gehandelt haben, keinen anderen Ausweg gewußt als den der Gewalt. Damit hat sie den letzten Schritt von einer Notwehrpartei zu einer Nutz- und Machtpartei getan und den sozialdemokratischen Evolutionsgedanken mit Gummiknüppeln geschlagen.

Zuletzt zeigten sich sozialistische Gewerkschaftsvertreter mit schweren Quarzuhren und protzigen Krawatten im Fernsehen, um schlau, managerhaft und technokratisch wie Karikaturen von Kapitalisten mit den Aubesetzern umzuspringen: Darbietungen von trauriger Unvergeßlichkeit. Unvergeßlich auch, wie sich alte, treugediente Sozialdemokraten auf dem Grazer Hauptplatz bei einer Hainburg-Diskussion einen Hitler herbeiwünschten und schrien, daß die jugendlichen Demonstranten vergast gehörten.

Zuletzt ortete die steirische Parteizeitung in einer Schlagzeile auf der ersten Seite selbst Neonazis in der Hainburger Au, um das zu diffamieren, was die Regierung nicht in den Griff bekam. Als aber einen Monat später ein tölpelhaft agierender Verteidigungsminister den Kriegsverbrecher SS-Sturmbannführer Reder auf dem Grazer Flughafen abholte und ihn mit Handschlag begrüßte, und als dieser Verteidigungsminister in aller Öffentlichkeit, nämlich im Fernsehen, erklärte, er sei stolz darauf, den letzten österreichischen Kriegsteilnehmer in der Heimat begrüßen zu dürfen, scheuten auch die SPÖ-Mitglieder der Regierung aus Machtinteresse nicht davor zurück, diesen Minister in Schutz zu nehmen und damit der geheimen Verlierersympathie in der Bevölkerung zum Nationalsozialismus Auftrieb zu geben, einer Bevölkerung, die zum größten Teil nicht begriffen hat, daß Österreich und Deutschland vor 45 Jahren nicht mit dem Nationalsozialismus identisch waren, sondern daß die nationalsozialistischen Verbrecher und Mörder sich der Menschen dieser hungernden und leidenden Länder bemächtigt hatten und sie bedenkenlos für ihre Ideologie opferten, wie sie auch bedenkenlos ihre Feinde hinrichteten; einer Bevölkerung also, die zum größten Teil bis heute nicht begriffen hat, was damals wirklich geschah, weil sie in echter Schweinsbraten- und Gamsbartmentalität von sich glaubt, sie sei ohnedies charmant, liebenswürdig und höf-

lich wie dressierte Lipizzaner, und darum vergesse die Welt so
schnell wie sie.

Darüber hinaus hat die Bevölkerung mit Hilfe der Regierun-
gen gar nicht erst den Versuch unternommen, sich mit dieser
Vergangenheit auseinanderzusetzen. Mit ihrem Verhalten im
Fall Frischenschlager/Reder hat die Regierung den letzten
fetischistischen Uniformtrotteln und Kameradschaftsbünd-
lern einen Dienst erwiesen (als auf dem Land in der Steiermark
Lebender, wo die heimische ÖVP wohlweislich zu diesen Vor-
fällen geschwiegen hat, weiß ich, wovon ich spreche).

Den traurigen Höhepunkt in dieser Affäre aber lieferte der
Nationalratsabgeordnete Cap, den ich als einer von 60 000 mit
Vorzugsstimme gewählt habe, dessen pharisäerhafte Rede im
Zusammenhang mit dem Mißtrauensvotum gegen Frischen-
schlager ihn als das demaskiert hat, was er offensichtlich
schon immer war, als professionellen wie opportunistischen
Politiker.

Die eilfertigen Reparatur- und Flickarbeiten werden hier auf
lange Sicht genausowenig glaubwürdig sein wie die hastigen,
aber herz- und gesinnungslos gesetzten Umweltmaßnahmen
der Regierung nach Hainburg. Die SPÖ hat im gegenwärtigen
Zeitpunkt ihre Glaubwürdigkeit verspielt, auch wenn eine
bauernschlau herumlavierende Opposition daraus keinen
Nutzen zu ziehen vermag. Was nämlich kann diese Regierung
den immer zahlreicher werdenden arbeitslosen Jugendlichen
vermitteln, deren Ideale sie wie im Fall Hainburg mit Gummiknüppeln schlägt und denen sie eine solche demokratische
Gesinnung vorlebt, daß sie einen Verteidigungsminister, der
stolz darauf ist, ein Symbol für den Nationalsozialismus als
letzten Kriegsgefangenen zu begrüßen, in Schutz nimmt?

(1985)

Der Würgegriff
des Volksempfindens

Zur Eröffnung der Salzburger Festspiele sprach der österreichische Bundespräsident Kurt Waldheim den Satz aus: »Kehren wir doch endlich dem zerstörenden Masochismus den Rücken.« Er meinte damit wohl kaum sich selber, sondern die Selbstkritik des Landes, die sogenannten und in Österreich unter diesem Begriff subsumierten *Österreichbeschimpfer*, denen die übrigen Österreicher endlich den Rücken zukehren sollten. Ähnliches war schon bei der Eröffnung der anderen österreichischen Staatskulturoperette, der Bregenzer Festspiele, aus seinem Mund zu hören.

Im wesentlichen sind Aufforderungen dieser Art nichts anderes als plumpe Steine in einem Puzzlespiel, das zuletzt das Wort Nestbeschmutzer bildet. Des weiteren meinte Waldheim: »Wenn der österreichische Nationalcharakter tatsächlich vom leichtfertigen Verdrängen und bequemen Vergessen geprägt ist, dann frage ich mich: Warum gibt es in der Geschichte unserer Republik so viele Gräber und Gedenktage, an denen wir angesichts der Opfer zur Versöhnung und Toleranz mahnen?« Abgesehen davon, daß es im Bewußtsein der Bevölkerung nur Weihnachten, Ostern und Neujahr gibt, müßte die Frage lauten: »Warum gibt es in der Geschichte unserer Republik überhaupt so viele Gräber und Gedenktage?«

Jedenfalls wird die Methode ersichtlich: Das österreichische »Staatsoberhaupt«, wie es hierzulande genannt wird, will mit seiner Vergeßlichkeit auch noch den letzten Staatsbürger infizieren, indem es das kritische Gewissen dieses Landes von der Bevölkerung *isoliert* und es mit – wie im weiteren Verlauf der Rede – *Vorurteilen, Halbwahrheiten* und *Unwahrheiten* in Zusammenhang bringt – ein Vorgang, der nicht aufmerksam genug verfolgt werden kann.

Zweifellos geschieht diese Entwicklung mit stiller Duldung oder Unterstützung eines großen Teils der österreichischen Medien und wird flankierend begleitet von namhaften Politikern, die (bislang) alle der ÖVP angehören. So werden Schriftsteller, die sich Gedanken um dieses Land machen, in immer aggressiverer Form denunziert.

Wie weit dieser Versuch, auf verbalem Weg zu unterdrücken, in Österreich fortgeschritten ist und was er bewirkt, wird ersichtlich, wenn man versucht, die Ereignisse der letzten Wochen zusammenzufassen. Als bei den vom »Staatsoberhaupt« eröffneten Salzburger Festspielen George Taboris Inszenierung des Oratoriums *Das Buch mit sieben Siegeln* mit der Begründung, sie sei obszön, abgesetzt wurde (eine Vorgangsweise, die nicht anders denn als *Zensur* verstanden werden kann), gab der ÖVP-Generalsekretär Michael Graff[43], der sich schon in der Auseinandersetzung mit »gewissen Herrn des jüdischen Weltkongresses« einen traurigen Namen gemacht hatte, den selbstentblößenden Kommentar ab, die Salzburger Festspiele sollten ihre Liberalität beweisen und Tabori »eine schöne Bedürfnisanstalt anbieten, damit er sich dort in angemessenem Rahmen künstlerisch« betätigen könne.

Der für sein Kunstverständnis berühmte Kolumnist der *Kronenzeitung* fand folgende Formulierung: »Der Verhunzer… war ein gewisser Herr Tabori, ein reichlich unappetitlich anmutender Mensch, der uns auch im Fernsehen schon erklärt hatte, was es mit der Produktion auf sich hätte: ›Ich will zeigen, was der Mensch dem Menschen antut.‹ Gut, aber wozu muß dann in der Kirche zu fließendem Blut geschnackselt werden?« Dem Kunstkritiker war – wie übrigens dem Großteil jener, die sich bemüßigt sahen, Stellung zu nehmen – nur ein Drei- oder Vierminuten-Auszug aus dem Fernsehen bekannt, auf den er seine Beurteilung stützte. Übrigens eine Szene, in der sich die Menschen aus Furcht vor der Apokalypse verzweifelt aneinanderklammern. Nebenbei: der »gewisse Herr Tabori« ist, wie die »gewissen Herrn vom jüdischen Weltkongreß«, Jude. Möglicherweise ist das die Ursache für sein »unappetitliches« Aussehen.

In Österreich wird das »experimentelle« und »avantgardistische« Kunstwerk, und darunter versteht man hierzulande die Kunst seit dem Impressionismus, die Musik ab Schönberg und die Literatur, die »nicht normal schreibt« (Dadaismus, Expressionismus und so weiter bis zur Wiener Gruppe und dem Grazer Forum Stadtpark[44], aber auch gesellschaftspolitisch engagierte Literatur), noch immer vom überwiegenden Teil der *gebildeten Bevölkerung* (der andere, viel größere Teil, nimmt sie überhaupt nicht wahr) als *entartet* begriffen. Machte man früher Picasso-Witze oder Witze über abstrakte Kunst, waren Picasso und die abstrakten Maler (die man für gewöhnlich in einen Topf wirft) in der »Nachkriegszeit« und noch viele Jahre danach der *Inbegriff des Schwindels*, so »verbrachen« Schönberg und die Wiener Schule in den Ohren des überwältigenden Teils der sogenannten Musikinteressierten nur *Kopfwehmusik, Katzenmusik* und sind zuletzt heute die Gegenwartskünstler »alles Nichtskönner« und »Scharlatane« und werden es im Bewußtsein der Österreicher für lange Zeit wohl bleiben.

Seit Menschengedenken ist diese Mischung aus Argwohn, Bösartigkeit und zuletzt und vor allem auch Dummheit, dieser *Würgegriff des gesunden Volksempfindens*, das sein eigenes Unverständnis, seine eigene Denkfaulheit als *gesund*, das Nachdenken seiner Künstler aber als *krankhaft (entartet)* bezeichnet, ein unübersehbarer Bestandteil der österreichischen Mentalität. In all dieser Stumpfheit ist auch der Vernichtungswille nicht zu übersehen: absetzen, zensieren, bestrafen, öffentlich an den Pranger stellen – um *auszulöschen, verschwinden* zu lassen, *mundtot* zu machen.

An dieser Stelle soll nicht auf die *jahrzehntelangen* Erfahrungen des Verfassers mit »moderner« Kunst in Graz, anläßlich des »steirischen herbstes« eingegangen werden, die manchmal das Gefühl aufkommen ließen, dieser finde in einem Graz statt, das sich insgeheim noch immer rühme, »Stadt der Volkserhebung« zu sein – ein Ehrentitel, den Graz wegen seines stürmischen Empfangs von Adolf Hitler dem »Führer« verdankt –, einem Graz, das genauer unter die Lupe genommen gehörte, wäre es nicht (bis auf die Handvoll seiner Künstler) zu unbedeutend.

Statt dessen eine weitere Kostprobe, diesmal vom ÖVP-Vizebürgermeister von Wien, Erhard Busek, einem »Mann der Zukunft«, wie man ihn in seinen eigenen Reihen gerne sieht. Der Mann der Zukunft erklärte der *Bunten Illustrierten*, die soeben die ungemein aufschlußreichen Memoiren der Leni Riefenstahl abgedruckt hatte, auf Befragen, die Schriftsteller, die Kritik an Österreich geübt hätten, beschimpften Österreich, »nur um im Geschäft zu bleiben«. Diese Schriftsteller sind: Thomas Bernhard, Elfriede Jelinek, Peter Turrini und der Verfasser (aufgrund ihrer kritischen Überlegungen vermutlich auch Peter Handke und Michael Scharang). Damit entlarvt sich der Wiener Vizebürgermeister, der sich bisher immer als Intellektueller und Liberaler auffrisierte, als Attrappenpolitiker.

Über Wiens Erzbischof Groer und den »Kunst- und Künstlerbischof« Krenn[45] sei das Meßgewand des Schweigens gebreitet – es gilt die jüngeren und jüngsten Wortmeldungen noch einmal zusammenzufassen und vor Augen zu führen. Die Antwort auf die Kritik an Österreich von innen und außen ist nach wie vor keine sachliche, kein Abwägen, kein Nachdenken – sondern kollektive Aufgeregtheit. Österreichs Tageszeitungen sind voll von Zuschriften empörter Waldheimverteidiger der »Soldatengeneration«.

Der steirische Bischof Weber wird seit Wochen attackiert, weil er diese »Soldatengeneration« nicht generell in Schutz genommen hat, und der Geschäftsführer des Grazer Großkaufhauses Kastner & Öhler weigert sich, weiterhin Getränke der

Firma Seagram zu vertreiben, wegen »der dümmlich uninformierten Aussagen des Herrn Bronfman[46] über unseren Herrn Bundespräsidenten, die er in frechster Weise gemacht hat.« Der steirische Landtagspräsident Wegart (ÖVP)[47] und der ehemalige ÖVP-Unterrichtsminister Piffl-Percevic[48] sowie ein ÖVP-Landesrat wollen – wie ihr Staatsoberhaupt – auf die *Watchlist* gesetzt werden, und die Vereinszeitung des Kameradschaftsbundes *Der Kamerad* startet eine Kampagne, die darauf abzielt, die alten Kameraden ebenfalls auf die *Watchlist* zu setzen, da sie lauter kleine Waldheims seien, der selbst nur ein kleiner Leutnant gewesen ist.

Der Linzer ÖVP-Vizebürgermeister Hödl, der in einem Brief an den Präsidenten des World Jewish Congress Bronfman diesem bekanntlich vorwarf, seine Behauptungen seien so zu bewerten, »wie die ihrer Glaubensgenossen vor 2000 Jahren, die in einem Schauprozeß Jesus Christus zum Tode verurteilen ließen, weil er in das Konzept der Herren von Jerusalem nicht paßte«, stellte sich öffentlich, in einem Interview, selbst die Frage: »Was heißt Antisemitismus? Gibt es einen Semitismus? Das habe ich gar nicht gewußt.« Wenn es der Vizebürgermeister von Linz bis zum vergangenen Monat nicht gewußt hat, dann hätte er nur die sogenannte »Mahnwache« am Wiener Stephansplatz vom 6. bis 8. 7. (rund um die Uhr), bei der an den österreichischen Widerstand während des Nationalsozialismus erinnert wurde, besuchen müssen, dort wäre ihm von der ansonsten, wie es heißt, »schweigenden Mehrheit« seiner österreichischen Landsleute und Wähler sicherlich eine Lektion erteilt worden.

Zu diesem Bild passen, sozusagen als Goldrahmen, die Auslandsreisen »unseres Staatsoberhauptes« zu seiner Heiligkeit Papst Johannes Paul II. und seiner Majestät Hussein von Jordanien – nachdem ein Einladungswunsch zum göttlichen Tenno bisher nicht von Erfolg gekrönt war. Ein Papst, ein König, eine Kutsche, eine Kirche, die Salzburger und Bregenzer Festspiele, Kinderchor und Kindervers: Der *Grüne-Blatt*-Herausgeber als geheimer Pressechef (Kitsch als Politik).

Am 12. 3. 1988 jährt sich der Gedenktag des »Einmarsches« der deutschen Truppen in Österreich zum fünfzigsten Mal, und hierauf wird »die Welt« das vergangene Grauen aufs neue eindringlich in Erinnerung rufen. Es gehört schon zu den Höhepunkten des an obskuren Schwänken reichen politischen Laientheaters in Österreich, daß der Obmann der »Freiheitlichen Partei« Jörg Haider von einem »Jubiläum« des 12. 3. sprach, also unbewußt von einem *freudigen Ereignis.*

Inzwischen hat der österreichische Bundeskanzler Vranitzky sozusagen unbemerkt die Funktion des Staatsoberhauptes mitübernommen. Er schweigt und gleicht aus, er ergreift kaum Partei. Mit einem Wort, der sozialistische Bundeskanzler übt sich in der vornehmen Rolle des neutralen, über allen stehenden Staatsmannes – die ihm nicht zukommt –, als habe er die Worte seines *Oberhauptes* anläßlich dessen Salzburger Rede zur Maxime erhoben: »Aus Problemen, wie sie jedes Volk und jeder einzelne einmal hat, nur negative Schlüsse zu ziehen und unser Land schlecht zu machen, ist selbstzerstörend und kurzsichtig.« Wir werden sehen, was uns die nächsten Akte des österreichischen Staatstheaters bringen.

(1987)

Brief des Vizebürgermeisters von Wien
Erhard Busek an Gerhard Roth

Wien, 20. 8. 1987

Sehr geehrter Herr Roth!

Mit Interesse und mancher Zustimmung habe ich *Die Zeit* Nummer 34 vom 14. August 1987, Ihren *Zwischenruf aus Wien* unter dem Titel *Der Würgegriff des Volksempfindens* gelesen. Sie werfen dem Bundespräsidenten bei seiner Rede zur Eröffnung der Salzburger Festspiele eine Technik vor, die »das kritische Gewissen dieses Landes von der Bevölkerung isoliert und es mit – wie im weiteren Verlauf der Rede – Vorurteilen, Halbwahrheiten und Unwahrheiten in Zusammenhang bringt«.

Leider kann ich Ihnen den Vorwurf nicht ersparen, daß Sie im selben Artikel mit ähnlicher Technik vorgehen: Sie befassen sich mit einer Aussage von mir in der *Bunten Illustrierten* mit dem Hinweis, daß die *Bunte Illustrierte* soeben die »ungemein aufschlußreichen Memoiren der Leni Riefenstahl abgedruckt hatte«, was mich offensichtlich damit in Verbindung bringen soll.

Was nun meine angebliche Aussage gegenüber der *Bunten Illustrierten* betrifft, möchte ich ausdrücklich festhalten, daß ich gegenüber der *Bunten Illustrierten* nie eine derartige Aussage getroffen habe, und darauf überhaupt erst durch Ihren Artikel aufmerksam geworden bin. In Wirklichkeit hat die *Bunte Illustrierte* einen Satz, aus einer Wiedergabe eines Gesprächs mit mir in der Tageszeitung *Die Presse* vom 27. September 1986, verwendet und aus dem Zusammenhang gerissen, als hätte ich dies der *Bunten Illustrierten* gegenüber wörtlich geäußert. In der *Presse* ist allerdings noch einiges andere gestanden, wobei ich aber auch über die Wiedergabe nicht glücklich war – das ist aber mein Problem, und soll auch gar keine Rechtfertigung sein.

Die von der *Bunten* angeführten Schriftsteller Thomas Bernhard, Elfriede Jelinek und Sie, sowie die von Ihnen angeschlossene Vermutung bezüglich Peter Handke und Michael Scharang, waren von mir damals nicht gemeint, und Ihre Vermutung entspricht nicht meiner Meinung.

Unverständlich ist für mich auch Ihre Vergeßlichkeit bezüglich anderer Politiker, weil Sie ja immerhin am Beginn des Artikels behaupten, daß die von Ihnen mit Recht kritisierte Entwicklung »flankierend begleitet wird von namhaften Politikern, die (bislang) alle der ÖVP angehören«. Ich kann nicht beurteilen, ob Sie einiges nicht gelesen, vergessen oder absichtlich unterschlagen haben, aber einigen in Österreich sind die Attacken des jetzigen Bundeskanzlers und damaligen Finanzministers Dr. Franz Vranitzky auf Thomas Bernhard ebenso in Erinnerung, wie die des inzwischen ausgeschiedenen Unterrichtsministers Herbert Moritz. Verständlich auch, daß die unglückliche Rolle hinsichtlich der Instabilisierung antisemitischer, zweifellos immer im Untergrund vorhandener Erregungen, die Bruno Kreisky durch seine Nahost-Politik und seine verbalen Ausrutscher verursacht hat, verschwiegen wird.

Inwieweit, Herr Roth, haben Sie durch Ihre politischen Unterstützungen einer solchen Entwicklung in den vergangenen Jahren in Österreich auch Vorschub geleistet?

Angesichts des publizistischen Getöses rund um das Gedenken des fünfzigsten Jahrestages des Verschwindens von Österreich von der Landkarte wäre Gewissenserforschung notwendig. Ich für meinen Teil versuche dies seit geraumer Zeit, bin mir aber darüber im klaren, daß die Politik im allgemeinen, und meine Partei im Besonderen, und selbstverständlich auch ich, nicht frei von Schuld sind. Ob durch »Vorurteile, Halbwahrheiten und Unwahrheiten« dazu ein Beitrag geleistet wird – wie sie Ihnen wahrscheinlich durch Oberflächlichkeit in den wenigen Zeilen in denen Sie sich mit mir befassen, passiert ist –, überlasse ich Ihrem gewissenhaften Urteil. Denn vor Ihrer Gewissenhaftigkeit habe ich stets große Achtung gehabt.

In diesem Sinne

Ihr

[Erhard Busek]

Brief von Gerhard Roth
an Erhard Busek
Kopreinigg, 26.8.1987

Sehr geehrter Herr Dr. Busek,

ich habe Ihren Brief vom 20.8. erhalten. Ich möchte Ihnen zu den einzelnen Punkten, die Sie aufwerfen, folgendes mitteilen:

1. Meine Kritik, was die *Bunte Illustrierte* und die Leni Riefenstahl-Memoiren betrifft, bezieht sich ausschließlich auf die BUNTE ILLUSTRIERTE. Ich kann mir nicht vorstellen, daß sie ALLEN ERNSTES annehmen, ich wollte Sie mit den Riefenstahl-Memoiren in Verbindung bringen! Vielmehr halte ich dieses Konstrukt für einen jener politischen TASCHENSPIELER-TRICKS, die mich an der Alltagspolitik so abstoßen. Noch dazu, wo Sie mich damit desavouierend mit »Vorurteilen, Halbwahrheiten und Unwahrheiten« in Verbindung bringen wollen.

2. Ich habe ein ZITAT WORTWÖRTLICH aus der BUNTEN ILLUSTRIERTEN verwendet. Dieses Zitat wurde bislang nicht von Ihnen widerrufen, also ist es korrekt, es mit Angabe der Quelle zu verwenden. Ich nehme aber gerne zur Kenntnis, daß Sie falsch zitiert wurden. Allerdings fällt mir auf, daß Peter Turrini unter den von Ihnen namentlich genannten Autoren, die Sie nicht gemeint haben, fehlt.

3. Mein Artikel ist eine geistig-politische Momentaufnahme der letzten 2,3 Monate, von Mai, Juni, Juli 87. Er bezieht sich KONKRET auf die politisch-geistige Entwicklung,

die im letzten Jahr sichtbar wurde, das heißt, seit der Wahl Kurt Waldheims zum Bundespräsidenten. Dazu habe ich mich mehrfach geäußert. Im *profil* Nr. 22 vom 1.6., im *Basta* 6/87 (wo ich als erster auf das Problem der 50jährigen Gedenktage in Zusammenhang mit Bundespräsident Waldheim hinwies), in einem ausführlichen Essay in der *Zeit* vom 5.2. dieses Jahres (der übrigens in ungekürzter Form im Programmbuch zur Burgtheater-Aufführung des *Arturo Ui* nachzulesen ist), und in der *Zeit* Nr. 20 vom 8.5.87. Zu den von Ihnen nach Politikerart pauschal und ineinanderverwoben vorgebrachten Vorwürfen finden Sie dort zumindest kurze Stellungnahmen. Trotzdem will ich auf Ihre Gedanken eingehen, auch wenn Sie mir eher von einer beleidigten Stimmung getragen zu sein scheinen – die ich als oft und immer wieder kritisierter und auch (wie ich mir sage) zum Teil zu Unrecht angegriffener Schriftsteller verstehe – als vom ernsthaften Wunsch nach einem Gedankenaustausch. So bringen Sie das seit der Waldheim-Debatte berüchtigte Wort »Vergeßlichkeit« spielerisch in Bezug zu mir und eröffnen im nächsten Satz sogar die Möglichkeit, mein angebliches Vergessen könnte nicht nur einer mehr oder weniger unbeabsichtigten Vergeßlichkeit entspringen, sondern meiner Uninformiertheit oder sie sei sogar, was Sie offensichtlich nicht ausschließen, eine ABSICHTLICHE UNTERSCHLAGUNG (ein beschuldigender Begriff aus der Justiz). Zu den »einigen«, denen die Angriffe des jetzigen Bundeskanzlers Vranitzky und des seinerzeitigen Unterrichtsministers Moritz auf Thomas Bernhard in Erinnerung sind, gehöre auch ich. Ich gehöre aber auch zu den »einigen«, die sich damals öffentlich scharf dagegen geäußert haben, und zwar in einem Rundfunk-Interview mit dem jetzigen *Zeit im Bild*-Redakteur Klaus Edlinger. Allerdings hatten diese weiter zurückliegenden Entgleisungen der genannten Politiker keinen ursächlichen Zusammenhang mit meinem letzten Artikel, obwohl ich sie beschämend finde. Bundeskanzler

Vranitzky hat – wie ich einem *Kurier*-Interview entnommen habe, seine Äußerungen diesbezüglich ÖFFENTLICH bedauert, übrigens unzweideutig und nicht wie Ihr Generalsekretär, der bei seiner Entschuldigung über die Formulierung »Bedürfnisanstalt«, die man Herrn Tabori zur Verfügung stellen solle, gleich wieder die Formulierung »Anal-Fäkal-Genital« Kunst fand. Ich muß feststellen, daß die erdrückende Mehrheit der österreichischen Politiker – ganz allgemein – über keinen natürlichen (nicht peinlichen) Umgangston mit Künstlern verfügt und diesen Umstand nicht einmal bemerkt. Aufgrund der Art und Weise, wie Sie in Ihrem Brief argumentieren, kann ich Sie davon nicht ausnehmen, zum Beispiel setzen Sie fort: »Verständlich auch, daß die unglückselige Rolle, die Bruno Kreisky... (in Zusammenhang mit dem in Österreich vorhandenen Antisemitismus) gespielt hat, verschwiegen wird.« Weshalb VERSTÄNDLICH? Nichts anderes wollen Sie damit sagen, als daß ich sozusagen als SPÖ-Sympathisant auf einem Auge blind bin oder sogar ABSICHTLICH VERFÄLSCHEND für die SPÖ Propaganda betreibe.

Ich habe 1985 unmittelbar nach dem Fall Frischenschlager – Reder auf Wunsch des ORF für die Sendung »Politik am Freitag« ein Statement im Fernsehen abgegeben, das sich mit Hainburg und dem Fall Frischenschlager – Reder befaßte. Für mein Statement wurden mir 3 Minuten eingeräumt, die ungekürzt gesendet würden, falls ich nicht zu Verbal-Injurien griffe. Mein Beitrag wurde, obwohl ich mich daran hielt, unmittelbar vor der Sendung mit dem Hinweis zensuriert, daß der Bundeskanzler (Sinowatz) sich weigere, dazu Stellung zu nehmen. Mein Statement erschien dann am 10.2.1985 in der Grazer *Kleinen Zeitung* unter dem Titel »Ein Gespenst geht um« und eine Woche später in der *Zeit*. Ich kann mich nicht erinnern, daß dieser Fall von ZENSUR, der ja ein überparteilich interessanter gewesen sein müßte, damals oder später Ihr oder das Interesse eines Ihrer Parteifreunde gefunden hätte. In meinem *Zeit*-Artikel vom 5. 2. finden Sie kritische Hinweise auf die Kreisky-Ära – was den von Ihnen angesprochenen Punkt betrifft. In Zusammenhang mit Ihrem Hinweis auf Kreiskys Nah-Ost-Politik möchte ich Sie daran erinnern, daß der von Ihrer Partei nominierte österreichische Präsident Waldheim zuletzt bei König Hussein von Jordanien war (nachdem er vom Papst empfangen worden ist) – wie die Weltöffentlichkeit darauf reagierte, ist Ihnen ja bekannt. Die gegenwärtig von der ÖVP gestaltete Außenpolitik findet, wie es scheint, wenig Gegenliebe in den USA und Israel, die Gründe sind ebenfalls bekannt und liegen wohl kaum noch bei Bruno Kreisky. (Ich glaube aber, daß die Frage der »Nah-Ostpolitik« eines der schwierigsten politischen Probleme ist. Man sollte nicht leichtfertig mit Beurteilungen darüber sein und es nicht als billiges Argument in einer geistigen Auseinandersetzung benützen.)

4. Zunächst einmal fällt mir bei Ihrer Frage nach der politischen Mitverantwortlichkeit auf, daß Sie von »VORSCHUB-LEISTEN« einer politischen Entwicklung sprechen. Das ist neuerlich ein Begriff aus der Rechtsprechung, der gegenüber einem BESCHULDIGTEN verwendet wird. Ich muß Sie darauf aufmerksam machen, daß Sie sich weder die Rolle eines Richters noch eines Staatsanwaltes anmaßen können. SIE sind es doch viel eher und in einem viel BEDEUTENDEREN Ausmaß, der als hoher ÖVP-Funktionär und ÖVP-Politiker alles mitzuverantworten hat, was die ÖVP inclusive der Waldheim-Debatte angerichtet hat, Sie haben der gegenwärtigen Situation also nach Ihrer eigenen Definition massiv VORSCHUB geleistet. Massiv Vorschub geleistet auch jeder zwielichtigen Affaire, in die die ÖVP verwickelt ist und war, massiv Vorschub geleistet zum Beispiel dem Linzer Vizebürgermeister Hödl, der WATCHLIST-Aktion, den Äußerungen Ihres Generalsekretärs Graff und so weiter, und so fort – denn Sie sind ja ein AKTIV-VERANTWORT-

LICHER-ÖVP-Politiker. Als solcher haben Sie auch massiv Vorschub geleistet dem katastrophalen, geistigen und kulturellen Klima in diesem Land, das jederzeit mit Essays aus Ihrer Partei nahestehenden Zeitungen zu belegen ist. Trotz Ihrer unterstellenden Form zu argumentieren, die sich durch den ganzen Brief zieht – eine klare Antwort auf die Frage nach der politischen Mitverantwortung: Durch die Unterstützung jeder Partei ist man mitverantwortlich für das, was sie tut – die Frage ist nur, in welchem Maß. Gerade das aber ist die besonders schwere Verantwortung, die jeder politische Mandatar auf sich nimmt. ER ZIEHT SEINE WÄHLER IN SEINE VERANTWORTUNG MIT HINEIN, die der Wähler allerdings zum Zeitpunkt der Wahl oft gar nicht abschätzen kann, denn NACH der Wahl kommen nach Ihrer Ansicht ja noch die 4 oder 5 Jahre der Mitverantwortung des Wählers hinzu, der sich bisher nur am bereits Geschehenen orientieren konnte. Logischerweise also schuldet der Bundespräsident zumindest seinen Wählern den RÜCKTRITT, da er sie ansonsten ja pauschal in SEINE Vergangenheitsdiskussion (WATCH-List) mithineinzieht und sie also dafür MITVERANTWORTLICH macht. Die Waldheim-Wähler haben demnach allesamt der Waldheim-Diskussion »VORSCHUB geleistet«. Ihre Formulierung wirft auch automatisch die Frage auf, ob man sich überhaupt noch für Politiker, die demokratische, positive Konzepte vorlegen, aber dahinter versteckt ihre Gaunereien begehen, in irgendeiner Weise ENGAGIEREN soll. Auf der einen Seite wird dieses Engagement gewünscht, auf der anderen Seite spricht jemand, der es WISSEN müßte, von VORSCHUB-LEISTUNG. Auf diese Weise wird dem opportunistischen, stillen MITLÄUFERTUM »Vorschub geleistet«, denn jeder der den Mund hält ist dann sozusagen »unangreifbar«, man kann ihm ja nie nachweisen, was er gewählt hat. Ich habe mich für ein demokratisches Engagement ENTSCHIEDEN, weil ich MUT machen wollte, daß auch andere sich dafür entscheiden. Ich wählte die SPÖ mit Bruno Kreisky als herausragenden sozialdemokratischen Politiker als einen nachweislichen ANTIFA-SCHISTEN, der bekanntlich nach Schweden emigriert war und nicht zuletzt als JUDEN und aus diesen Blickwinkeln schätze ich ihn nach wie vor. (Jedenfalls war die Unterstützung Kreiskys 1970 eher denkbar, als die Unterstützung des ÖVP Bundeskanzlers Klaus, dessen antisemitische Äußerungen, die er später als »Jugendsünde« bedauerte, Ihnen ja bekannt sein dürften.) Ich wählte Dr. Kreisky weder für sein Verhalten gegenüber WIESENTHAL noch für das, was Sie milde »verbalen Ausrutscher« nennen, schon gar nicht wegen seines Engagements für den damaligen FPÖ-Obmann und vormaligen Angehörigen der Waffen-SS Friedrich Peter, obwohl ich das – will ich mich nicht AUSREDEN – zähneknirschend mitverantworten muß. Ich habe mich dazu aber bereits öffentlich geäußert.

5. Ich halte es schon seit meinem 14. Lebensjahr für notwendig, über die Vergangenheit nachzudenken, als ich im Grazer Opernkino den Dokumentarfilm *Der Nürnberger Prozeß* sah. Dieser Film war für mich eine schmerzliche Erfahrung, die ich nicht mehr vergessen habe. Ich habe 1961 maturiert. Unser Geschichtsunterricht schloß mit dem Jahre 1870. Zusammen mit der SPÖ hat Ihre Partei sehr wenig dazu beigetragen, Klarheit über die vergangene Katastrophe zu schaffen. Schon aus Informationsmangel sind deshalb mir und auch vielen Gutwilligen meiner Generation damals und vielleicht auch heute noch Fehler und Irrtümer unterlaufen. Das gesamte Nachkriegs-Klima (heute als »Wiederaufbau-Zeit« heroisiert), hat für mich in meiner Erinnerung den bitteren Geschmack des Nationalsozialismus, der noch immer LEBENDIG war in tausenderlei Facetten. Es wird schwer sein, mit allen diesen Eindrücken und den Folgen der genossenen Erziehung, sich immer AUSGEWOGEN RICHTIG zu verhalten.

6. Ich habe nicht den Eindruck, daß Sie es mit Ihren Zeilen aufrichtig meinen, wenn Sie schreiben, vor meiner Gewissenhaftigkeit hätten Sie stets große Achtung gehabt. Im Gegenteil, ich sehe darin nur einen weiteren Trick, der, nach allen Ihren versteckten Vorwürfen und Unterstellungen, mich geschmeichelt fühlen lassen soll. Das einzige, wovon Sie mich überzeugen konnten, ist Ihre Betroffenheit über den möglichen Schaden, der Ihnen durch meinen Artikel erwachsen könnte und die Ungerechtigkeit des darin enthaltenen Vorwurfs. Ich muß die Schuldzuweisung aber an die *Bunte Illustrierte* weitergeben. Auch muß ich sowohl den Vorwurf der Oberflächlichkeit zurückweisen, als auch den, mit Vorurteilen, Halbwahrheiten und Unwahrheiten zu arbeiten. Ihre Weise zu argumentieren bezeichne ich als nicht der Wahrheit dienliche Unterstellungen, ein Stil der in Ihrem Metier offensichtlich die Regel ist. Ich bedaure es, daß Sie Ihre gekränkte Eitelkeit vor DIE SACHE stellen, und ich bedaure es besonders, daß Sie für jemanden, der sich um Österreich Gedanken macht, keine andere Beurteilung finden.

Gerhard Roth

3.
Der Schein siegt

Zwischenrufe und Polemiken
über Politisches und Kulturelles

Gerhard Roth hat nie einer politischen Partei angehört. In Österreich würde man sagen: Er gehört zur Blutgruppe O. Das hat ihn nie daran gehindert, der Zeit den Blutdruck zu messen. In regelmäßigen, manchmal aber jährlichen Abständen hat er sich mit längeren Analysen und Essays zu Wort gemeldet. Von Herbst 1993 bis Sommer 1994 fühlte er sich gedrängt, kürzere Intervalle zu wählen. Die im Mittelteil dieses Kapitels dokumentierten Kurztexte vermitteln, warum.

Der Schein siegt

Was die neuere Geschichtsschreibung in der »oral history« anstrebt, Zeitzeugen anzuhören und aus ihren Berichten Schlüsse zu ziehen, ist seit der Wahl Kurt Waldheims zum Bundespräsidenten und speziell nach dem 50. Gedenktag an den »Anschluß«[49] zu einer Art Volkssport in Österreich geworden: Die »Wiederaufbau-« oder »Kriegsgeneration«, wie sie sich bezeichnet – als »Wiederaufbaugeneration«, wenn sie sich als Opfer darstellt, als »Kriegsgeneration«, wenn sie ihre zeitgeschichtliche Kompetenz unterstreichen will –, diese Generation also schuf auf den Leserbriefseiten vieler Tageszeitungen unfreiwillig ein Monumentalbild Österreichs, das an Deutlichkeit nichts zu wünschen übrigläßt.

Bislang genoß die »Kriegs- und Wiederaufbaugeneration« größtenteils ihren Ruhestand kreuzworträtsellösend und fernsehend, nun aber, zur eigenen Ehrenrettung berufen, frönte sie dem historischen Exkurs in Form von Leserbriefen. Kreuzworträtsellöser sind prinzipiell Gebildete und Gescheite, nur Gebildete und Gescheite können ein Kreuzworträtsel lösen oder Leserbriefe schreiben: von »Ara« bis »Zeppelin« und von »Adolf« bis »Zusammenbruch«. Kein Wunder, daß diese besonders Gebildeten und Gescheiten nun als Leserbriefschreiber über die Leserbriefspalten der österreichischen Tageszeitungen herfielen, um mit ihrem Gesumme und Gescharre Aufmerksamkeit zu erregen.

Was war die Ursache der hektischen Betriebsamkeit? Es ging um die Fragen: Wie konnte es geschehen, daß ein ausländisches Verbrecher- und Mörderregime in Österreich an die Macht kam, ohne daß dagegen militärischer Widerstand geleistet wurde, und wie konnten weiters hunderttausende Österreicher von »Pflichterfüllung« gegenüber diesem Verbrecher- und Mörderregime sprechen, wenn es sie, wie immer wieder betont wurde, doch GEZWUNGEN hatte, ihm zu dienen? Und schließlich: Wie konnte dieses Land in jene bestialische Menschenausrottung – den Holocaust – verwickelt werden, ohne sich zumindest im nachhinein darüber Rechenschaft zu geben?

Die Antwort, die ein großer Teil der ansonsten schweigenden Mehrheit auf den Leserbriefseiten gegeben hat, bestätigte die pauschal an Österreich geübte Kritik. Mit einer verräterisch bösartigen *Autoritätssprache*, einem *kollektiven Beleidigtsein* und einer *Wehleidigkeit* den eigenen Schicksalsschlägen gegenüber, die angesichts der vielen unfreiwilligen Opfer des Nationalsozialismus oft nur noch eine einzigartige und groteske Schamlosigkeit war. Der österreichische Scherbenhaufen, wie er sich dem Ausland darstellt, ist ein Scherbenhaufen der *Kronenzeitung*, der *Presse*, diverser an Dummheit wetteifernder Provinzblätter und der ansonsten kreuzworträtsellösenden Leserbriefschreiber, mit einem Wort all jener, die im gegenwärtigen Bundespräsidenten SICH SELBST und IHRE ROLLE in der Zeit des Nationalsozialismus verteidigt haben. Der Bundespräsident fand in seiner bisherigen Amtszeit nur Haare in der Suppe seiner Kritiker, nicht aber die ausgefallenen Oberlippenbärtchen seiner Verteidiger. Kein kritischer Hinweis, mit den oft schauerlichen Argumenten seiner Verteidiger nichts zu tun haben zu wollen, kam von dem sogenannten STAATSOBERHAUPT ALLER ÖSTERREICHER, nicht einmal gegen die *Kronenzeitung*, deren Schreibweise man nicht als antisemitisch bezeichnen darf, da sie – vielleicht seit der Zugehörigkeit zur WAZ-Gruppe – ansonsten mit einer Anzeige droht.

Der Schein ist in Österreich heilig. Der Schein muß als erstes und letztes gewahrt bleiben, das ist die große, ungeschriebene

Regel. Um den Schein zu wahren, hat sich die »Kriegs- und Wiederaufbaugeneration« nach 1945 als unwissend und als Opfer dargestellt.

Es ging nur noch darum, dem ehemaligen *UNO-Generalsekretär an der Spitze* zu helfen, die Vergangenheit zu relativieren und den Schein der Unschuld mit allen Mitteln der Verzerrung wahren zu können. Selbstverständlich bediente man sich des autoritären Vokabulars, das man sich von OBEN ausgeborgt hatte, um es nach UNTEN, wo die Kritiker eingeordnet wurden, weiterzugeben. Und umso richtiger schien den im HIERARCHISCHEN Denken, im GEHORCHEN geschulten Österreichern ihr Vorgehen, ihre Denkungsweise, als sie eine *Autorität*, den *Ex-Außenminister*, *Ex-UNO-Generalsekretär* und nun *Höchsten Österreicher* zu ihrem *Kronzeugen* gewählt hatten. Es spielte für sie auch deshalb keine Rolle, daß sie von diesem Kandidaten bei der Wahl belogen und getäuscht worden waren, sie täuschten und logen, was die Vergangenheit betraf, ja selbst.

Alles kam in diesen Wochen, Monaten der SELBSTBE-SCHAU zutage, alle versteckten Gedanken und Redewendungen aus einer Zeit, die als Leiche im eigenen Keller vergraben lag. Verlangte der Bundespräsident, daß die »kleine, aber fanatische Minderheit«, die gegen ihn sei, ZUM SCHWEIGEN GEBRACHT WERDEN MÜSSE, so beklagten in unzähligen Straßendiskussionen und Debatten in Wirtshäusern viele »liebe Landsleute« lautstark, daß ZU WENIG JUDEN VERGAST WORDEN SEIEN. Thomas Chorherr, Chefredakteur der *Presse*, beschrieb Österreich mit der Metapher des NARRENSCHIFFS, an dessen Bord auch RATTEN seien. Mit dem Narrenschiff würden auch die Ratten untergehen. Bis heute hat Thomas Chorherr seine Leser nicht aufgeklärt, wer der OBERNARR, das NARREN-OBERHAUPT auf diesem Schiff und wer die RATTEN sind.

Wie bei einem Exorzismus kam der Unflat, das Gemeinste aus den Köpfen der einstmals und vielleicht noch immer Besessenen heraus – jeder, der für dieses Land, für viele seiner Menschen etwas empfand, mußte sich mit einer Mischung aus Entsetzen, Trauer und Wut abwenden. Die »Kriegs- und Wiederaufbaugeneration«, gewöhnt daran, Väter, Erzieher und Lehrer, mit einem Wort VORGESETZTE zu sein, fühlte sich in der Väter-, Erzieher-, Lehrer-, Vorgesetzten- ehre gekränkt, weil der SCHEIN nicht gewahrt blieb. Auch Waldheim bleibt ja nur im Amt, um den Schein zu wahren, und viele Österreicher kämpfen darum, dem Schein zum Sieg zu verhelfen.

Frei nach dem Prinzip (das in Österreich überall so waltet wie die Heiligkeit des Scheins): Lieber eine FALSCHE Ant- wort geben als gar keine – füllt die Generation der kreuz- worträtsellösenden Leserbriefschreiber ihre Kreuzworträtsel lieber falsch als unvollständig aus, lügt sie sich über die Ver- gangenheit etwas vor, anstatt zuzugeben, was sie GE- WUSST, was sie nicht gewußt, erst später, beim Nachblät- tern im Rätsellexikon erfahren hat und besonders, was sie JETZT über alles zusammen denkt.

Was die Vergangenheit betrifft, gibt es keinen Schein mehr zu wahren. Viele Menschen in der übrigen Welt wollten im sogenannten GEDENKJAHR eigentlich nur sehen, wo Österreich STEHT. Darüber sind jetzt alle Zweifel beseitigt. Die Kreuzworträtsel sind ausgefüllt, die Leserbriefe ge- schrieben. In den Schulen, in den Elternhäusern wird wohl weiterhin das »österreichische Wesen« dressiert, wird ge- maßregelt, wer *aus der Reihe tanzt*, den *Rotznasen* der *Herr gezeigt* und jedermann, der über die Vergangenheit zu einer ANDEREN Meinung gelangt, beschimpft. Kompetent ist nur, wer dabei war. Das Argument wird zum Schutzschild für alle, die Unwissenheit vorgeben wollen: Eine junge Gene- ration, die wiederum NICHT *dabei war* und NICHTS WEISS, wächst heran.

In den deutschen Gauen landauf, landab passierte einst der nationalsozialistische SUPERGAU. Der freigewordene Fa- schismus strahlt noch immer. Wer die Geschichte Österreichs im 20. Jahrhundert schreibt, wird ohne den großen Beitrag seiner LESERBRIEFHISTORIKER, die sich DAMALS nicht zu Wort meldeten, aber HEUTE ALLEIN alles wissen wollen, das fortgesetzte, geistige, politische und kulturelle Desaster dieses österreichischen Kleinstaates nicht erklären können. Jetzt aber, 1988, in der ÄRA WALDHEIM, kann niemand mehr sagen, er wisse nicht, wie es im Lande ausschaut.

(1988)

Vergreist und verfault

Das Profil der Briefbombenattentäter[50] war von Anfang an *eindeutig*. Trotzdem hätte man die Anschläge gerne Serben, Moslems oder einem Geisteskranken in die Schuhe geschoben, diese wären die idealen Sündenböcke gewesen. Darüber hinaus wurde noch nie so eindringlich vor Vorverurteilungen gewarnt wie bei den laufenden Ermittlungen. Die lautesten Warner waren die, die sich ansonsten, wenn es um Kriminalität, Mord und Totschlag geht, am eiligsten mit falschen Verdächtigungen und Vorverurteilungen zu Wort melden.

Der ÖVP-Vizekanzler Busek reihte sich schon von Anfang an in die traditionellen österreichischen *Warner vor einer Hysterie* ein. Dr. Busek und sein »nervenärztliches Kollegium« warnten damit wohl vor jenem Personenkreis, der ihrer Meinung nach ein verzerrtes, krankhaft übertriebenes, gewaltig vergrößertes Bild von der politischen Gefahr von rechts in Österreich hat. Aber Dr. Busek und seine Kollegen vergessen, daß es diese Hysterie in Österreich nur in die linke Richtung gibt. Gegen rechts wird keine Hysterie ausbrechen, dazu ist das nationalsozialistische Gedankengut noch immer in zu weiten Kreisen der Bevölkerung in zu großem Ausmaß akzeptiert und in Tagesgesprächen zu sehr präsent – oft ist es den Leuten gar nicht bewußt. Es ist längst in Fleisch und Blut übergegangen.

Ich stelle die Behauptung auf, wäre der Wiener Bürgermeister Zilk nicht schwer verletzt worden, wäre alles wieder *bagatellisiert, verkleinert, beschwichtigt* worden, wie der Rechtsextremismus seit Jahren und Jahrzehnten von den Unpolitischen, den Rechten, den Halb- und Uninformierten, den Unzufriedenen und von vielen, die den Zweiten Weltkrieg überlebt haben, bagatellisiert wird.

Im selben Atemzug, wie vor einer Hysterie gewarnt wird, wird auch gerne vor einer Ausgrenzung von FPÖ und Haider gewarnt. Aber Haider und seine Parteikollegen grenzen sich seit Jahren unentwegt selbst aus. Wenn die Bundesbahn so oft entgleist wäre, wie Haider und seine FPÖ verbal entgleist sind, würde keiner mehr mit ihr reisen wollen. Aber in der Politik kennt man offenbar weniger Angst vor Entgleisungen, Unfällen und Katastrophen. In einem Interview zu den Briefbombenattentaten sagte Haider zum Beispiel in geradezu erstaunlicher Sensibilität, er werde von der Bevölkerung »*mit Briefen bombardiert*«, seine Position (gegen die Ausländerpolitik) nicht aufzugeben.

Vor der Akzeptanz und dem Bagatellisieren, den falschen Warnungen und dem Aufruf, die Schafe mögen den Wolf im Schafspelz wenn schon nicht zu ihrem Hirten machen, so wenigstens als ihresgleichen anerkennen, stehen diejenigen, die dem Rechtsradikalismus den Boden bereiten: alle jene, die behaupten, ihrer Klientel, ihrer oft uninformierten Leser- und Zuhörerschaft nach dem Maul zu schreiben und zu reden. Sie verbreiten in Wirklichkeit nur Angst, Haß und Lügen, um damit Geschäfte zu machen, das heißt, ihre Blätter zu verkaufen oder Stimmung zu fangen. Es sind die Staberls, Leitgebs[51], Jörg Haiders und wie sie alle heißen.

Österreich sieht sich gerne als heiteres, lebenslustiges Land. Es hat gerne ein Bild von sich wie der ewig junge Held Dorian Gray aus dem gleichnamigen Roman von Oscar Wilde. Als Dorian Gray in den Spiegel blickte, sah er plötzlich vergreist und verfault aus. Nach dem Fall Waldheim schaut Österreich zum zweiten Mal wie Dorian Gray in den Spiegel.

(1993)

Rushdie und
die Weltbild-Zyklopen

Im Februar 1994 wurde bekannt, daß eine Jury bereits am 5. Jänner 1993 den österreichischen Staatspreis für Europäische Literatur Salman Rushdie zuerkannt hatte. Erst Medienveröffentlichungen zwangen den zuständigen Minister Rudolf Scholten, den verfolgten Dichter davon in Kenntnis zu setzen und eine – abgeschirmte – Preisverleihung zu planen. In der Zwischenzeit sind Scholten und Rushdie miteinander befreundet.

Salman Rushdie ist ein Symbol dafür, daß Kunst lebensgefährlich ist, wenn man sie beim Wort nimmt. Nicht nur, daß die Kunst ihre eigenen Kinder frißt, es fressen ja auch die Säue die Perlen, die ihnen vorgeworfen werden, und die Weltbild-Zyklopen das Menschenfleisch, nach dem es sie gelüstet.
Kunst hat mit Wahrheit zu tun und Wahrheit mit Respektlosigkeit. In Fragen der Kunst gibt es keinen Kompromiß, wenn auch viele Wahrheiten. Salman Rushdie hat sich schuldig gemacht, eine der vielen Wahrheiten kompromißlos zu vertreten. Reizte ihn das Spiel? Das Risiko? Sein Ehrgeiz? Oder war es der Geist des Prometheus? Vermutlich, das alles und einige unbekannte Gründe mehr. Jedenfalls, so wollen es die einäugigen Weltbild-Zyklopen, soll er für den Frevel mit dem Leben bezahlen.
Rushdie ist der klassische Fall des Kampfes zwischen Kunst und Macht, Aufklärung und Religion, Gehorsam und Aufbe-

gehren, und somit der klassische Kampf des Zwerges gegen den Riesen.

Niemand, der diesen Kampf verfolgt, kann sich einer Parteinahme entziehen, ohne damit die Gier der Weltbild-Zyklopen nach Menschenfleisch zu legitimieren.

Es ist eine ganz einfache, eine ganz alte, eine gleichnishafte Geschichte, die vor unseren Augen abläuft. Schweigen wir dazu? Melden wir uns zu Wort? Oder machen wir's auf österreichisch: indem wir uns zuerst zu Wort melden, um – wenn es darauf ankommt – nichts gesagt zu haben?

Ein Minister, der im Laufe seines Berufslebens die schwarze Magie der österreichischen Diplomatensprache gelernt hat, die es ihm ermöglicht, die Ereignisse nach Belieben verschwinden zu lassen und herbeizaubern zu können, glaubt vielleicht, weil er sich damit selbst getäuscht hat, auch alle übrigen zu täuschen. Aber statt Vorsicht und Weisheit – die unter dem Zaubertuch der Diplomatensprache erscheinen sollten – kamen nur Feigheit und Ungeschick zum Vorschein und anstelle eines Kunststückes die faulen Tricks der Politik.

(1994)

Offener Brief
von Gerhard Roth an den Innenminister
Franz Löschnak
Gesendet am 15. 5. 1994 in K1/Fernsehen/ORF

Sehr geehrter Herr Innenminister,

die Auseinandersetzung um die Abschiebung der vier Kosovo-Albaner, die nicht zum serbischen Militär eingezogen werden wollen, ist eine böse, bürokratische Farce, wie sie üblicherweise nur in der Übertreibungskunst des Kabaretts zu sehen ist. Sie, Herr Innenminister, ein bürokratischer Apparatschik in eigener Angelegenheit (– vergleichbar mit einem Lipizzaner, der sich selbst abrichtet –) sind, um beim ersten Vergleich zu bleiben, nicht fähig, aus dem Aktenschrank auszubrechen, in den Sie sich selbst eingesperrt haben. Abgesehen von der dumpfen, geistlosen Abschiebungsprozedur, die seit Tagen vorgeführt wird, wird auch Ihr herzloses Verhalten – das eines Sozialdemokraten und Innenministers der neunziger Jahre – sichtbar, der in der Ausländerfrage längst exekutiert, was der blaue Kärntner Wiederholungstäter mit seinem ANTI-AUSLÄNDER-VOLKSBEGEHREN ins Rollen brachte. Der Fall des Bauern Jägerstätter,[52] der sich weigerte, in der Hitler-Armee zu kämpfen, wiederholt sich heute gewissermaßen als traurige Spiegelung. Jägerstätter wurde für seine Haltung hingerichtet. Er wird im nachhinein aber gerne als österreichischer Widerstandskämpfer gegen das NS-Regime und als Mann des Gewissens vom demokratischen Österreich präsentiert, wenn es gilt, eine Handvoll Aufrechter vorzuweisen, die sich unter Einsatz ihres Lebens dem NS-Wahnsinn widersetzt haben.

Die vier Kosovo-Albaner, die sich nicht am Schlachten im ehemaligen Jugoslawien beteiligen wollen, werden – so hat es derzeit den Anschein – von diesem demokratischen Österreich (das aus den Ereignissen der Vergangenheit seine Schlüsse gezogen haben müßte) ihren Widersachern ausgeliefert – als würde man einem im Ozean Ertrinkenden verweigern, sich an Bord eines Vergnügungsdampfers zu retten, weil er keine Fahrkarte gelöst hat.

Sollte die Haltung der österreichischen Behörden, denen ein zusammengeschustertes und schändliches Gesetz wichtiger ist als das Leben von Menschen, tatsächlich darauf angelegt sein, vier Flüchtlinge, die um ihr Leben liefen, nachträglich ihren Verfolgern auszuliefern, dann bitte ich Sie, als den österreichischen Innenminister (obwohl es mir schwerfällt, Sie um etwas zu bitten) Gnade vor UNRECHT ergehen zu lassen.

Gerhard Roth

Zur Kontroverse zwischen dem der SPÖ angehörenden Innenminister Franz Löschnak und Gerhard Roth zum Thema Flüchtlingspolitik berichtet die *Austria Presse Agentur* (APA) am 5. August 1994:

Innenminister Franz Löschnak geht davon aus, daß der ORF in einer der beiden Sendungen des Kulturjournals »K1« am 7. oder am 21. August die Entscheidung der Rundfunkkommission ausstrahlen wird, wonach er durch einen Flüchtlingsbeitrag vom 15. Mai »einer üblen Nachrede ausgesetzt und damit der Paragraph 2 des Rundfunkgesetzes verletzt wurde«. Der damals präsentierte offene Brief von Gerhard Roth, gegen den Löschnak laut Aussendung Beschwerde eingelegt hat, erfüllt nach Ansicht der Kommission zur Wahrung des Rundfunkgesetzes auch »nach Paragraph 111 StGB den Tatbestand der üblen Nachrede«.
In dem Freitag im Innenministerium eingelangten Bescheid der Kommission wird die Entscheidung zugunsten der Veröffentlichung in der Kultursendung »K1« damit begründet,

daß »die sensible Materie des Fremdenrechts in der Öffentlichkeit ausführlich diskutiert wird«.

Die von Löschnak inkriminierten Textpassagen haben folgenden Wortlaut: »Aus aktuellem Anlaß wird heute in ›K1‹ nicht mit Kultur, sondern mit Unkultur und Unmenschlichkeit begonnen«, »die Auseinandersetzung um die Abschiebung der vier Kosovo-Albaner, die nicht zum serbischen Militär eingezogen werden wollten, ist eine böse bürokratische Farce«, »Sie, Herr Innenminister, ein bürokratischer Apparatschik in eigener Angelegenheit, vergleichbar mit einem Lipizzaner, der sich selbst abrichtet, sind nicht fähig, aus dem Aktenschrank auszubrechen, in den Sie sich selbst eingesperrt haben. Abgesehen von der dumpfen, geistlosen Abschiebungsprozedur, die seit Tagen vorgeführt wird, wird auch Ihr herzloses Verhalten – das eines Sozialdemokraten und Innenministers der 90er Jahre – sichtbar.«

Als Folge davon mußte in der Sendung »K1« am 21. 8. 1994 der Brief zusammen mit dem Urteil nochmals verlesen werden.

Die SPÖ und ihr
»dialektischer Populismus«

Innenminister Löschnak ist ein vielbeschäftigter Mann. Um die Sicherheit in Österreich zu garantieren, war er gezwungen, am 15. Mai das Asylgesetz in aller Strenge anzuwenden, anhand dessen fünf Kosovo-Albaner abgeschoben werden sollten, die in »ihrer« Heimat den Wehrdienst verweigerten, nach Österreich flohen und in Salzburg festgenommen wurden. Um seinen Ruf als Saubermann zu wahren, ließ er sich von den Kritikern seiner Vorgangsweise im Kulturmagazin »K1« durch eine folgsame, regierungstreue Rundfunkkommission reinwaschen, um als Reingewaschener alsogleich Demonstrationen gegen den chinesischen Ministerpräsidenten, in dessen Land fleißig hingerichtet wird, zu verbieten. (Kurz darauf durfte in Deutschland gegen denselben Ministerpräsidenten demonstriert werden – aber Löschnaks Demokratieverständnis funktioniert, wie man sieht, anders.)
Der Held des »kleinen Mannes« (der so klein ist, daß er sich schon wieder und noch immer Angst einjagen läßt, durch Hetzjagd-Artikel, Hetzjagd-Statistiken, Hetzjagd-Reden) erlitt sodann vor dem Verfassungsgericht eine Niederlage. Löschnak triumphierte allerdings über diese Schlappe: Nur ein einziges Wort sei bemängelt worden (in einem Gesetz, das er mit zusammengeschustert und von Anfang an pauschal verteidigt hat). Zur Erinnerung: Bereits eine Passage des von Löschnak stur verteidigten Gesetzes – die »Sechswochenfrist« – mußte wegen des Freibriefes für die Willkür der Beamten, den es enthielt, geändert werden. Daß es diesmal

»nur« um ein einziges Wort ging, mag einen Innenminister, der in der beamtischen Wortschwemme zu Hause ist, befriedigen. Aber im zusammengesetzten Wort Todes-Strafe ist das Wort »Todes« nur ein halbes Wort, und doch kann es das Leben kosten. Löschnak exekutiert und exekutierte aus Überzeugung ein Gesetz, obwohl es augenscheinlich Mängel aufwies und aufweist.

Von Kardinal König bis zur Grazer Autorenversammlung reicht die Kritik daran. Doch der Innenminister hat eine andere, wichtigere Aufgabe zu erfüllen, als ein menschliches Asylgesetz zu formulieren: Mit Löschnak holte sich die SPÖ einen Beamten als Innenminister, der auftragsgemäß ein Stück Haider in der Regierung präsentiert (halb aus überzeugtem Beamtentum, halb aus geschauspielertem Parteisoldatentum), um bei den nächsten Wahlen in ihren Arbeiter- und Pensionistenbezirken, vor allem aber in den Krisenregionen, in denen die Ausländerphobie durch falsche oder keine Informationen besonders stark ausgeprägt ist, nicht allzu große Verluste an die FPÖ einzufahren. Die Idee ist zynisch genug und wird beamtisch so überzeugend durchgeführt, daß sie Erfolg verspricht. Der österreichische Bundeskanzler Vranitzky, auf der einen Seite (gegenüber Haider) ein ehrenwerter Mann, kann auf der anderen Seite nicht vorgeben, daß er damit nichts zu tun hätte. Aber vermutlich fällt das bereits unter die eingeschlagene neue Taktik: den von der SPÖ kreierten »dialektischen Populismus«.

(1994)

Im Lande des Zigeunerbarons

In der Nacht vom 4. auf den 5. Februar 1995 zerriß eine Bombe vier junge Roma in Oberwart in Burgenland. Einen Tag später wurde ein Mitarbeiter des burgenländischen Umweltdienstes durch eine Rohrbombe im kroatischen Stinatz, nahe der Grenze zur Oststeiermark, schwer verletzt. Beide Attentate wurden einem rechtsradikalen Täterkreis zugeordnet. In Österreich setzte daraufhin eine heftige Debatte ein, die sich in zwei Richtungen entwickelte: 1.) Wo sind die Täter, deren Bekennerschreiben auch fundamentalistische Züge aufweisen, zu finden? 2.) Gibt es in der österreichischen Exekutive eine so starke rechtsradikale Neigung, daß auch die Effizienz der Ermittlung darunter leidet?

In der anschließenden Parlamentsdebatte bezeichnete der Freiheitlichen-Obmann Jörg Haider die Konzentrationslager der Nationalsozialisten als »Straflager« und löste damit einen Wirbel aus.

Das Attentat von Oberwart ist nur ein Glied einer langen Kette aus Verdrängung, Dummheit, Unwissenheit und Kälte. Die Mörder sind weder die Helden noch die einsamen Kämpfer oder die »illegalen Widerständler«, für die sie sich wohl selbst halten. In Wirklichkeit sind es abgestumpfte, aufgeregte und aufgehetzte Existenzen, deren wirkliche Ideologie die eigene Lebenslüge ist. Letztendlich sind sie nur Produkte: Produkte der Verbrechen von gestern und dem Schweigen darüber. Und Produkte ihres eigenen Versagens, auch wenn es nicht immer selbst verschuldet sein mag. Der seltsame Blick, den die österreichische Exekutive zunächst auf die Tatorte dieser Ereignisse wirft, wäre eine Eintragung in das Guinness-Buch der Rekorde unter der Rubrik Dummheit, Borniertheit und Vorurteile wert.

(Die ersten Stunden nach Bekanntwerden der Tat ging die Exekutive von der Theorie aus, die vier Roma hätten versucht, die Tafel mit der Aufschrift »Roma zurück nach Indien« in der, wie sich dann herausstellte, eine Bombe eingebaut war, selbst in die Luft zu sprengen und seien dabei ums Leben gekommen. Als hätten die »Zigeuner« in Oberwart für alle Fälle Profisprengstoff zu Hause gelagert und einen Bombenexperten zur Hand. Die Vorgangsweise erinnerte an das Attentat in Kärnten 1994, als an einer slowenischen Schule eine Rohrbombe entdeckt wurde, die später einem Polizisten beide Hände abriß: Damals vermutete die Exekutive die Täter im »Rotlichtmilieu«.)

Es ist auch lehrreich, einen Blick auf die Opfer und ihre Welt zu werfen. In welch seltsamem Ghetto außerhalb von Oberwart lebten sie als Verfemte, auch wenn jetzt immer wieder von einem konfliktfreien Nebeneinander die Rede ist. Angesichts der Absonderung der »Zigeunersiedlung« vom übrigen Ort, wie es sonst bei Schlachthöfen, Gefängnissen oder Hinrichtungsstätten üblich ist, entlarvt sich dieser Satz selbst als die allgemein billige Lüge, die in Österreich in solchen Fragen gang und gäbe ist. Der gewaltsame Tod der vier Roma könnte Anstoß sein, um über die Minderheiten im Land nachzudenken, die »Ausländer im Inland«, die seit jeher pauschal und seit dem Volksbegehren des Kanzlerkandidaten für 1998 auch offiziell diffamiert werden.

Zu den Versäumnissen der Aufklärung über die Vergangenheit gehört es auch, daß die Österreicher über die Minderheiten in ihrem Land nicht viel mehr als die alten braunen Klischees wissen, die sich durch die Eiseskälte des jahrzehntelangen Schweigens darüber frisch erhalten haben. So gesehen ist die Aufführung der Operette »Der Zigeunerbaron« auf

120

der Seebühne im burgenländischen Mörbisch seit jeher der blanke Zynismus gewesen, wenn man weiß, was im selben Bundesland in Lackenbach[53] geschehen ist und wie man im allgemeinen über die »Zigeuner« spricht.

(1995)

Die Kultur vernichtet die Kunst

In Wien wird Kleist gespielt, Shakespeare, Thomas Bernhard, aber man spricht nur von Peymann und Voss. Bei den Salzburger Festspielen kann Mozart aufgeführt werden, Cerha, Bizet, aber man spricht von Karajan und der Baltsa. Der schwerfällige, einfallslose Staatskulturapparat stellt Unsummen zur Verfügung, um die Interpretationsgigantomanie noch absurdere Ausmaße annehmen zu lassen – der gesamte Staatskulturapparat scheint nur noch dafür zu arbeiten.

In der Wiener Staatsoper kann Tschaikowskij, Puccini, Giordano gespielt werden, aber man spricht von Abbado oder der Gruberova. Der nicht minder schwerfällige und einfallslose Medienapparat steht im Dienste der Stimmbänder, Kehlköpfe und Dirigentenhände. Hustet eine Sängerin, so kann man sicher sein, daß die Abendnachrichten verlängert werden, stolpert gar ein Schauspieler oder grollt ein Regisseur, wird im Fernsehen eine Sondersendung eingeschaltet, und die ansonsten kaum oder nicht vorhandenen Kulturseiten überschlagen sich.

Nicht die Erfinder, die ihre Schöpfungen oft erst in Jahrzehnten gegen Mißtrauen, Ablehnung und Kälte durchsetzen können, beschäftigen die Medien und halten den Geldfluß in Bewegung, sondern die Interpreten, die Deuter, die Übersetzer, die ohne diese Erfindungen gar nicht schöpferisch sein könnten, die ohne sie als Berufsstand nicht existent wären.

Von jeher bleibt zum Beispiel beim Film der Drehbuchautor, der den gesamten Film überhaupt erst erdacht hat, so gut wie anonym (obwohl seine Arbeit durchaus mit einem Theaterautor verglichen werden könnte). Die Drehbuchautoren verschwinden für gewöhnlich bei Abgabe des Drehbuches – sofern sie den Film nicht selbst drehen – und auf tritt der große Zampano, der Regisseur. Der Drehbuchautor aber wird im Vorspann des Filmes begraben, und seine gesamte Arbeit, seine Einfälle, seine Ideen, seine Figuren gehen auf den Regisseur über.

Alles profitiert von den schöpferischen Künstlern, sie sind die Dritte Welt des geistigen Globus, aus der die Kulturindustrie ihre Rohstoffe, ihre Bodenschätze, ihren Wohlstand schöpft.

Das gilt nicht nur für Galeristen, Verleger, Theater, Journalisten und den Film, sondern setzt sich fort bis zu den Universitäten, in die Germanistik und Kunstgeschichte und die damit verbundenen Berufe und Karrieren. (Der schöpferische Künstler hat ihrem sozialen Stand meist nur die Überzeugung entgegenzusetzen, daß er mit ihnen nicht tauschen will.) Selbst in der bildenden Kunst drängen sich seit einiger Zeit Ausstellungsmacher analog den Regisseuren und Dirigenten vor den schöpferischen Künstler und dessen Werke. Zum Beispiel »komponierte« und »dichtete« Harald Szeemann bei den Wiener Festwochen 1986 die Ausstellung »De Sculptura« mit Objekten von Beuys, Twombly, Serra, Mario Merz oder Karl Prantl, die aber sämtlich unter dem Namen des Ausstellungsmachers subsumiert wurden. (Das Verfahren erinnert an einen Disc-Jockey, der in einer Sendung seine Lieblingsnummern spielt und aufeinander abstimmt.)

Wir erleben die Verwandlung von Kunst in Kultur. Diese Verwandlung geht so nahtlos und gründlich vor sich, daß es oft schwierig ist, Grenzlinien auszumachen. Nicht oder kaum noch formt Kunst Kultur, sondern umgekehrt. Kultur nimmt Einfluß auf die Künste, um sie in ihrem Sinn zu gestalten, im Sinne einer Kultur-Kunst. Automatisch ist es eine Kunst, die von der Wiederholung lebt, bestenfalls von der Variation. Die umjubelte Bühnenästhetik der Peymannschen Inszenierung des »Richard III.« ist ohne Hermann Nitsch kaum vorstellbar, aber das hat kein Kritiker gemerkt, und die es gemerkt haben, fanden es wohl nicht so wichtig.

Ein weiteres, längst bekanntes Phänomen der Kultur-Kunst sind die Memoiren von Filmschauspielern und anderer »Prominenz«, all das periphere und lächerliche Anekdoten- und Begegnungen-Zeug ohne Tiefgang, etwa im Ton, wie man Katecheten untereinander über Unterhaltungen mit Bischöfen und Kardinälen berichten hört (Schmunzeln erlaubt), noch dazu meistens nicht einmal selbst verfaßt, sondern von irgendeinem Geisterschreiber. Schenkt eine Filmschauspielerin der Menschheit gar einen Roman, dann ist, heißt es, Außerordentliches geschehen – aber was? Am bekanntesten ist das Phänomen des malenden und ausstellenden Schauspielers oder der malenden und ausstellenden Schauspielerin – sie können sich des Interesses der Medien allemal sicher sein.

Das Verhältnis der Medien zu den schöpferischen Künstlern, im Gegensatz zu den interpretierenden, ist ein desinteressiertes bis gedankenloses. Der Tod Andy Warhols zum Beispiel wurde in Österreich weniger registriert als der Streit zwischen Klaus Peymann und Fritz Muliar. Alles, was die Medien für und gegen und mit einem schöpferischen Künstler tun, ist in ihren Augen Propaganda für ihn. Jedes Interview steht ausschließlich unter diesem Aspekt. Bezahlt wird nicht der, der antwortet, sondern der fragt, also der bloß kritisiert und inquiriert.

Ich habe das Mißverhältnis von beiden Seiten kennengelernt, aber als Frager konnte und kann ich den Gedanken nicht loswerden, an etwas Unrechtem teilzuhaben, abgesehen davon, daß zwangsläufig immer eine Fälschung entsteht, auch wenn man noch so sehr bemüht ist, dahinterzuschauen – vielleicht sogar gerade dann. Wenn ich aber gefragt wurde, hatte ich automatisch das Gefühl, mich zur Wehr setzen zu müssen. Sprach ich über Gewalt, die Angst, den Tod, den Wahnsinn oder etwas Politisches, betrieb ich damit ja in den Augen der

Medien Selbstreklame. Während man einen Journalisten für seinen Kommentar bezahlen müßte, bekommt der Künstler *Sendezeit geschenkt*, in der er sein Gesicht und seine Ansichten der Öffentlichkeit darbieten darf und solcherart bereits ausgezeichnet ist.

Noch grotesker ist der Wissenschaftsbetrieb, genaugenommen der geisteswissenschaftliche, der durchweg von den Leistungen anderer Menschen lebt – eine Art Naturgeschichte geistiger Leistungen darstellt. Der Maler und Schriftsteller Dieter Rot machte einen Dissertanten darauf aufmerksam, daß dieser mit den Gedanken, die Rot ihm zu seinem Werk mitgeteilt hatte und dem Werk selber seinen Doktortitel mache. Der gebühre aber doch zuerst ihm, Rot, dem Urheber dieser Werke und Gedanken, bevor er seinem Interpreten und Nacherzähler verliehen werde.

Vom schöpferischen Künstler leben zahlreiche Existenzen, ganze Berufsschichten, der Künstler hingegen lebt in den meisten Fällen von den wenigen, die ihn als solchen anerkennen. Zuletzt droht er nun von der Interpretationsindustrie, die es ohne ihn nicht gäbe, bedrängt und erdrückt zu werden, indem sie sich selbst als Kunst und Wissenschaft ausgibt, den Künstler aber nur ausnutzt, nachmacht oder sogar aus seinem eigenen Werk eliminiert.

(1987)

Das Theater
und seine Spielregel

1. Die Fragwürdigkeit des gegenwärtigen Theaters

Warum überhaupt Theater, wenn es nicht einmal das zeigen darf, was jeder TUT, von sich AHNT, über sich WEISS und andere DENKT? Wenn es nur Fortsetzung der öffentlichen Moral ist, mit mehr oder minder getarnten Einwänden und mit anderen Mitteln? Wenn es den Menschen auf den Dummkopf reduziert, als der er sich öffentlich zu verhalten hat?

Die Antwort ist kurz: Das Theater als öffentliche (staatliche) Institution KANN nicht anders. Es ist in seiner gesamten IN-NEREN Struktur fragwürdig, wie der Staat selbst, der es ernährt (und von dem es unabhängig sein soll). Seine innere Struktur ist das verkleinerte, oft aber auch vergrößerte und bis zur bösen Karikatur verzerrte Abbild des Staates UND der Gesellschaft, des Leistungs-Staates, des Verwaltungsstaates, der INTRIGANTEN und letztlich auf GEHORSAM aufgebauten Gesellschaftsordnung, des heuchlerischen Miteinander und geheimen Gegeneinander. Die Ordnung im Theater ist noch UNAUFRICHTIGER und VERLOGENER als die in Ministerien oder Verwaltungsbüros und damit noch GEMEI-NER. Im Theater, sozusagen HINTER SEINEN KULIS-SEN, zeigt die Gesellschaft auf einer ihrer geheimen Bühnen, was an Dummheit, Bösartigkeit, Oberflächlichkeit und Brutalität in ihr steckt, ja, das Theater ist in seinem Inneren geradezu eine Institution des mörderischen Gegeneinanderlebens und ein Bilderbuch der menschlichen Schwächen, die es aber wiederum auf der Bühne nicht darstellen und zeigen kann, weil es wie jeder Spießer in unserem Land und jede ehrenwerte Institution NACH AUSSEN HIN GELTUNGSBEDÜRFTIG IST. Mit einem Wort: Das Theater tut nicht nur auf der Bühne so, sondern GERADE in seiner Darstellung nach AUSSEN hin. Im großen und ganzen sind es eitle Menschen, aus denen sich das Theater zusammensetzt, die über ihren Ehrgeiz zusammengefunden haben, und man kann ruhigen Gewissens sagen: Je größer, je berühmter ein Theater ist, je mehr Ansehen es hat, um so übler geht es in seinem Inneren zu.

Da das Theater demnach in seiner inneren Struktur wie die herrschende Gesellschaftsordnung, wie der herrschende Staat funktioniert und häufig noch schlimmer, kann es nur — bewußt oder unbewußt — auch diese eigene Wirklichkeit produzieren, wenn es nicht auf einer höheren oder tieferen Ebene zur Schmiere werden will, die es ja häufig ist und umso häufiger, je öfter es versucht, auszubrechen. Man könnte sagen, je schlechter ein Theater ist, je mehr es Schmiere im geläufigen Sinne ist, desto ECHTER ist es, und je besser ein Theater ist, umso weniger es also SCHMIERE ist, desto mehr schmiert es im eigentlichen Sinne, denn umso größer ist die Diskrepanz zwischen seiner inneren Armseligkeit und seinem äußeren Glanz. Denn das Theater spielt sich zwangsläufig immer selbst, kann sich nur selbst oder gegen sich selbst spielen. Es verrät seine eigene gesellschaftliche Wahrheit, die Diktatoren- und Größenwahnallüren seiner Intendanten oder deren Duckmäusertum, die Oberlehrerhaftigkeit und Inkompetenz seiner Dramaturgen, das politikerhafte Leben und die beamtische Kleinlichkeit seiner Schauspieler umso mehr, je mehr es sie hinter »geglückten Inszenierungen« zu verstecken sucht. Ökonomisch gesehen ist das bestehende deutschsprachige Theater nach INNEN hin AUSBEUTERISCH und gleichzeitig BEAMTISCH, nach AUSSEN hin KAPITALISTISCH und gleichzeitig STAATSFINANZIERT.

Jede künstlerische Theaterform, die in diesen ökonomischen Rahmen nicht paßt, wird Unbehagen der verschiedensten Art hervorrufen, von Publikumsprotesten angefangen bis zu Interventionen »höherer Stellen«, möglicherweise auch Peinlichkeit oder Proteste von Schauspielern (welche wiederum ihr nicht selten spießbürgerhaftes Selbstverständnis in Frage gestellt sehen), denn das bestehende Theater kann ja im allerbesten Fall nur Ersatzfunktion ausüben und diese als Therapie verkaufen. So besehen ist das Theater als Institution schon eine FÄLSCHUNG, eine Fälschung wie auch die Staatsregierungen Fälschungen sind; es ist sozusagen deren kulturelles FALSCHGELD. Fälscher sind auch die Berufsbeobachter des Theaters, die auf den Kulturseiten bei Gelegenheit einen höllischen Lärm entfachen, der nichts anderes als ein groteskes, Jahrzehnte dauerndes Begräbnis begleitet.

Ja, mitunter zeigt ein Theater seinen Zuschauern, WIE ES IST, aber nur unter der Garantie, die es vorher seinen Auftraggebern quasi stillschweigend gegeben hat, daß alles beim alten bleibt. Es kann nicht anders sein: Das Theater, so wie es real existiert, wird und muß immer die bestehende Gesellschaftsordnung repräsentieren, es ist nicht vom STAAT BEFREIT, von der ÖFFENTLICHEN MEINUNG, von den GELDGEBERN, den sogenannten INITIATOREN. Es hat nicht einmal den ohnehin fragwürdigen Freiheitsgrad von Schriftstellern oder Malern erreicht, es ist ABHÄNGIG. Man darf für DIESES Theater nicht mehr schreiben, man darf an DIESES Theater keine Gedanken mehr verschwenden. Das bestehende Theater, jedes einzelne, hat in seiner Denkweise, Funktionsweise, Haltung einen faschistischen Kern (wie übrigens auch die Filmindustrie und der Zirkus).

Nicht umsonst ist gerade das Theater anfällig für Machthaber. Es ist eines ihrer Instrumente, enthält wie die Urzelle Goethes ihren ideellen Bauplan. Alle Theatermacher stecken im gleichen Dilemma: Das Theater als Institution ist SCHLIMMER als die von ihr dargestellte und kritisierte Außenwelt, und ungehemmt und sie übertreibend spielt es sie in ihrem Alltag –

weitab von den abendlichen »Aufführungen« – in allen Verzerrungen und mit allen schamlosen Verletzungen wie HYPNOTISIERT nach. Denn die Theatermenschen, die Theatermacher WOLLEN und AKZEPTIEREN in ihrem tiefsten Inneren ja die Gesellschaft in der bestehenden Form, sobald sie von ihr ANERKANNT, GELIEBT, UMJUBELT, BEWUNDERT werden, sie hassen diese Gesellschaft nur, solange sie von ihr ignoriert, abgelehnt, mißachtet werden, d. h., es geht ihnen nur um ihr eigenes Wohlergehen, ihre eigene Karriere, aber NIEMALS um eine SACHE, eine IDEE oder WAHRHEIT. Wohl oder übel also ist das Theater Ausdruck der NORM. Es hat auf die Dauer keinen Platz für NORMWIDRIGES Verhalten. Es muß produzieren. So produziert es bestenfalls ein Stück, das FÜR NORMWIDRIGES VERHALTEN eintritt. Es kann sich dann als pluralistische Gemischtwarenhandlung geben, sofern dies seinen (politischen) Kontrollen nicht mißfällt oder ihnen gut ansteht.

Es gibt keine Schauspieler – von Intendanten ganz zu schweigen –, die eine solche Situation UNERTRÄGLICH finden. Mag sein, daß es zum Beruf des Schauspielers gehört, SCHIZOPHREN sein zu WOLLEN (als Ausweg), ein öffentliches Bühnenleben und ein vollkommen privates gleichzeitig zu führen – das ist ja die Sucht, die sie gerade mit den Politikern teilen, mit den führenden Vertretern der Staatsparteien verbindet: die Fähigkeit, Konventionen zu repräsentieren, und diese bei Gelegenheit ungestraft übertreten zu dürfen – im Wechselspiel von Geheimnis und Öffentlichkeit.

2. Das Theater auf dem Papier

Abgesehen davon, daß in sogenannten Animierlokalen, in Gerichtssälen, in Schlachthäusern und Irrenanstalten, in Operationssälen, ehelichen und außerehelichen Schlafzimmern, Toilettanlagen, ministeriellen Beratungszimmern, Kasernen, Gefängnissen oder Polizeiwachstuben, in Prüfungszimmern, Gasthäusern und U-Bahn-Stationen ein grausameres, verstörenderes und magischeres »Theater« abläuft, als es das bestehende auch nur annähernd zeigen dürfte, verharmlost das Theater nicht nur die »real existierende Wirklichkeit«, indem es sie, wenn überhaupt, in zensurierter Form darbietet (wobei man darüber streiten könnte, ob damit nicht auch ein Zweck des Theaters erfüllt sein könnte), sondern es erobert auch der Welt der falschen Vorstellungen in den Köpfen seiner Zuschauer einen Platz. Man wird daher nicht umhinkönnen, Theaterstücke zu schreiben, die auf das bestehende Theater (dem, solange es besteht, zu mißtrauen ist) verzichten.

Ein NEUES Theater muß sich erst durch NEUE Stücke erfinden, die nicht FÜR, sondern OHNE es geschrieben sind – ein Theater ohne feste Spielregel. Alles andere ist nur eine Konservierung des bestehenden Theaters. Die Entfremdung, die kein Schlagwort ist, sondern das »tägliche Brot«, kann durch die Literatur nur im KOPF überwunden werden. Die Literatur kann die Entfremdung bloß aufzeigen und in einer Art MORSEN zwischen dem in der Eiswüste ausharrenden Leser und dem aus dem Nichts sich meldenden Autor aufheben, um ihn bei Abreißen des Funkverkehrs wieder in seiner trostlosen Lage zurückzulassen. Die Literatur ist ein Denkprozeß, dessen Normen sich verändern. Das Theater muß in Zusammenhang mit der Literatur ein GESPIELTER Denkprozeß sein. Bedeutete es bis jetzt, indem man FÜR das Theater schrieb, den Denkprozeß einem Sinn unterzuordnen, so soll hinkünftig der Sinn dem Denkprozeß untergeordnet sein. Die Gesellschaft – dressiert von den weitervererbten, gesellschaftlichen Verhältnissen (in denen sie lebt) und ihren ohnmächtigen Machthabern – verlangt nach dem SINN, den sie vermißt – daher wird ihr in einem zukünftigen Theater der Sinn verweigert. Die Gesellschaft – determiniert und manipuliert von Kindheit an, gewohnt, GEDACHT zu werden – verlangt nach Determinismus, nach Handlung, nach Inhalt – also verweigert man sie ihr. Das Theater, das (zunächst)

OHNE THEATER auf dem Papier erfunden wird, macht Schluß mit der gesellschaftspolitischen HISTORIENMALE-REI, diesem ewig fortwachsenden Monu-MENTALSCHIN-KEN, macht Schluß mit dem staatsdoktrinären Imitationstheater und VERGISST auch die TheaterKULTUR, unter der es zu ersticken droht.

Das Theater, das ALS FOLGEERSCHEINUNG auf dem Papier erfunden wird, mißachtet Spielregeln und Bildung, obwohl es BESCHEID weiß. Aber es BESITZT die Bildung nicht, sondern gebraucht sie, um festzustellen, daß mit ihr GEBROCHEN werden muß. Wer Bildung besitzt, will auch das Theater BESITZEN – das Theater auf dem Papier aber gibt es nicht. DAHER GEHÖRT ES JEDEM. Das Theater auf dem Papier ist eine SINNLOSE Anstalt. In ihr befreit sich der einzelne vom Druck der Gesellschaft, in ihr macht er sich UNTAUGLICH zur VEREINNAHMUNG durch sie. Das Theater auf dem Papier hat begriffen, daß das SINNTHEA-TER ein Theater der FREIWILLIGEN SELBSTKON-TROLLE ist, es fragt daher, WAS von uns freiwillig selbst kontrolliert und zensuriert wird und weshalb, und widmet sich seiner Darstellung. Es ist im Kleinen gesehen ein ANTIPO-LITISCHES, im Großen ein DURCH UND DURCH politisches Theater, das im Widerspruch zu allen Sinnideologien steht. Es ist befreit von den Produktionsverhältnissen und Denkweisen der Theatermacher, es hat begriffen, daß das Theater seit Jahrzehnten NUR NOCH DER FALSCHE ORT IST, AN DEM DIE FALSCHEN MENSCHEN werken. Es hat begriffen, daß der Sinn die GROSSE INFUSION war, die es abhängig gemacht hat von cleveren, oberflächlichen Theatermechanikern, die IMMER NUR SICH SELBST INS SPIEL BRINGEN wollten. Das Theater ist diesen Theatermechanikern in die Hände gefallen, diesen scheinbaren Wunderheilern, die es bis in das höchste Greisenalter geführt haben, ABER es will jetzt endlich sterben, denn es hat uns nichts mehr zu sagen. Es vegetiert auf seinem Prunkbett dahin, es ist KÜNSTLICH ERNÄHRT. In der

Zwischenzeit bereitet das Theater auf dem Papier seine Nachfolge vor. Es will UMSTURZ sein, weil es nicht nur die Theaterzensur, sondern auch die Selbstzensur überwindet. Es spielt seinen imaginären Besuchern nichts vor, in dem sie sich OBERFLÄCHLICH selbst erkennen, sondern es begreift sich als Ort der MÖGLICHKEITEN und GEGENSEITIGEN EINGESTÄNDNISSE. Gleichzeitig ist es ein Ort der Anonymität, zunächst des Autors und seiner Zuschauer, später der Schauspieler und des Publikums, die im Spielen und Verfolgen des Spiels einander ihre verschwiegensten Geheimnisse offenbaren, um sich unerkannt wieder zu verabschieden.

Der »SINN« des Theaters liegt in der Darstellung selbst, in der ENTBLÖSSUNG und der Rücksichtslosigkeit dieser Entblößung. Das Theater auf dem Papier ist ein Theater, das sich nicht verbrüdert: nicht mit dem Staat, nicht mit dem Zuschauer, aber auch nicht mit SEINESGLEICHEN. Das Theater auf dem Papier arbeitet AUS DEM UNVERSTÄNDNIS heraus und MIT IHM. Es beruft sich weder auf Träume noch sogenannte »Erlebnisse«, es nähert sich dem Phänomen der sekundenschnellen, blitzartigen Gedanken, dem VERBOTENEN, dem GEHEIMGEHALTENEN Gedanken, den GEDANKEN-SPLITTERN. Auf der imaginären Bühne dieses Theaters auf dem Papier können alle Szenen ohne Einwände eines Dramaturgen oder Regisseurs realisiert werden. Das Theater auf dem Papier beschäftigt sich mit dem KASPERLTHEATER, dem IRRENHAUS, den Selbstgesprächen, den geheimen Gedanken, der Angst, der Einsamkeit, den Metasprachen, wie der Taubstummensprache, der Gewalt und der Sexualität, dem Märchen und den unerfüllbaren Wünschen. Es geht davon aus, daß alles, was VOLLSTÄNDIG VERSTANDEN WIRD, den ANDEREN gehört, den LEHRERN, den PSYCHOLOGEN, den TECHNOKRATEN, und damit ZERSTÖRT ist oder wird. Es geheimnist nichts hinein, es haßt die Verstellung, es will, daß die Freiheit, die es bietet, genützt wird und nicht durch alte Thea-

terideen mißbraucht. Aber es will und KANN kein Erklä-
rungstheater sein. Es steht von selbst gegen die auf ökonomi-
scher Basis konstruierte Darstellungselektronik des Gegen-
wartstheaters. Ohne es programmatisch zu beabsichtigen,
wird es zunächst für das Chaos arbeiten. Es öffnet sich dem
Zufall, ohne ihm zu GEHORCHEN, aber es weiß, daß der
Zufall der gehaßte Gegner einer VERPLANTEN Welt ist,
und verbündet sich deshalb mit ihm. Mit dem Zufall begegnet
es der DIKTATUR DER NOTWENDIGKEITEN, die den
Zufall als Beliebigkeit zu denunzieren pflegt. Aber die meinetwegen »beliebige« Zufälligkeit, so skeptisch ihr ein Theater auf dem Papier auch gegenübersteht, beinhaltet noch
immer mehr Schöpfungsenergie als jeder strategisch ausge-
heckte Theaterspielplan. Es begreift, daß das Bestreben nach
Eliminierung des Zufalls nur dem reaktionären Determinismus dient. (Und es begreift, daß die sogenannte AUFKLÄ-
RUNG sich um die Problematik des Zufalls kümmern muß,
um wirklich AUFKLÄRUNG zu bleiben, und daß sie das PA-
RADOXE DENKEN in ihre Untersuchungsmethoden auf-
nehmen muß, daß sie den WIDERSPRUCH LIEBEN muß
und das »ungelöste Problem«, was immer man auch darunter
versteht.) Vom Theater auf dem Papier, das sich als ein MA-
GISCHES PAPIER begreift, ein Papier, das in der Kindheit
des Verfassers eine Rolle spielte und in Heften zu kaufen war,
dessen Seiten man so lange mit Bleistiftstrichen DURCH-
STRICH, ZUSTRICH, SCHWÄRZTE, bis infolge der
Striche ein BILD ERSCHIEN, ein Bild, das wiederum ohne
diese Striche nie sichtbar geworden wäre, dessen Sichtbarkeit
überhaupt nur durch das ZUKRITZELN des Papiers entstand, ein Bild, das aber VORHANDEN war und darauf wartete ZU ERSCHEINEN... vom Theater auf dem Papier also
werden die Ideen kommen, die ein NEUES THEATER entstehen lassen, in dem sich der Autor, die Schauspieler und die
Zuschauer schließlich treffen werden zum einzigen Zweck
der SELBSTBEGEGNUNG.

(1987)

4.
Sonnenkönig und Menschenfeind
Bruno Kreisky und Thomas Bernhard

Paradox, daß Gerhard Roth von zwei so gegensätzlichen Gestalten der Nachkriegswelt bewegt wurde. Hier der Donauösterreicher und Jude Bruno Kreisky, dort der Alpenösterreicher aus den Vorlanden. Hier der Sonnenkönig, wie er von den Journalisten genannt wurde, dort der bockige Alpenkönig, der sich, wo er konnte, der Öffentlichkeit entzog. Bruno Kreisky wurde von Roth verehrt, weil er begonnen hatte, Frustrierte mit ihrer Republik zu versöhnen; Bernhard, weil er auf die »absolute Unabhängigkeit des Schriftstellers gegenüber den politischen Mächten gepocht hat«. Roths Enttäuschung über den sozialdemokratischen Kanzler: daß er selbst mit dem Nationalsozialismus nie reinen Tisch gemacht hat und somit seinen eigenen Kopf in den *Archiven des Schweigens* stecken hatte. Die große Enttäuschung über Bernhard: Ein Jahr nach dessen Tod wurde bekannt, daß der Dichter bis zum Schluß zahlendes ÖVP-Mitglied war.

Der Menschenfeind, der
der Alpenkönig war

Nachruf auf
Thomas Bernhard

»Der österreichische Dramatiker und Prosaautor Thomas Bernhard«, meldete der Österreichische Rundfunk am 16. Februar 1989, »ist seit vier Tagen tot.« Als diese Nachricht bekannt wurde, lag Bernhard bereits auf dem Grinzinger Friedhof, wo er, begleitet von nur drei Personen, am Vormittag dieses Tages begraben worden war.

Mit Thomas Bernhard ging ein Zeitalter der österreichischen Literatur zu Ende. 1931 geboren, gehörte er der »Vorkriegsgeneration« an. Zu Kriegsende war er 14 Jahre alt, ein, wenn auch junger Augen- und Ohrenzeuge. Nur zehn oder fünfzehn Jahre später geborene Autoren rechneten ihn nicht mehr zu ihrer, der »Nachkriegsgeneration«.
Er monologisierte im Tonfall der Väter und wußte in seinen Interviews auf alles eine zumindest relativierende Antwort. Auch ließ er keinen Widerspruch gelten, außer dem eigenen, den er benutzte, um alles Gesagte nachträglich aufzuheben. Er war ein Relativitätstheoretiker der Wahrheit – aber waren das nicht die meisten aus seiner und jener anderen Generation? – Nur, Bernhard stand in Opposition zu ihnen. Er politisierte nicht auf gewohnte Weise, er überholte die Politik. Er ließ sie so alt aussehen, wie sie ist. Seine rüde Skepsis war eine Folge der Erfahrungen, die er in seiner Jugend gemacht hatte. Er hatte früh erkannt, daß die Wurzel des österreichischen Übels in einer Melange aus Nationalsozialismus, Katholizismus und (später auch) Nadelstreifensozialismus zu finden ist,

137

die die österreichische Politik bis heute bestimmt. Generalisieren ist ein militärisches Wort, aber es paßt auf die Methode in seinem Werk, das insgesamt eine Attacke ist. Seine Sprache sägte sich in das harte Gold der Wiener Herzen und schlug mit Verachtung auf die schwabbeligen Köpfe der Älpler ein. Es spritzten Krucken- und Hakenkreuze. Ich las seine Bücher in einem Zug, ich wartete schon von der ersten Seite an auf den Sog, der mich in seine Sprachwelt hineinzog. Er nannte die Dinge beim Namen. Seine Sätze sind Dichtung und zugleich Befunde. Die Diagnosen, die er stellte, waren tödlich. Er war ein unerbittlicher Kritiker, was ich auch selbst zu spüren bekam.[54]

Bernhard war allergisch gegen Vereinnahmungsversuche. Er litt an einer Österreich-Allergie, einer »Herr Karl«-Allergie, einer Nazi-Allergie, einer Katholizismus-Allergie. Er war allergisch gegen das, was in seinem Land als eine Brauchtums- und Sprechoper täglich abläuft. Sein Humor war schwarz, oft hat er in einer blitzschnellen Wendung aus dem Quadrat des »Herrn Karl« die Wurzel gezogen. An Stelle der österreichischen Sentimentalität setzte er Spott und Witz, an Stelle der Larmoyanz – Polemik. Mit »swiftscher« Übertreibung stellte er die Welt in Österreich dar und Österreich in der Welt bloß. In seinen Suaden war er nicht selten ungerecht, in seinen Angriffen nicht zimperlich. Er hatte die Hartnäckigkeit des Querulanten, aber er hatte zumeist recht, selbst wenn er danebentraf. Bernhards Werk ist das Imperium, das gegen den österreichischen Staat zurückschlägt. Er konnte in diesem Land nicht atmen, und atemlos war seine Prosa. Immer zeigte er auch den Schatten des Körpers, den Tod, der mit dem Leben verbunden ist. Zumeist führte er den Außenseiter in der Zwangsjacke der gesellschaftlichen Verhältnisse und des Wahns vor. Man muß den sprechenden Thomas Bernhard als eigenes Werk auffassen. Bernhard sprach eine geistreiche, sarkastische und hektische Prosa. Die Aufzeichnungen seiner Gespräche sind höhnische Partituren. Er tarnte das Furchtbarste mit der Mimikry des Witzes. Seine Gedanken hatten die Schärfe eines Diamantschneiders, aber seine Stimme, die die Lustigkeit selbst sein konnte, verwandelte sie in amüsante Spöttereien. Er machte aus Grantigkeit und Stänkerlust Kunst und führte diese in einsame Höhen. Auf eine paradoxe Weise war Bernhard aufrichtig, *weil* er übertrieb. Indem er das Innere, das ansonsten Verschwiegene, die geheimen Gedanken nach außen kehrte, zeigte er die Menschen als Sprachkörper. Die Beschreibung dieser Sprachkörper bestand in der Sichtbarmachung der Gedanken. Daß er mit »Natur« nichts anzufangen wußte, gehört zu seiner Einseitigkeit. Seine Einseitigkeit aber war die des Spezialisten, eines Spezialisten des Irrsinns, der Verzweiflung, des kranken und des schöpferischen Menschen. Zwar wußte sein Werk keine Antworten, aber es stellte die richtigen Fragen. Im Buch *Holzfällen* geriet seine Kritik zur Denunziation: Er richtete seine Figuren, bevor er sie dann (nachträglich) darstellte. Das Großartigste an seinem Trauerspiel *Heldenplatz* war das Stück außerhalb des Stückes, jenes, das es lange vor der Uraufführung vom Bodensee bis zum Neusiedlersee auslöste. Es war eine böse Satire, die unfreiwillige Selbstentblößung seiner Kontrahenten.

Im Land der Alpenkönige schien er der Menschenfeind gewesen zu sein, aber es war wohl umgekehrt.

(1989)

»Ein Regisseur, der gern die Hauptrolle spielte«

Erinnerung an Bruno Kreisky

Kreisky war ein kluger, gebildeter – und auch schlauer Mann. Eine Begegnung mit ihm war immer anregend – auch wenn er monologisierte – man blickte nicht zu ihm auf, sondern man mochte ihn. Gleichzeitig kenne ich niemanden, bei dem ich mir so wenig vorstellen kann, daß er die österreichische Kameraderie pflegte wie er.

Er war sicher kein einsamer Mann, Einsamkeit ertrug er vermutlich nicht. Er war der Typ des dem Leben zugewandten, liberalen Großbürgers – kein Intellektueller, aber ein Denkender. Ich glaube, er war jemand, für den man Partei ergreifen konnte, man wußte, daß er »die Menschen« mochte.

Kreisky war Realpolitiker, ein scharfsinniger Pragmatiker, eine Art Regisseur, der auch selbst die Hauptrolle spielte. Zumeist geht das schief, bei ihm gelang es erstaunlicherweise die längste Zeit. Er zog die Politik lustvoll auf wie ein manchmal hochklassiges, manchmal nur populäres Theaterstück, er inszenierte sie und sich ohne allzu schmierenkomödiantische Effekte.

In seiner Regierungszeit erschien er jeden Abend mit der Regelmäßigkeit des Wetterberichts auf dem Bildschirm und brachte Gesprächsstoff »unter das Volk«. Er verstand es, Aufsehen zu erregen, ohne daß es sofort augenscheinlich wurde, wie er es machte. Allmählich wurde er eine Legende zu Regierungszeiten. Sein Judentum war in vielem sein Antriebsmotor, ohne daß er sich darüber völlig im klaren war. Er hatte

kein sentimentales Verhältnis zu ihm, aber auch kein unge-
brochenes. Es beschäftigte ihn wohl mehr als manchen anderen Juden, obwohl er es nicht wahrhaben wollte. Vielleicht
könnte man seine Haltung dazu »hamletisch« nennen.
Daß er sich öffentlich kaum kritisch mit der österreichischen
Vergangenheit auseinandersetzte, war kein Verstandesprozeß
allein, sondern sicher auch gespeist vom Wunsch, ein guter,
vielleicht sogar der allerbeste Österreicher zu sein – ohne daß
er deswegen zu einem peinlichen Patrioten wurde. Diese
Haltung brachte ihm jene Stimmen ein, die ihm sonst zur absoluten Mehrheit gefehlt hätten.[55] Sie war für die SPÖ der
richtige, für das Land aber, wie man nun weiß, ein verhäng-
nisvoller Weg, den zugegebenermaßen nicht nur er allein be-
schritt. Spätestens seit dem Fall Frischenschlager/Reder und
der Wahl Waldheims zum Bundespräsidenten, bei denen die
SPÖ eine gewisse Mitverantwortung zu tragen hat, weiß jeder,
daß das Verdrängte sich nicht immer verdrängen läßt.
Bruno Kreisky hatte es nicht nötig, aber er nahm in dieser
Frage den »Standpunkt der Väter« ein, deren Generation er
angehörte. Seine Haltung gegenüber Wiesenthal fand ich bedrückend, gegenüber Peter, was den politischen Aspekt der
Angelegenheit betrifft – auch berechnend.
Trotzdem oder traurigerweise vielleicht auch deshalb wurde
er zu einer Integrationsfigur. Kreisky nutzte seine Popularität
aus, um ein breiteres soziales Verständnis zu erzeugen. Als ein
Mann, der an der Spitze des Staates stand, ergriff er für die
Schwächeren Partei. Sein berühmter Ausspruch, daß ein paar
hundert Millionen Schilling Schulden ihm weniger schlaflose
Nächte bereiteten als ein paar hunderttausend Arbeitslose
mehr, wurde immer isoliert und ohne historischen Hintergrund zitiert[56]. Während der Arbeitslosigkeit vor der Ära Hitlers waren die Staatskassen voll, und Hitlers größte Beute beim
»Anschluß« neben dem beschlagnahmten jüdischen Vermögen waren die Millionen, die im Münzamt lagerten.
Kreiskys Persönlichkeit ist nur mit dem Hintergrund der Geschichte zu verstehen. Die Analyse einzelner tagespolitischer

Ereignisse wird ihm nicht gerecht. Natürlich irrte er, wie jedermann, aber der Irrtum gehört vermutlich zur Demokratie wie die »Fehlerfreiheit« zur Diktatur.

Als Außenpolitiker war er jemand, der die Zusammenhänge durch sein historisches, ökonomisches und geographisches Wissen rasch begriff. Immer waren es rationelle und humane Überlegungen, die ihn zu seinen Aussagen brachten, auch wenn die Ergebnisse umstritten waren oder noch sind.

Die Österreicher bewundern gerne einen Mann, der es den anderen zeigt, aber auch ihnen selbst. Kreisky unterlief diese Bewunderung, und es war nicht seine Sache, etwas um jeden Preis zu erzwingen. Vieles an der sogenannten Kreisky-Verehrung war, wie bei jeder Verehrung, oberflächlich und unreflektiert.

Man sah ihn gerne als Sieger. Er war in Österreich aber so etwas wie ein Legionär in einer Fußballmannschaft, der sich in die Herzen des Publikums spielte, weil er die meisten Tore schoß. So liebte man ihn, und so kritisierte man ihn enttäuscht, wenn ein Spiel verlorenging.

Als er nicht mehr spielte, verblaßte sein Ruhm – die Meisterschaft ging weiter.

Durch seinen Tod ist er zu einem Teil der österreichischen Geschichte geworden.

Er wird aus ihr herausragen, obwohl er keinen Krieg führte, nicht in die Kirche ging, niemanden verhaften und einsperren ließ und nie einen Trachtenanzug trug.

(1990)

5.
Der ewige Sieg des Apparats
Krankheit, Kunst, Krieg

Der ewige Sieg des Apparats

Die in ganz Österreich berühmte Trinkerheilanstalt Kalksburg ist ein langgestrecktes, kaisergelbes, vierstöckiges Schloß, zu dem man über eine Brücke, die über einen Bach führt, gelangt. Rundherum ein Park mit hohen Bäumen und Fußballtoren, weiträumig und großzügig. Der Anblick versetzte mich in Erstaunen. So würdigt dieses Land Österreich, das ich immer nur mit argwöhnischem Blick betrachtete, die Trinker, die es hervorgebracht hat?
Endlich kam der Portier heraus und fragte mich, wen ich suche. Es stellte sich heraus, daß ich das berühmte Jesuitenstift Kalksburg, ein Gymnasium, mit der unmittelbar davorliegenden Trinkerheilanstalt verwechselt hatte.
Später besichtigte ich die Trinkerheilanstalt mit einem befreundeten Arzt. Es war wie überall, wo der Staat zu Hause ist. In den Altersheimen und Irrenhäusern, den Gefängnissen, den Gerichten, den Arbeitsämtern, Spitälern, Kasernen, Schulen und Universitäten, in den Bahnhofswartesälen und Polizeiwachstuben herrschen Leere und Gleichgültigkeit. Auch wenn die Büros, die Krankenzimmer, die Verhandlungsräume neu möbliert sind – überall dieselbe Ödnis. Die Möbelstücke scheinen überflüssig herumzustehen, sie sind tot.
Schon an wenigen trostlosen Äußerlichkeiten spiegelt sich das System des Antiindividuellen wider. Weder ist eine Individualität der dort Beschäftigten zu erkennen, noch der Betroffenen (Patienten, Antragsteller, Beklagten, Wartenden) erwünscht.

Die Atmosphäre ist nicht zufällig wie sie ist, jeder weiß aus Erfahrung, daß sie schon immer so war. Sie macht aus den Betroffenen Bittsteller, Almosenempfänger, Befehlsempfänger, Nullen. Sowohl die Beamten bleiben dabei anonym, wollen anonym bleiben, als auch die Betroffenen, die sich mit der Anonymität zu schützen versuchen, wie man vor jemandem, dem man feindlich gesinnt ist, den Kopf zur Seite dreht, wenn man ihm begegnet (Wiener Spezialität).

Will der Beamte anonym bleiben, weil die Anonymität gleichzeitig seine Macht bedeutet, weil sie ihn zu dem Rädchen der gigantischen Zermalmungsmaschine macht, die ihn gleichzeitig benutzt und schützt, so will der Betroffene anonym bleiben, um nicht aufzufallen und dadurch möglichst ungeschoren davonzukommen. Der unausgesprochene Gehorsam liegt über den staatlichen Gebäuden. Gehorsam sind die Sozialärzte, Lehrer, Unteroffiziere nach oben hin, und sie verlangen auch an erster Stelle Gehorsam von unten.

Langsam begreift man, weshalb staatliche Gebäude seelenlos sind: Es soll hier zu keiner menschlichen Begegnung kommen, die Menschen sollen wie Möbelstücke sein, selbst zu Möbelstücken werden, die man herumschiebt. Unterwürfigkeit oder kriecherische Höflichkeit sind übrigens gefährlicher als die konsequent anonyme Haltung, denn sie fordern das Machtempfinden des Staatsbeamten heraus, die nicht selten sadistische Selbstbestätigungslust. Aufbegehren hat zumindest strenge Abweisung zur Folge – Empörung, Achselzucken und Gleichgültigkeit.

Hingegen ist Dankbarkeit am Platz. Dankbarkeit muß in deinem Herzen sein, bevor du noch ein staatliches Gebäude betrittst, Dankbarkeit für seine Existenz und die Beamten, die eine jahrzehnte-, vielleicht sogar jahrhundertelange Menschenschlange an sich vorüberziehen haben sehen, eine Menschenschlange, die nur vom Gedanken beherrscht war, daß ihr geholfen wird (oder die eine »Pflicht zu erfüllen« hatte). Bald schon konnte der Beamte aus Gewohnheit heraus keine Individualität mehr erkennen, er sah nur immer wieder dieselben Probleme, die sich wiederholenden Fälle und »Verhaltensweisen«. Er ist also auch traditionell darauf trainiert, das zu sehen, was die Menschen, mit denen er es zu tun hat, nicht voneinander unterscheidet, und er wird dabei blind, zu erkennen, was sie unterscheidet! Er geht nach einem normierten Menschenbild vor.

Selbstverständlich weiß der Beamte aber, was ihn selbst von den Betroffenen unterscheidet. Er braucht sich nicht, wie die Betroffenen, anzustellen, zu verantworten, untersuchen oder Anweisungen erteilen zu lassen – hier verkörpert im Gegenteil er Macht, und zwar solange er anonym bleibt. Denn würde er den Vorhang der Anonymität öffnen, müßte er dem Betroffenen ja verpflichtet sein, wäre er ihm verantwortlich, müßte er ihm gewissermaßen »dienen«. Er dient aber nicht dem Betroffenen, sondern dem anonymen Staat, weshalb er sich auch als Staatsdiener bezeichnet, als Staatsbeamten und nicht als Staatsbürgerbeamten. (Auch der Begriff »Pflichterfüllung« richtet sich letztlich an eine anonyme Institution, die sich je konkreter man danach sucht, um so mehr in nichts auflöst.)

Typisch für die anonyme Institution ist die Ähnlichkeitssymptomatik, mit der sie arbeitet, das Suchen nach Oberbegriffen, unter die der einzelne zusammengefaßt werden kann als: Trinker, Hilfloser, Arbeitsloser, Antragsteller, Angeklagter, Wehrdienstpflichtiger, mit einem Wort als »Patient«, wie man im Wiener Umgangsjargon Schwache und Ausgelieferte zu nennen pflegt. Man klassifiziert sie aus einem Erfahrungsfundus heraus. Ärzte sprechen beispielsweise über Trinker oder Geisteskranke wie über Dressurobjekte, die in Einzel- oder Gruppengesprächen therapiert würden.

Freilich kommt es nicht selten vor, daß jemand diese Anonymität als Entlastung zu spüren beginnt, daß das Niemandsein zu einem Zustand der Erleichterung führt, die Selbstaufgabe als Erlösung empfunden wird. In der Anonymität als Soldat, als Trinker oder Arbeitsloser ist man nicht mehr verantwortlich für sich. Verantwortlich sind diejenigen, die etwas mit einem tun, das man mit sich geschehen läßt (und man bemerkt, daß man dadurch leichter lebt). Nicht der Widerstand bildet sich aus der Erfahrung, sondern die pausenlose Verführung, sich einordnen zu lassen, nachzugeben, sich aufzugeben. Über allem schwebt zuletzt der Anschein der Freiwilligkeit. Es ist notwendig, daß dieser Anschein besteht, weil er indirekt die Zufriedenheit mit dem System suggeriert. Nicht umsonst erfährt man zum Beispiel in der Trinkerheilanstalt Kalksburg, daß Facharbeiter »die besten Patienten« seien (für wen?), weil sie »einerseits intelligent sind«, andererseits »autoritätsgläubig, das heißt, sie sind gewohnt das zu tun, was man ihnen anschafft« – so eine behandelnde Ärztin.

Der Artikel hatte ursprünglich einen anderen Schluß, den ich nachträglich geändert habe, als ich ihn zum ersten Mal zum Postamt gebracht hatte. Auf den Plastikstühlen warteten dort türkische und jugoslawische Familien, die Telephonkabinen waren von Gastarbeitern besetzt, die – es war Sonntag – nach Hause anriefen. Hinter einer Glaswand saß mit schwer unterdrückter »Angefressenheit« der Schalterbeamte. Aus einem Lautsprecher ertönte eine Stimme, die aus dem Nichts kam. Ich legte meine Post vor, und der Lautsprecher ertönte wieder. Zuerst fühlte ich mich nicht betroffen, jeder Satz klang wie eine Durchsage, erst als in ungehaltenem Ton nochmals das Porto für meinen Brief über den Lautsprecher eingefordert wurde, begriff ich: Ich wurde von Automat zu Automat angesprochen, beide, der Schalterbeamte und ich, waren auf den allernotwendigsten Kontakt reduziert. Die Glaswand und der Lautsprecher sind Zeichen von Angst. Hier ist eine Institution, die sich vor denen schützt, denen mißtraut, für die sie da ist. Sie kapselt sich ab wie ein Seetier in einem Panzer, das nur noch zur Nahrungsaufnahme seine Saugarme herausstreckt.

Die dicke Glaswand und die Lautsprecherstimme sind mehr als nur der präventive Schutz vor einem Überfall, sie erinnern an Spezialkliniken in Krankenhäusern, in denen man sich vor gefährlichen, ansteckenden Krankheiten schützt, an die sogenannten Infektionsabteilungen. Nur hier hatte sich der Staatsbeamte auf seinem staatlichen Territorium selbst eingesperrt, war zu jemandem geworden, der zu sein er sich immer weigern wird zuzugeben: Sein eigener Gefangener.

(1987)

Gerhard Roth hat sich auf die Welt und auf die Seele der Geisteskrankheit eingelassen. Mit dem Volksschulfreund, dem Maler Peter Pongratz, hat er früh, ab Ende der sechziger Jahre, Heilanstalten besucht. Bald auch Gugging. Seine Art, die Kunst der Maler und Dichter von Gugging zur Sprache zu bringen, hat er in mehreren Texten dargelegt. Was Gerhard Roth dabei für seine Sicht der Kunst gelernt hat? »Daß der maximale Individualismus vielleicht die größte Rebellion ist.« Insofern war für ihn das Unverständnis beim Erleben und bei der Betrachtung von Kunst nie ein Problem.

Ernst Herbeck (1920–1991) und August Walla (geb. 1936) sind Vorbild für die Hauptfigur Franz Lindner in Gerhard Roths Romanen *Landläufiger Tod* und *Am Abgrund*.

Eismeer des Schweigens

Ernst Herbeck:
»Alexander« – Ausgewählte Texte
1961 – 1981

»Meine Lieben Landsleute. / Ir braucht keine Axt mehr heben. / Das Land verreckt und Du.«   (Ernst Herbeck)

Zu den Schandmälern unserer Zeit zählen mit Gewißheit die Irrenhäuser, jene Konzentrationslager des Alltags, aus denen uns nur selten eine Nachricht erreicht. Aus einem solchen Totenhaus, dem Niederösterreichischen Landeskrankenhaus für Psychiatrie und Neurologie Klosterneuburg, spricht seit einiger Zeit der Dichter Alexander, der mit richtigem Namen Ernst Herbeck heißt, zu uns.

Nicht aus einer Welt der Verrücktheit spricht dieser Dichter zu uns, sondern aus der Isolation, nicht aus einer Welt der »Normalität« (womit stillschweigend auch alle Lügen gemeint sind, die für die Aufrechterhaltung der bestehenden Ordnung notwendig sind), sondern aus einer der geschärften, aber verletzten Sinne. Lägen alle sorgsam gehüteten Geheimnisse plötzlich offen vor uns und könnten wir mit einem Schlag auf unser eigenes Leben sehen wie auf einen grellerleuchteten Platz, dessen Leere keinem Wesen Schutz vor Blicken bietet, wir würden vermutlich erstaunt sein über den Wahnsinn, der uns dazu treibt, das Leben von Verdammten zu führen. Um dieses alptraumhafte Dasein, das in einer Art Besinnungslosigkeit abläuft, freizuhalten von Irritationen, gibt es jene Gefängnisse und gefängnisähnlichen Anstalten, die hinter Chinesischen Mauern alles Störende verschwinden lassen.

Im Klappentext der Sammlung von Gedichten ist zu lesen: »Nicht der Fall Herbeck, sondern der Dichter Alexander hat ein Recht auf Öffentlichkeit.« Diese Feststellung ist nur eine von vielen falschen Behauptungen, die im Umgang mit sogenannten Geisteskranken (womit ebensogut jene, die außerhalb einer Anstalt leben, gemeint sein könnten) üblich sind.

Der 1920 geborene Autor wurde im Alter von 26 Jahren zum dritten Mal in das psychiatrische Krankenhaus eingeliefert, was zur Dauerhospitalisierung und schließlich im Jahre 1950 zur Entmündigung geführt hat. Auch ist nicht zu verschweigen, daß diese Entmündigung, unter anderem nach der Veröffentlichung von Texten des »Patienten« in angesehenen Verlagen, aufgehoben wurde und der Autor von der »Anstalt« in ein Pensionistenheim zog. (Nach einem Jahr aber kehrte Ernst Herbeck 1981 aus eigenem Entschluß in die »Anstalt« zurück: Das Leben außerhalb der »Anstalt« muß für ihn noch schwieriger gewesen sein als innerhalb der Mauern, wohl, weil ihm in dreißig Jahren Isolation die Fähigkeit abhanden kam, die paradiesische Freiheit auszukosten.)

Verschwiegen werden soll auch nicht, daß Ernst Herbeck seine »Texte« nur auf Aufforderung von Primarius Navratil, dem Chefarzt der Anstalt, geschrieben hat, der nicht in das Klischee eines »Irrenhausarztes« paßt, sondern eher als Freund in Erscheinung tritt, was zu den vermutlich wenigen glücklichen Umständen in Herbecks Leben zählen dürfte.

Welches Bild eines Dichters also entsteht? Das eines dreißig Jahre in eine gefängnisähnliche Anstalt gesperrten Entmündigten, der folgerichtig schweigt und weiter schweigen würde, wenn man ihn nicht aufforderte (es heißt in den Berichten über ihn immer »auffordern« und nie etwa »überreden«), seine Gedanken zu einem bestimmten Thema niederzuschreiben, der mit Elektroschocks behandelt wurde und der, nach einem Jahr in Freiheit, aus eigenem Entschluß in die »Anstalt« zurückkehrte.

Diesem »Fall«, wie es der Klappentext bezeichnet, das Recht auf Öffentlichkeit abzusprechen, ist nicht einleuchtend, nimmt man Herbeck damit doch seine Nationalität als einem Bewohner des Territoriums der Verbannten, das für ihn – zufällig oder nicht – in Österreich liegt. In Österreich, wo man zum Andersartigen, seit ich mich erinnern kann, immer ein feindliches Verhältnis hat, wo das andere existentiell bedroht ist, weil es als existentielle Bedrohung aufgefaßt wird, wo man sich des ganz anderen immer nur mit den ewiggleichen »Hitlerdrohungen« erwehren kann und wo alles »gleich weggehört«, was in den beschränkten Raum des eigenen Fassungsvermögens nicht hineingeht, in Österreich also, wo seit jeher die Welt untergeht und Künstler in freundlichem Speichel oder haßvollem Geifer ersticken (sofern man von ihrer Existenz überhaupt Notiz nimmt), lebt der Dichter Alexander, der gleichzeitig der »Fall« Ernst Herbeck ist.

»Heil Österreich mein Heimatl. / DIE WELT GEht unter – da ist Pfand. / Die Wötlt geht unter der Arzt geht heim / Nun muß noch mal geschieden sein«, schreibt Herbeck, und in einem weiteren Gedicht, »Der Erfolg«, heißt es: »Der Erfolg blib nicht aus. Es werden die / Künstler wie Semmeln gebakken. Preis / 6 gr. Alexander. Bäcker. ENDE.–.–.–«

Was Herbeck in und von seinem 30 Jahre währenden, aussichtslosen Zustand übrigblieb, war die innere Emigration und ein spöttischer Widerstand. Alle großen Gesten und Gefühle sind in den Arbeiten zusammengeschrumpft auf ironische Bemerkungen, aus denen die Gedichte häufig zur Gänze bestehen oder mit denen sie enden. Es sind Gedichte aus den letzten zwanzig Jahren, die meistens schon in Anthologien oder in dem mittlerweile vergriffenen dtv-Band *Alexanders poetische Texte* abgedruckt sind, sowie etwa 40 bis heute unveröffentlichte, die mit einem Witz, der an Paul Klees Bilder erinnert, verschiedene Wirklichkeitsebenen miteinander verbinden und häufig die Herbeck aufgezwungene Umwelt der Lächerlichkeit preisgeben. So heißt es schon in dem der Sammlung vorangestellten Lebenslauf:

»Schließlich kam ich in das psychiatrische Krankenhaus…
Die fünfundzwanzig Jahre werde ich nie vergessen… Hier
feierte ich 25 mal die hl. Weihnachten… Wobei ich der Niederösterreichischen Verwaltung des psychiatrischen Kran-
kenhauses zu tiefstem Dank verpflichtet bin und war. Ich sah
einen zwei Meter hohen Weihnachtsbaum. Werter Herr Di-
rektor ich merke mir den Baum ewig so lange ich lebe.
Danke Ihnen Herr Verwalter wirklich sehr und zwar in dieser
Schrift. gez. Alexander.«

Und im Gedicht »Der Psychiater«: »Der Psychiater ist der
Mann / der was dies kann / dem Patienten zu dienen / dem
Arzt zu heilen / sowie der Sorge der Anstalt zu helfen / den
neuen Geist eines Patienten zu schmieden. / die Mutter der
Psychiatrie, / dem Vorsitz einer erkrankten Seele, / die wieder gesund werden muß.« In einem weiteren ist schließlich
zu lesen: »Der Arzt zieht die Nummer dann / dem Patienten
eine neue Seele an. / der im neuen Geiste einer Krankheit, /
immer weiterziehen soll.«

In den meisten der Arbeiten Herbecks aber kommen die un-
mittelbare Anstaltsumgebung und der Widerstand gegen die
Zerstörung seiner Seele nicht direkt zur Sprache, doch drin-
gen die Wörter immer aus einer verschlossenen Welt zu uns,
es sind Rufe und winzige Träume aus einem Eismeer des
Schweigens und der Einsamkeit.

Bedeutsam bleibt jedoch stets, daß die Gedichte erst »auf
Aufforderung« entstanden und so zu Antworten eines Verschütteten in einem Brunnenschacht geworden sind, der den
Erdbewohnern im Tageslicht Auskunft über sein Befinden
gibt. Aufgefordert, über »Das Schweigen« etwas niederzuschreiben, antwortet Herbeck seinem Primarius auf dem Papier: »Das Schwere ist das Schweigen / im Sommer wie im
Winter. / So ist es auf der Erde / Darauf liegt Eis und
Schnee.«

Ernst Herbeck läßt es aus sich sprechen (zusammen mit der
Aufforderung, eigentlich ein surrealistisches Verfahren), aber
er liegt zugleich im Kampf mit der Sprache. Fertige Sprach-

hülsen pfeifen um seinen Kopf als Botschaften der Außenwelt, die mit Wirklichkeit gleichgesetzt werden, und manchmal trifft ihn so ein Geschoß und streckt ihn nieder. Gleich aber steht er auf, sobald man seinen Namen ruft, und setzt sich wieder den Geschossen aus und wirft mit Steinen in die Richtung, aus der sie kommen.

Ernst Herbeck wird diese Schlacht überleben, weil er sie überleben muß, um den Ein- wie Ausgesperrten Hoffnung zu geben. Dazu kann er sich auf seinen Wahrnehmungsapparat verlassen: Er hat mikroskopische Augen, die in das Innere der Dinge sehen können, und seine Ohren sind empfindlich wie die von Fledermäusen; in seinem Gehirn lösen sich die Landkarten der unsichtbaren Welt in winzige Einzelheiten auf, um sich mit der sichtbaren zu verbinden; in feinsten Gedankenströmen treiben die Sprachfertigteile wie plumpe Raddampfer dahin und laufen auf Grund: Darum stampft ein Gedicht auch plötzlich in der Litanei des kleinen Abc oder Einmaleins weiter, nachdem es zuvor aus glitzernden Gedankeneinsprengseln bestanden hat, so daß es dem Leser ist, als begegneten sich eine Blasmusikkapelle und ein Kammerquartett in einem Zeppelin. Doch stets skizziert Ernst Herbeck seine leuchtenden Fata Morganen in einfachen Sätzen und redet zu uns als ein Bruder, der für sein Leiden den Ernst des einzig wahren, des paläozoischen Humors für sich sprechen läßt. Nur »die Sprache« ist ihm eine pataphysisch rätselhafte Antwort wert, die folgendermaßen lautet: »a + b leuchten im Klee. / Blumen am Rande des Feldes. / die Sprache. – / die Sprache ist dem Tier verfallen. / und mutet im a des Lautes. / das c zischt nur so umher und / ist auch kurz dann sein / Gewehr.«

Wie aus diesem Gedicht ist auch aus zahlreichen anderen der »Fall« Alexander herauszulesen, der »Fall« des Dichters, der früher Alexander hieß und jetzt wieder Ernst Herbeck heißen darf und der schweigt, so lange, bis ihn der Herr Primarius auffordert, zu einer ihm vorgelegten Zeile oder einem Wort einen »Text« aufzuschreiben, und der in seiner ironischen

Poesie Schutz sucht, wie eine Schildkröte unter ihrem Panzer. Doch die Selbstgespräche Ernst Herbecks werden nur die wenigsten erreichen, die von ihnen Kenntnis haben sollten, denn nicht nur innerhalb der Chinesischen Mauern herrscht das tödliche Schweigen.

(1983)

Ernst Herbeck

Über das Gedicht »Der Morgen«
von Ernst Herbeck

Der Morgen

Im Herbst da reiht der Feenwind
da sich im Schnee die
Mähnen treffen.
Amseln pfeifen heer
im Wind und fressen.[57]

Im Sommer 1976 kam ich in das Niederösterreichische Krankenhaus Gugging, um für die Frankfurter Allgemeine Zeitung eine Geschichte über Ernst Herbeck zu schreiben.[58] Ich kannte damals nur die Gedichte, die in Leo Navratils »Schizophrenie und Sprache« veröffentlicht waren.
Herbeck schrieb seine Gedichte, wenn sein Arzt Leo Navratil ihn dazu aufforderte und ihm den Titel vorgab. »Der Morgen«, möglicherweise überhaupt das erste Gedicht von Herbeck, ist ein Innenbild-Gedicht. Der Tag ist kalt und hält den Schmerz bereit, wie ein Schlachter das Messer. Angesichts der Unabwendbarkeit einer Verwundung sucht der Dichter nach einem freundlichen Einfall, der vielleicht eine Kette schöner Gedanken auslösen könnte. Herbeck ist kein virtuoser Sprachkünstler, er muß sich erst eine eigene Sprache zusammenbasteln. Er denkt, spricht, schreibt stockend, sein Abbrechen, sein Verstummen mitten im Satz, mitten im Wort ist nicht *Kalkül*. Beim Lesen des Gedichtes lese ich gleichzeitig

mit, wie Herbecks Gedicht entstanden ist, d. h., wie Herbecks Gedichte überhaupt entstanden sind. Sie *entsprangen* (stelle ich mir vor) zeitlupenförmig in seinem Kopf. Die Worte, die Bilder stießen in einem fort auf Hindernisse, an denen sie sich stauten, von denen sie abgetrieben wurden oder an denen sie zerschellten. So erblickten sie das Papier der Welt und den Bleistift und Herbecks Finger und Augen. Die Gedichte wirken deshalb immer neugeboren, schutzbedürftig, unschuldig. Außerdem haben sie etwas von der Ungezwungenheit japanischer Haikus und Tanka, nur daß sie nie den Eindruck eines abgeschlossenen Gedankens erwecken, sondern wie aus dem Denkfluß geschöpft wirken.

Welche Assoziationen löst dieses wegen seiner unvollendeten Bilder so eindrucksvolle und geradezu elegante Gedicht »Der Morgen« aus? »Im Herbst da reiht der Feenwind«, beginnt Herbeck. Der anbrechende Tag und das Wort »Herbst« erinnern an die vielen Tagesanbrüche im Leben, an die Leere in den Tagen, an die verlorene Zeit. Gelbes Laub fällt vor dem inneren Auge, der Winter kündigt sich an, eine lange Reihe solcher Morgen ist entstanden, wie wenn man jemanden eintönig erzählen hört. Doch ein Wort unterbricht die Monotonie: Im Herbst *da* reiht – dieses »da« ist wie der Anfang eines Märchens. Es folgt: »der Feenwind«, ein Kindheitswort, ein Märchenwort. Unverändert bleibt die Kälte des Morgens stehen. Die Reise des Auges über die Buchstaben setzt sich fort zu einem zweiten »da«, das unbeholfen klingt, so unbeholfen, daß es umso stärker anrührt. »Da sich im Schnee«, und »Schnee« ist die nächste Station dieser Reise, der nächste Aufenthalts- und Besichtigungspunkt. Aus der Morgenkälte, der ausweglosen, ekligen wird durch Herbecks Wortzauber allmählich ein Halbschlafrätsel: »Schnee« als Wort für Geborgenheit, Reinheit; Schnee als neuer Anfang. Inzwischen haben die Leseraugen ihre Reise fortgesetzt, sie können sich aber nicht sogleich am Fahrplan zurechtfinden. »…da sich im Schnee die Mähnen treffen«: Mähnen von Pferden, oder sind es Mädchen, die sich lachend auf dem Schulweg begegnen?

Ein erstaunliches Bild ist entstanden, das in der Sprache lebt wie ein durchsichtiges Sonnentierchen im Wasser. Die nächste Zeile scheint eine Augenreise ohne Unterbrechung zu sein: »Amseln pfeifen heer im Wind und fressen.« Ein (kleines) Gedicht für sich. »heer« erzählt von einem uralten Wissen, von einem Raum, den noch kein Mensch betreten hat. Diese Amseln, spürt man, wissen etwas, das wir nicht wissen, sind Boten jenes Geheimnisses, das wir schon im Feenwind verspürten, und diese schwarzen fliegenden Tiere sitzen wie das Allergewöhnlichste an einem traurigen Morgen vor dem Fenster und fressen in brüderlicher und schwesterlicher Unschuld.

Nachdem ich diese Gedanken niedergeschrieben hatte (eigentlich schon beim letzten Absatz), verspürte ich Argwohn. Ich konnte buch-stäblich nachempfinden, wie sich durch die erklärenden Worte das Gedicht einrollte wie ein Blatt und schließlich (zu Recht beleidigt) sich verschloß. Warum überhaupt eine Erklärung? Und wie weit entspricht eine langsam und Wort für Wort analysierte Gedichtlesung der wirklichen, spontanen? Machen beim Lesen nicht gerade die raschen Assoziationen, die augenblicklichen Verblüffungen einen mindestens ebenso wichtigen, wenn nicht wichtigeren Teil aus? Ist es nicht läppisch, den Vater Verstand über das lallende Kind Gedicht sich beugen zu lassen und im »da-dada« freudig das Wort »Bahnhof« zu hören? Und glücklich auszurufen: »Ich verstehe Bahnhof!« – Nein, ein solches Analysieren und Zusammendichten kann nur als ein Versuch gesehen werden, eine Ahnung davon zu geben, was ein Leseerlebnis ausmacht. So wie man seit Jahrtausenden Träume deutet und seit Sigmund Freud weiterdeutet, ohne am Morgen beim Erwachen zu wissen, welche Bedeutung der eigene Traum hat, weiß der Leser, der nicht das Bestreben eines Germanisten teilt, alles restlos aufzuklären, über sein Befinden nur fragmentarisch Bescheid, wenn er sich in ein Gedicht vertieft hat und plötzlich etwas erlebt, was ihm im Alltagsleben immer versagt geblieben ist.

Einige persönliche Erinnerungen
an Ernst Herbeck

Ich kannte Ernst Herbeck mit langen Unterbrechungen 16 Jahre. Nach meinem ersten Besuch begann ich einen Briefwechsel mit ihm, der allerdings nur sporadisch ablief und ein oder zwei Jahre dauerte, das heißt, Ernst Herbeck konnte auf andere Gedanken nur schwer eingehen, darum war jeder Brief von ihm wie ein neuer Anfang eines Briefwechsels. Im Laufe der 16 Jahre habe ich Herbeck immer wieder getroffen, und immer waren Trauer und Schweigen um ihn, *nie* sah ich ihn lächeln oder sogar lachen. Ich bin mir aber sicher, daß er Humor hatte, das heißt, daß er die tragische Seite der Welt erfuhr und ihre lächerliche dadurch kannte. Oft saßen wir stumm am Gang im »Haus der Künstler« und rauchten eine Zigarette. Ich versuchte, ihm zu helfen, aber ich fürchte, daß ihm nicht zu helfen war. Ich hingegen habe viel von ihm gelernt, von seinem Schreiben und seinem Schweigen. Ernst Herbeck war eine unvergeßliche Persönlichkeit. Sein Schweigen war nicht feindselig, sondern tief. Ohne daß er je einen Vorwurf aussprach, fühlte man sich schuldig. Das war keine angenehme Erfahrung, aber eine notwendige, denn natürlich ist man an allem *mit*-schuldig – das heißt am ganzen Elend –, ob man es will oder nicht. Herbeck litt weniger an der Welt als an sich selbst – dieses Leiden aber begleitete ihn durch sein gesamtes Dasein. In den letzten Jahren zog er sich immer mehr – und noch weiter –, so weit es möglich war, in sich zurück. Oft denke ich: Er ließ nur noch seinen Körper und seine Höflichkeit anwesend sein. Drei Tage vor seinem Tod besuchte ich ihn im »Haus der Künstler«. Jedesmal, wenn ich mich von ihm verabschiedete, dachte ich – zumindest in Form eines Gedankenblitzes – ihn möglicherweise nie mehr wiederzusehen. So auch diesmal, obwohl eine gewisse Leichtigkeit von ihm ausging, die mir an ihm unbekannt war. Aber vielleicht sehe ich das auch nur nachträglich so. Ich habe von Ernst

Herbeck einmal ein handgeschriebenes Gedicht ohne Titel
bekommen, es lautet:

> Frei sein wie ein echter Vogel
> fliegt sie dahin die Nebelkrähe
> Fast stür in den Wind und
> auch in Schären, fliegt
> Sie dahin, die Nebelkrähe.

(1994)

Mir wird mein Leben lästig schon
Über den österreichischen Künstler
August Walla

»Bin ein dummer Idiot, weil dumm erschuff mich der liebe
Gott, Docktor Karl Renner ist dumm, Kaiser Franz Josef ist
dumm und Gott ist dumm«, läßt der zur Zeit im »Haus der
Künstler« in der Anstalt Gugging bei Klosterneuburg lebende
August Walla einen »Idioten« ausrufen, als den er sich selbst –
urinierend vor zwei mit rot-weiß-roten Staatsemblemen und
der Bundesflagge geschmückten Häusern – darstellt. Er
nennt sich »Trottel und Tepp«, schreibt vor den Eingang der
Anstalt »Idiotenanstalt« auf den Asphalt, aber er wehrt sich
mit Recht dagegen, als »geisteskrank« bezeichnet zu werden.

Gleichzeitig mit einer Ausstellung im »Museum moderner
Kunst« im Palais Liechtenstein in Wien ist eine umfangreiche
Studie *August Walla. Sein Leben und seine Kunst* von Leo Navratil erschienen, die Einblick in den komplizierten Kosmos
von Wallas Wirklichkeitserfahrung gibt. Leo Navratil, bis
1986 Primar in der Anstalt Gugging, ist Theoretiker über
Schizophrenie und Kunst und behandelte und pflegte Walla
während sechs der insgesamt sieben Aufenthalte in der Anstalt. Er entdeckte die künstlerische Begabung des zuvor in
der Diagnose als »schwachsinnig« und »geistig beschränkt«
bezeichneten Patienten.

Zunächst fiel Navratil nur die stilisierte Schrift des schweig-
samen Walla auf, aber eine Zeichnung ließ den Untersuchen-
den zweifeln. »Die Eigenwelt August Wallas, seine geistige
Produktivität« seien während seiner langen Klinikaufenthalte

überhaupt nicht bemerkt worden. »Sie wurden in ihrer ganzen Entfaltung erst entdeckt, als ich Walla in seinem häuslichen Milieu aufsuchte und die dort angehäuften Produkte seiner geistigen Tätigkeit sah«, berichtet Navratil.
Der Psychiater und Philosoph, der im Denken Geschulte, geht von da ab den Spuren des entmündigten Walla nach, erforscht sein Außen- und Innenleben, legt die Fundstücke einfühlsam beschrieben und gedeutet vor und zieht eine Grenze zwischen »Wahn« und »Wirklichkeit«, indem er ihn aus der Sicht des Pathographen beschreibt. Es ist längst fraglich, ob der Blick aus dem rechten Winkel der Psychiatrie nicht mehr *über*sieht, als er wahrnimmt.
August Walla wurde 1936 in Klosterneuburg bei Wien als »lediges Kind« geboren, hat nie einen Beruf ausgeübt und lebte, wenn er nicht in psychiatrischer Behandlung war, zu Hause bei seiner Mutter. In der Jugendfürsorgeanstalt, in die er von der ersten Klasse Volksschule an überwiesen wurde, beschrieb ihn eine Lehrerin: »äußerst phantastisch und verworren, spielt stundenlang mit selbstgerissenen Figuren, Manderln und Tieren, die als solche zu erkennen sind. Lebt sich so in dieses Spiel ein, daß er die Umwelt vollständig vergißt, oft laut mit sich selbst spricht oder auflacht.«
Als Jugendlicher beschriftet Walla im Schrebergartenhäuschen seiner jetzt 92jährigen Mutter Abfall, Bleche, einen Ofenschirm, eine Wasserkanne, im Garten die Bäume, Steine, eine Badewanne mit für unsinnig gehaltenen Worten. Viele Jahre beschrieb er so seine Umwelt und machte sie auf diese Weise zu seiner eigenen. In seinem Kopf bildete sich aber immer mächtiger eine Gegenwelt heran. Was üblicherweise Träumen ist, Phantasieren, Gebet oder einfach Insuferlosedenken, wurde für Walla erfaßbare *Wirklichkeit*, während die gegenständliche Wirklichkeit halluzinativen Charakter annahm, weshalb er sie in ihren Erscheinungsformen *bannen* mußte. Im Grunde vollzog sich die bloße Umkehrung der alltäglichen Tag- und Nachterfahrungen. Vielleicht ließ Walla sich auch nur nicht aus dem Schrebergarten

Eden seiner Kindheit vertreiben. Er blieb unfähig, sich anzupassen oder zu verstellen. Diese Unfähigkeit machte ihn schon zum Sonderfall, doch wie jeder Sonderfall zeigte er auf, was der *Fall* ist.

Aus vielen Zeichnungen geht hervor, daß sich Walla in seiner Kindheit als »Nazimädchen« sieht, das durch eine in Rußland erfundene Operation in einen »Kommunistendoppelknaben« (mit zwei Penissen) umgewandelt wurde. Die Frauenbrüste wurden mit zwei Scheren abgeschnitten und an deren Stelle Männerbrüste aufgesetzt. Ferner wurden dem Torso zwei Penisse mit Hodensack angenäht. »Das Mädchen Walla«, heißt es in Navratils intensiver Studie, »liegt auf einem Bett, welches mit den Emblemen der Sowjetunion verziert ist, Hammer und Sichel finden sich aber zweimal auch auf einem kreisförmigen Hintergrund mit der Farbe rot-weiß-rot...« – Niederösterreich, wo Walla aufwuchs, war nach dem Zweiten Weltkrieg sieben Jahre russische »Besatzungszone«. Ferner zeichnete Walla abgeschnittene Frauenbrüste mit Hakenkreuzen und schrieb darunter: »Mutterbrüste Menschens beim Fleischhacker zu verkaufen vom Operieren.« Nicht umsonst heißt es: Jemand hat eine Idee, Anschauung, Weltsicht schon »mit der Muttermilch eingesogen«. Nach der Zerstörung dieser Ideologie sind folgerichtig auch die Mutterbrüste abgeschnitten. (Übrigens entging Walla der »Tötung unwerten Lebens« durch die Nationalsozialisten nur zufällig.)

Es ist nicht schwer, hinter den Symbolen, die Walla verwendet, das kollektive *österreichische* Schicksal zu erkennen oder das hierzulande allgemein Verdrängte zum Vorschein kommen zu sehen. In barocker Fülle wimmelt es in den archaisch-mythologischen Zeichnungen von Teufeln, Engeln, Müttern Gottes und Kreuzen, von Kronen und Königen, Hakenkreuzen, Hämmern und Sicheln und den Parteinamen KPÖ, SPÖ und ÖVP.

Auch sein Zimmer im »Haus der Künstler«, das er seit 1983 zuerst mit der inniggeliebten Mutter teilte, die aber nun in die geriatrische Abteilung verlegt wurde – wo er sie täglich besucht –, hat Walla dunkelbunt und dicht bemalt. Jede einzelne der unzähligen Darstellungen an den Wänden hat einen Sinn, einen, der nach unseren Begriffen ständig zwischen »richtig« und »falsch« hin- und herfließt, wie die Luftblase in einer bewegten Wasserwaage.

Die merkwürdigen Fremdwörter, die die Wände zwischen den Figuren bedecken, hat Walla seinen indonesischen, russischen, japanischen oder portugiesischen Wörterbüchern entnommen – er weiß sofort – fragt man ihn danach –, welche Bedeutung sie haben und aus welcher Sprache sie stammen.

In Wallas Zimmer, das im Palais Liechtenstein nachgebaut ist, betritt man das Kabinett seiner geheimen Gedanken, sein – wie es im Volksmund heißt – *Gehirnstüberl*. Es ist ein gleichsam kultischer Raum, etwa wie man sich die Kapelle eines Höhlenmalers der Eiszeit vorstellt, nur bunter und in den Figuren geometrischer, als sei ein Matadorbaukasten das Vorbild gewesen.

Ist es ein Zufall, daß Walla die Zeichenblätter in der Regel auf beiden Seiten bemalt? Vorderseite und Rückseite im Wechselspiel? In Wallas Zimmer befindet man sich augenscheinlich nur auf der Rückseite, die aber ebensogut die Vorderseite sein könnte.

Neben dem österreichischen politischen Treibsand erscheint auch das Religiöse dieses Landes fatamorganisch auf den Wänden: Ein Gemisch aus *katholischem* Provinzialismus und magisch-heidnischer Mythologie in Form eines Guglhupfs mit Rosinen. »Das Weltall ist in seiner Vorstellung eine Kugel, in der sich die Erde, die Planeten und die bekannten Götter, sowie der Himmel befindet. Diese Weltkugel habe ein Loch bekommen, durch das man in das Weltallendeland gelangen kann. Dort herrscht der oberste Gott Satttus, der gegen den Weltallendetodesgott ankämpft. Es gibt auch noch andere Götter, den Gespenstergott Kappar... und Gott Sararill.«

Walla lebt in ständiger Furcht vor dem Tod seiner Mutter – vermutlich weil damit die lange Kindheit für ihn zu Ende sein wird –, aber auch seinem eigenen. »Er möchte«, berichtet Navratil, »im Ewigkeitendeland fortleben – als ein Jäger, Regent und Gott, aber es überkommt ihn bisweilen der Wunsch, vor allem nichts mehr zu wissen, nichts mehr zu empfinden und zu fühlen.«

Immer wieder hat er mit Worten und Zeichnungen gespielt, sich selbst zu verbrennen. Er kündigt auch an, er werde sich mit Rattengift das Leben nehmen, und erwägt, sich von einem Wolkenkratzer zu stürzen, zu erfrieren, mit dem Essen aufzuhören oder sich zu erschießen beziehungsweise erschießen zu lassen.

Anstelle eines Vaters hatte Walla seit seiner Geburt den anonymen Staat, den er nur von seinen Emblemen und seinen unerbittlichen, kalten Umarmungen des Einsperrens und Reglementierens kennenlernte. Kann ein Vater aus Fleisch und Blut tödlicher sein?

Navratil weiß vieles über seinen geliebten Patienten, aber dieser bleibt in der vorliegenden Monographie immer nur sein – wenn auch bewunderter – *Patient*. Bisweilen gewinnt man den Eindruck, es handle sich bei Walla geradezu um seine *Schöpfung*. Alle Erklärungen und Erhellungsversuche Navratils bedienen sich außerdem der Begriffe der Psychiatrie, die letztendlich nur Defekte, Krankheiten bezeichnen. Was aber aus der eindrucksvollen Studie gerade dadurch um so deutlicher wird, ist die zwingende Notwendigkeit einer anderen *Sicht* auf die sogenannten Geisteskranken.

(1988)

Rat Smrt

Von Ronald D. Laing stammt die Behauptung, daß ein Pilot, der völlig unmotiviert aus einem Formationsflug schert, nicht der Abnormale, nicht der Irre (Irrende) sei. Möglicherweise sind es doch die scheinbar kurstreuen Flieger. Daran mag man denken, wenn man sich den Krieg in Bosnien überlegt. Wer sind die Irren? Die in den Anstalten dieser Welt sitzen und regulär bombardiert werden? »Rat Smrt« ist ein Text, der zu den Kriegszeichnungen von Peter Pongratz entstanden ist. »Rat Smrt« ist aber auch eine Erinnerung an Kriegserlebnisse, deren Gemeinsamkeit Roth und Pongratz erst viel später entdeckt haben. Die Vergangenheit wird in die Gegenwart eingeschrieben. Unaufhaltsam, weil es nicht gelingt, sich von den Mythen der Gewalt und des Krieges zu befreien.

I

»Rat« heißt auf serbisch und kroatisch »Krieg« und »Smrt« sowohl auf serbisch als auch auf kroatisch »Tod«. RATSMRT, jenes Doppelwort, das auf einigen Bildern von Peter Pongratz als Sprechblase zu lesen ist, war für meine Ohren, die die Sprachen nicht verstanden, zuallererst ein lautmalendes Geräusch, das ein beschädigtes, leerlaufendes Räderwerk erzeugt oder eine Schußwaffe, die durchgeladen wird. Darüber hinaus erinnerte es mich an eine Episode des Filmes *Shining* von Stephen King und Stanley Kubrick, in der sich der hellsichtige Sohn Daniel mit sei-

ner Mutter Wendy in ihrem Schlafzimmer des leerstehen-
den Hotels »Overlook« eingeschlossen haben und eine
fremde Stimme, eine heisere, tiefe, bedrohliche aus dem
Kind zu sprechen anfängt. Es ist immer nur dasselbe Wort,
das diese Stimme als unheilvolle Litanei von sich gibt:
REDRUM – REDRUM – REDRUM (das Kind sagt auf
englisch: REDRAM).
Daniels Vater Jack ist zuvor verrückt geworden, und seine
Frau Wendy hat ihn in das Lebensmittelmagazin des Hotels
eingeschlossen. Mit einer Axt ist es Jack gelungen, sich zu
befreien, und er macht sich auf die Suche nach seiner Familie, in der Absicht, Wendy und Daniel umzubringen, wozu
ihn *seine* fremden Stimmen pausenlos auffordern. Die alten
Verbrechen nämlich, die im Hotel geschehen sind, haben auf
eine magische Weise Jack und seinen Sohn Daniel mit
Schreckensbildern infiziert und lassen sie jetzt die vergangenen Blutbäder und verwesten Leichen sehen, wo verlassene
Badezimmer und langgestreckte Flure sind. Wendy kann in
diesem Kampf sich gegenseitig bekriegender Erscheinungen
nur die Realität erkennen, sie hat keine Gesichter, vermag
aber instinktiv die Gedanken ihres (verrückt gewordenen)
Ehemannes zu lesen. Erschöpft von Auseinandersetzung
und Flucht schläft sie in ihrem Hotelbett, während ihr Sohn
Daniel langsam auf sie zugeht, REDRUM – REDRUM –
REDRUM brummend (wie die Tonkapsel eines Teddybärs,
wenn man ihn in einem fort hin- und herschwenkt). Daniel
nimmt das Küchenmesser, das seine Mutter zur Notwehr auf
das Nachtkästchen gelegt hat, in die Hand, prüft die Schärfe
der Klinge und schreibt mit einem Lippenstift in blutroter
Farbe ЯEDЯUM auf die weiße Tür. Daraufhin geht er
mit dem Messer in der Hand wieder auf seine schlafende
Mutter zu und ruft laut und angstvoll: »Redrum! Redrum!
Redrum!« Als der Blick der aufschreckenden Mutter auf die
Tür hinter dem Kopf ihres Sohnes fällt, erfaßt sie gleichzeitig, daß ein Wort darauf geschrieben steht, daß dieses Wort
ЯEDЯUM heißt und in Spiegelschrift für MURDER

(MORD) steht. Im nächsten Augenblick kracht ein Hacken-
hieb von Jack gegen die Schlafzimmertür... Der Film *Shining* aus dem Jahr 1980 hat auf einer unpolitischen Ebene
erstaunlich viel mit dem Krieg zu tun und das Wort »Redrum« ebensoviel mit dem zusammengesetzten Wort
RATSMRT.

II

Daß der Krieg im ehemaligen Jugoslawien eine Fortsetzung des innerjugoslawischen Kriegs im Zweiten Weltkrieg
ist, liegt auf der Hand. Und daß er seine Wurzeln in der
verwickelten Geschichte der Länder auf dem Balkan hat,
ist erwiesen. Selbst das Verhalten der ehemaligen Alliierten
wie der ehemaligen Feinde aus dem Ersten und Zweiten
Weltkrieg läuft in diesem Konflikt nach einer absurden
Regel ab, die sich nach »alten Waffenkameradschaften«
richtet.
»Die Vergangenheit ist niemals tot. Sie ist nicht einmal vergangen«, heißt ein häufig zitierter Gedanke William Faulk-
ners. Die Zeit nach 1945 war in Jugoslawien, so hatte es den
Anschein, STEHENGEBLIEBEN, sie war, um es poetisch
auszudrücken, EINGESCHMOLZEN worden wie Glocken,
aus denen Kanonen gegossen werden oder umgekehrt. So war
auch das Schwarz-Weiß-Geschichtsbild seiner Bewohner als
unsichtbare Form in den Köpfen erhalten geblieben, und
nach wie vor sagten nicht wenige zu den Glocken, sie seien
eigentlich Kanonen, und zu den Kanonen, sie seien eigentlich
Glocken. Milovan Djilas, anfangs enger Vertrauter und später
Gegner Titos (der aus den Glocken und Kanonen Eisenbahn-
schienen machte, und nebenbei auch Gefängnisgitter, und
der die Verwirrung auf der Suche nach den verlorenen For-
men dadurch noch steigerte), Milovan Djilas also stellte schon
kurz nach Ausbruch der Kampfhandlungen im Sommer 1991
fest, daß der Kommunismus in diesem Krieg eine sehr unter-
geordnete Rolle spiele. Die vielleicht bedeutendste, die ihm

anfangs zukam, war, daß er in Jugoslawien – bis zum Fall der »Mauer« vom Westen aus als am »fortschrittlichsten«, d. h. »demokratischsten«, bezeichnet – nach dem Fall der Mauer aber plötzlich als verrostetes Relikt betrachtet wurde. Insoferne war er vermutlich auch Auslöser der folgenden Abrechnung geworden, zwischen Serben und Kroaten, Partisanen, Četniks und Ustaša-Leuten (– die Vergangenheit lebte wie gesagt weiter, so war z. B. von den Serben das kroatische KZ Jasenovač, in dem u. a. mehr als hunderttausend Serben ermordet wurden, nicht vergessen worden). In diesem neuerlichen Blutbad wird den 2 Millionen bosnischen Moslems die Rolle der Minderheit zugewiesen, die vergewaltigt, vertrieben und ausgerottet wird. »Vielleicht«, sagte Djilas, »war Tito der einzige Jugoslawe.«

Aber vielleicht waren die Jugoslawen ebenso Vorläufer »des Europäers« wie die Österreicher der Habsburger Monarchie, das macht den Zerfall vom Politischen aus betrachtet so bedauernswert. Daß das westliche Europa dem allgemeinen Morden, nicht nur der Serben, sondern auch der Kroaten, mehr oder weniger tatenlos zusieht, ist vor allem Ausdruck von Hilflosigkeit, aber es schreibt zuletzt eine Mitschuld des sogenannten vereinigten Europa an dem Geschehen fest.

III

Peter Pongratz malt schon viele Sommer in Korčula im ehemaligen Jugoslawien und heutigen Kroatien. 1967 fuhr er erstmals mit seinem Freund Kurt Kocherscheidt durch den kleinen Ort Ston und aß dort zu Mittag. Von da an machte er jedesmal in Ston halt, wenn er sich auf dem Weg nach Korčula befand. Als er im Sommer 1992 davon hörte, daß Ston den ganzen Winter und das ganze Frühjahr über unter schwerem Granatfeuer der Serben gelegen war, besuchte er das Dorf, um sich umzusehen. Die zerstörten Häuser und seine Vorstellung von den Kampfhandlungen erinnerten ihn, wie er bemerkte, an die Ängste seiner Kindheit, als er mit seiner Mutter und seiner Schwester bei Kriegsende 1945 im Bombenkeller saß. Pongratz war damals fünf Jahre alt. Bis heute kamen die frühen Kindheitserinnerungen an den Krieg in seinen Arbeiten kaum zur Sprache.

Ich selbst habe übrigens mehrere Kindheitserinnerungen an den Krieg, so an einen Tieffliegerangriff auf eine Eisenbahn (in Mautern), in der ich mit meiner Mutter und meinen beiden Brüdern nach München fuhr. Ich war nicht einmal drei Jahre alt. Ich sehe aber, wenn ich daran denke, ein Flugzeug mit Pfauenaugen auf den Tragflächen (d. h. ein englisches) und den Piloten mit Lederhelm und dunkler Brille gleich einem Insektenkopf in der gläsernen Kanzel auf uns zufliegen, während wir mit anderen Reisenden, Soldaten und »Zivilisten« über einen abgeernteten Maisacker laufen. Ein Mann in einem Mantel wird von den MG-Schützen des Tieffliegers getroffen und fällt neben uns zu Boden, ein Blutfaden läuft aus seinem Mund. (Vierzig Jahre später fuhr ich mit Günter Brus in der Eisenbahn an jener Stelle in Mautern vorbei, an der sich der Tieffliegerangriff ereignet hatte. Es stellte sich heraus, daß Günter als siebenjähriger Bub alles vom Balkon seines Großvaters aus mit dem Feldstecher mitangesehen hatte.) Auch an einen Bombenangriff auf Mainbernheim erinnere ich mich. Meine zwei Brüder und ich lagen mit meiner Mutter unter dem Hotel-Doppelbett, und meine Mutter versuchte uns zu überzeugen, daß es sich bei dem oftmaligen Aufblitzen, Mörtelrieseln, Erzittern des Gebäudes und dem fortlaufenden Getöse um ein Gewitter handle.

Peter Pongratz malt mit den Bildern aus dem Krieg in Jugoslawien die Bilder seiner Kindheitserinnerungen aus dem Zweiten Weltkrieg mit. Er tut es, wie das Kind Daniel im Film *Shining*, das infolge einer ERSCHEINUNG, die wir am Verhalten des Kindes erkennen, nicht aber selbst sehen können, das Wort ЯEDЯUM auf die Tür schreibt, nur daß Pongratz seine »Erscheinungen« der Angst, als er als Kind in einem

Bombenkeller saß, aus dem Gedächtnis zurückholt und in einem schöpferischen Akt mit der Darstellung des Grauens verbindet, das – wie man inzwischen »stehenden Satzes« sagt – sich vor unserer HAUSTÜRE ereignet.

(1993)

6.
Der österreichische Kopf
ist mein Thema
Antworten und Fragen

Zum Unterschied von der angelsächsischen Presse ist das Interview in den deutschsprachigen Ländern eine beliebte journalistische Stilform. Es kommt auch den medialen Entwicklungen entgegen. Rundfunk- und Fernseh-Interviews können sowohl für Zeitungen als auch für Zeitschriften adaptiert werden. Das Zitieren ist leichter, weil keine Passage aus dem Zusammenhang gerissen werden kann. Interviews sind zerhackte Prosa, sie sind das Theater der Printmedien.

In den österreichischen Zeitungen und Magazinen hat in den letzten Jahren außerdem die Attraktivität der »Konfrontation«, des Streitgesprächs zwischen zwei oder drei Teilnehmern, zugenommen. Damit soll nicht nur der Disput verschärft werden, die Initiatoren möchten damit die Streitkultur unterstützen.

Die tiefste Wirkung hat das Interview, wenn es sich als Gespräch in eine feuilletonistische Breite entwickelt und wenn es – wie bei den Arbeiten von André Müller für »Die Zeit« – auch den befragten Menschen jeweils neu vermißt. In Wien gerät das Gespräch nicht selten zum psychotherapeutischen Dialog. »Die Couch in der Zeitung« bietet einen spannenden Lesestoff.

Wie in Gerhard Roths Essays liegt auch in seinen (Streit)gesprächen die Republik auf der Couch. Es wird versucht, die verdrängte Kindheit heraufzuholen und bloßzulegen. Die Verknüpfung mit der eigenen Geschichte zeigt nicht nur die Bereitschaft zur Selbstreinigung. Die Leserinnen und Leser haben die Chance, daran ihre eigene Bedenkarbeit zu messen.

Warum sie schreiben
wie sie schreiben

... wir möchten von Ihnen wissen:

— ob und inwieweit die gegenwärtige Häufung von Katastrophen, das, was sich mit »Tschernobyl« bezeichnen ließe, für Ihr Schreiben inhaltliche oder formale Konsequenzen hat?

— ob und inwieweit sich der »Verlust der Utopie«, die möglich gewordene »Vernichtung der Nachwelt« (Wolfgang Hildesheimer, Günter Grass) sich auf Ihr Schreiben/Ihr Selbstverständnis als Autor auswirken?

— ob und inwieweit Sie beispielsweise in der heute allenthalben feststellbaren verstärkten Tendenz zur Unterhaltung eine Gefährdung Ihrer literarischen Arbeit sehen?

— ob und inwieweit Sie sich noch einer republikanischen Tradition verpflichtet sehen?

Warum schreiben Sie wie Sie schreiben:
Es stehen einem nicht alle Themen und Ausdrucksmöglichkeiten offen, man bewegt sich auf Energiebahnen. Gedanken, die einen selbst am meisten bewegen, haben auch in der Umsetzung die stärkste Energie. Ich gehe meinen Energiequellen nach.

Inhaltliche und formale Konsequenzen von Tschernobyl:
Ich glaube an ein VORAUSAHNENDES Schreiben. Das intuitive Schreiben weiß zunächst nicht genau, wohin es sich bewegt, die Intuition ist das naheliegendste und letzte, worauf man sich möglicherweise verläßt. Tschernobyl war nur für die ALLEREINFÄLTIGSTEN eine Überraschung. So besehen kann es für mich zunächst keinen Einfluß haben. Immer schon waren meine Themen Gewalt, Wahnsinn, Tod, Täter und Opfer, daran ändert sich nichts. Diese Themen zogen mich aber nicht rational an, sondern magisch. Insoferne glaube ich also nicht, mich selbst interpretieren zu können, d. h. einen verallgemeinernden Schluß daraus ziehen zu dürfen. Ich habe festgestellt, daß meine Haltung zu den meisten Dingen WIDERSPRÜCHLICH ist, und zwar im doppelten Sinn: Das Bestehende reizt mich zur Attacke, aber ich vereine selbst die größten Widersprüche in meinem Charakter, meinen Anschauungen, meinem Denken und meinen Handlungen. (Diese Widersprüchlichkeit beschäftigt mich am meisten.) Vielleicht ist es die widerspruchsfreie Welt, die wir durch logisches Denken geschaffen haben, welche eine widerspruchsvolle Welt bedroht. Das Beziehen von klaren Standpunkten kann nur aus Notwehr geschehen, um etwas abzuwehren oder in die Welt zu schaffen. Sobald die »Notwehr« zu einem System wird, das heißt unabhängig von einer Notwehrsituation beliebig anwendbar, verschwinden die ursprünglichen Notwehrgedanken indirekt proportional zum Machtzuwachs. Wie kann man die beiden Begriffe in einem Gleichgewicht halten, das heißt, daß der Notwehrgedanke wirksam wird, aber nicht so mächtig, daß er sich selbst zerstört? – Vielleicht schreiben wir so, weil die Katastrophen auf uns ZUKAMEN.

Wie wirken sich der Verlust der Utopie, die möglich gewordene Vernichtung der Nachwelt auf Schreiben und Selbstverständnis aus:
Der Verlust der Utopie war für mich keiner, weil ich an keine glaubte. Es gibt Utopien, mit denen ich aus Notwehr sympa-

thisiere, das ist alles. Es ist banal, aber der eigene Tod ist für
jedermann bereits so etwas wie der Weltuntergang. Eine
Welt, die den Tod systematisch verdrängt, wird auch den Gedanken an die Nachwelt systematisch verdrängen. (Vielleicht
gibt es sogar einen Haß auf die Nachwelt, weil der Gedanke,
selbst vergessen zu werden und daß alles »unverändert weitergeht«, schwer erträglich ist.) Schreiben ist zwangsläufig eine
Auseinandersetzung mit der eigenen Sterblichkeit und damit
den Nachkommen. Die Kunst wird immer die Tendenz haben, an eine Zukunft zu glauben, ansonsten bliebe ihr nur das
Schweigen.

Ist die Tendenz zur Unterhaltung eine Gefährdung für die lite-
rarische Arbeit:
Die literarische Arbeit wird mit ihr fertig werden müssen, aus
eigener Kraft.

Verpflichtung gegenüber einer republikanischen Tradition:
Dafür sind die Verhältnisse in Österreich für einen Schriftsteller nicht gegeben. Hin und wieder kann man sich irgendwo zu
Wort melden. Die österreichischen Schriftsteller werden auf
»stille Weise« zensuriert. In den Zeitungen fehlt der nötige
Platz, oder es fehlt das nötige Geld, oder ein Thema ist nicht
aktuell. So besehen GIBT es in Österreich keine republikani-
sche Tradition, denn in Österreich stehen selbst die Zeitungen
kritischen Äußerungen von Schriftstellern über das Land bös-
artig gegenüber, oder sie verschweigen sie. Die österreichischen Zeitungen begreifen sich zum größten Teil als
STAATSTRAGEND, darin sehen sie ihre wichtigste Verantwortung. Im Grunde genommen ist es eine UNSICHTBARE
DIKTATUR, in der wir leben. Es gibt zwar keine Zensur, die
vom Staat eingesetzt ist, aber eine häufig noch strengere
VORZENSUR: das Abwimmeln, das Verschweigen, das Ver-
sperren von Möglichkeiten. Was bleibt, ist der Ausweg BRD,
den man notgedrungenermaßen einschlägt, soferne man dort
bekannt genug ist.

(1987)

»Für mich ist Schreiben eine Qual«
Gespräch mit Günter Kaindlstorfer

Neue AZ: Ich möchte vielleicht mit einer biographischen Frage beginnen. Wann haben Sie sich entschlossen, Schriftsteller zu werden, und wie ging das vor sich?
Roth: Als Kind habe ich mir gemeinsam mit meiner Großmutter die Bilderbücher selbst gebastelt. Meine Großmutter war ein sehr phantasievoller Mensch: Entweder sie hat die Bilder gezeichnet und ich sorgte für den Text oder umgekehrt. Am Schluß hat sie das Ganze dann mit Nadel und Zwirn zusammengenäht. Eigentlich interessieren mich die Themen von damals heute noch. Morde zum Beispiel; ich erinnere mich noch an den Fall Gufler, der die Bevölkerung sehr beschäftigt hat. Es gab ja noch kein Fernsehen, und es sind die Mythen der Mörder herumgegangen. Das war in den frühen fünfziger Jahren. Dann kam eine große Lücke, wo ich lang gar nichts geschrieben habe, auch in der Pubertät nicht.
Neue AZ: Wie sah damals Ihre Lektüre aus?
Roth: Na ja, *Doktor Doolittle und sein Zirkus* habe ich gelesen oder ein paar Jules-Verne-Bücher. Dazu kamen viele Heftln, Rolf Torring, Tarzan, Mickymaus. Mit Siebzehn bin ich dann zufällig auf ein Buch von Joseph Roth gestoßen, und zwar auf *Radetzkymarsch*. Mich hat das deswegen interessiert, weil der Autor auch Roth geheißen hat, so wie ich. Auf dem Umschlag sah man Rudolf Prack und Winnie Markus. Das war eigentlich das erste richtige Buch. Dann kamen Graham Greene und Hemingway, später Dostojewski und die »verbotenen« Autoren wie Henry Miller. Na und dann erschienen in Graz

die *Manuskripte*, und der Kreis hat sich irgendwie geschlossen. Ich lernte Alfred Kolleritsch kennen und Wolfi Bauer, in dessen erstem Stück ich als Neunzehnjähriger eine Rolle gespielt habe. Mit beiden bin ich auch heute noch sehr befreundet. Schön langsam also bekam das Ganze ein Gesicht, ich wußte immer besser, was ich eigentlich wollte. Dazwischen habe ich sicher auch schlechte Gedichte gemacht, was man halt als Siebzehn- oder Achtzehnjähriger für Gedichte macht.

Neue AZ: Wie sahen die aus?

Roth: Na so in der Art von Eugen Roth oder Erich Kästner. Später probierte ich Rilke-artig zu schreiben oder so wie Trakl. Das war aber alles nicht sehr ernst gemeint. Der ganz große künstlerische Anreiz kam später: die Begegnung mit der schizophrenen Kunst. Auch das Auftreten der Wiener Gruppe war ein wichtiges Erlebnis. Ich habe nie eine nennenswerte Grenze gesehen zwischen den Geisteskranken und mir, sondern eine schreckliche Nähe. Allerdings kam dann bald das Gefühl dazu, daß nicht nur ich so bin, sondern daß die Allgemeinheit so ist.

Neue AZ: Begonnen haben Sie als experimenteller Schriftsteller. Etwa Mitte der siebziger Jahre, nach Ihrer Amerikareise, wurde das anders, und Sie entwickelten sich zu einem Autor, der traditionelle Romane schrieb oder zumindest Romane, die traditionell aussahen. Wie war das?

Roth: Mitte der siebziger Jahre, nach dem *Willen zur Krankheit*, hatte ich aber festgestellt, daß ich experimentelle Bücher fast fabrikmäßig herstellen konnte, ohne innere Beteiligung. Das war mir zuwenig, ich wollte beim Arbeiten auch das Ungewisse spüren.

Neue AZ: Haben Sie sich jemals mit dem Realismus auseinandergesetzt?

Roth: Ja. Und mir scheint, der Realismus ist die artifiziellste Kunstform überhaupt. So etwas wie eine Handlung, ohne die ein realistischer Roman nicht auskommt, gibt es in der Wirklichkeit nicht. Für mich ist Realität etwas Atomisiertes. So bin ich dazu gekommen, Bücher als einen Strom von Wahrnehmungen und Assoziationen zu schreiben. Nicht umsonst gehen viele Romane von mir auf Reisen zurück. Ich wollte Bücher schreiben, wie ich die Realität erlebe.

Neue AZ: Sie erleben Realität also nicht als Ablauf von Prozessen, sondern als sinnlose Aneinanderreihung von Fakten. Wirklichkeit ergibt für Sie keinen Sinn?

Roth: Nein. Man fühlt sich oft gestoßen wie eine Billardkugel und rollt dahin, bis die Kraft, die einen bewegt hat, aufhört. Als Schriftsteller versucht man nun, sich innerhalb dieser chaotischen Wirklichkeit in einem fort selbst zu definieren. Oft gelingt es nicht, und alles zerfällt wieder in ein Netz von Vermutungen. Der erste Roman, den ich auf diese Weise geschrieben habe, also *Der Große Horizont*, geht auf eine Amerikareise zurück, auf der die Eindrücke dieser Reise auch gleichzeitig das Buch schrieben. Aus der Aneinanderreihung von Bruchstücken habe ich einen Roman zu gestalten versucht. Beim nächsten Roman, »Ein neuer Morgen«, war das ähnlich.

Neue AZ: Auch noch bei der Winterreise?

Roth: Bei der *Winterreise* beschäftigte mich das Thema Sexualität und Sinn. Bis zum *Stillen Ozean* ist alles nach derselben Methode abgelaufen.

Neue AZ: Ich möchte noch einmal auf den Realismus zurückkommen. Sie haben behauptet, der Realismus wäre die artifiziellste Kunstform überhaupt, weil er Handlungen erfindet und Handlungen in der Wirklichkeit nicht vorkämen. Ein Realist würde das bestreiten. Er würde sagen, daß die Wirklichkeit eben nicht chaotisch sei, sondern nach bestimmten Prozessen abläuft, die der einzelne erkennen kann.

Roth: Mir ist das zu didaktisch. Ich glaube zum Beispiel, daß *Ulysses* von Joyce ein realistischeres Buch ist als alle Zola-Romane zusammen. Ich wollte nie ein didaktisches Buch schreiben, sondern ich wollte Wirklichkeit so darstellen, wie ich sie erfahre.

Neue AZ: Also nicht so, wie sie wirklich ist?

Roth: Nein, wie ich sie erfahre.

Neue AZ: Mir ist beim Lesen Ihrer Bücher eines aufgefallen. Alle Ihre Figuren stehen der Wirklichkeit absolut fremd gegenüber. Auch die Menschen untereinander sind sich fremd. Jeder ist allein. Liebe findet nicht statt, bestenfalls mechanische Sexualakte. Würden Sie zustimmen, wenn ich behaupte, daß Sie in einem fort Entfremdung beschreiben?

Roth: Nein, ich gehe nie mit der Absicht heran, Entfremdung zu beschreiben, ich versuche lediglich, meine Auffassung von Wirklichkeit niederzulegen. Das einzige, was wir in gewisser Weise machen können, ist, daß wir uns von der Wirklichkeit erleichtern. Ein Weg dazu sind die Drogen, Alkohol zum Beispiel. Ich bin sicher, daß ich ohne Alkohol nicht mehr am Leben wäre. Aber nicht nur Drogen erfüllen diesen Zweck, auch Kino, Theater, Video oder Fernsehen.

Neue AZ: Oder Kunst überhaupt…

Roth: Genau. Und all das zusammen macht uns die Wirklichkeit erträglich. Der Mensch ist ein Opfer der Wirklichkeit. Er ist ihr hilflos ausgeliefert.

Neue AZ: Ich bleibe einmal bei der These, daß Sie in Ihren Büchern Entfremdung beschreiben. Ich persönlich glaube, daß diese Entfremdung gesellschaftlich bedingt ist und daß es prinzipiell möglich ist, sie zu überwinden. Wie sehen Sie das?

Roth: Ich glaube das überhaupt nicht. Ich gehe von der Ansicht aus, daß die Geschichte eine Entwicklung von einem Irrtum zum nächsten Irrtum ist. Und darum kann ich nicht wie Sie annehmen, daß es eine Entwicklung zum Positiven gibt. Ich glaube, daß der Schriftsteller sich freimachen muß vom Zweck der Ideologien, aber auch frei vom Zwang, moralisch zu sein.

Neue AZ: Trotzdem haben Sie vor einem guten Jahr selbst politisch Stellung bezogen, und zwar in einem sehr kritischen Artikel in der Zeit, die österreichische Innenpolitik betreffend. Wie verträgt sich das, wenn Sie behaupten, vom Zwang der Moral freibleiben zu wollen?

Roth: Es gibt Künstler, die es überhaupt ablehnen, sich politisch zu Wort zu melden. Dazu gehöre ich nicht. Das heißt nicht, daß ich mich ununterbrochen in die Tagespolitik einmischen möchte. Aber es ist mir wichtig, daß es ein sozial erträgliches Klima für die größtmögliche Zahl von Menschen gibt. Zugleich aber ist es mir auch wichtig, daß es eine größtmögliche Freiheit für alle gibt. Und wenn man diese Dinge angegriffen sieht, dann muß man sich melden. Wenn man sieht, wie die geistigen und natürlichen Ressourcen schön langsam zugemauert werden, dann muß man sich zu Wort melden. Aber das muß jedem einzelnen überlassen bleiben.

Neue AZ: Sie haben aus Ihren Sympathien für die SPÖ nie ein Hehl gemacht.

Roth: Grundsätzlich: Ich halte es für ein ganz großes Verdienst der Sozialdemokratie, daß sie durch Reformen größere soziale Unruhen verhindert hat. Und noch in den siebziger Jahren kannte ich keinen Schriftsteller, keinen einzigen, der nicht für die SPÖ gewesen wäre, wirklich keinen einzigen. Ich erinnere mich noch an den Wahlabend 1970. Da bin ich mit Max Frisch bei Kolleritsch zu Hause vorm Fernseher gesessen, und als die Wahlergebnisse bekannt wurden, da haben wir uns sehr, sehr gefreut. In den siebziger Jahren waren die Kontakte zwischen der SPÖ und den Künstlern ausgezeichnet. Der Kreisky hat selbst bei mir hier angerufen, auch bei Handke. Heute ist das nicht mehr so. Bei mir hat sich noch nie ein SPÖ-Politiker aus der Steiermark gemeldet und gesagt, Herr Roth, reden wir einmal, ich möchte gern wissen, was Sie über dies und das denken. Einzig der Cap hat mich angerufen nach meinem Artikel in der *Zeit*, sonst niemand. Also im Moment habe ich den Eindruck, daß der Informationsstrom zwischen der SPÖ und den Künstlern abgerissen ist. Aber das geht von der SPÖ aus, nicht von den Künstlern.

Neue AZ: Sie schreiben im Moment an einem Romanzyklus. Können Sie darüber einiges sagen?

Roth: Ja, der Romanzyklus heißt *Die Vergessenen*[59]. Die ersten beiden Bände sind bereits erschienen, also *Der stille Ozean* und *Landläufiger Tod*. Im Herbst wird der dritte Teil herauskommen, er heißt *Am Abgrund* und spielt in Wien. Den dritten Band habe ich konzipiert als Gegenstück zum *Stillen Ozean*, während der vierte Band, sein Titel wird sein *Der Untersuchungsrichter*, ein Gegenstück zum *Landläufigen Tod* werden soll. In diesen vier Romanen – die ersten beiden spielen am Land, die anderen beiden in der Stadt – versuche ich so etwas wie mein Österreichbild zu definieren. Es geht dabei sehr viel um Geschichte, um Gewalt. Das ist ja seit dem *Stillen Ozean* mein Hauptthema.

Neue AZ: Mich würde interessieren, wie Sie arbeiten. Wie funktioniert das, wenn Sie an einem Buch schreiben? Setzen Sie sich da jeden Tag ein paar Stunden hin, ganz regelmäßig?

Roth: Ja, das wäre schön, wenn das gelänge. Oft arbeite ich zwei Wochen gar nichts, dann geht es mir aber sehr schlecht. Mich verbindet eine richtige Haßliebe mit dem Schreiben. Meistens ist es eine Qual, ab einem gewissen Punkt verschlingt es einen, dann merkt man, daß die Kunst ein Zerstörer ist. Für den, der sie macht, ist sie ein Zerstörer, eine Form des Wahnsinns. Da ringt man sich mühselig zwei Sätze ab, dann geht's nicht mehr weiter. Man legt sich ins Bett; dann steht man wieder auf, bringt fünf Sätze aufs Papier. Und so geht es endlos weiter. Höllisch. Wenn ich einen Roman fertig habe, dann kann ich ihn nicht mehr anschauen, ich hasse ihn. Darum vermeide ich auch Lesungen und dergleichen, ich will mit meinen Büchern nichts mehr zu tun haben. Ich habe niemals ein Buch von mir wieder gelesen, nachdem es fertig war, aus Prinzip nicht. Also einerseits ist das Schreiben eine entsetzliche Qual für mich, anderseits bin ich darauf angewiesen. Wie gesagt, es ist eine Haßliebe. Schreiben ist eine Form des Wahnsinns, es verschlingt einen, aber andererseits MUSS ich schreiben. Ich muß schreiben, um überleben zu können.

(1986)

»Man hat die Vergangenheit im Ärmel verschwinden lassen wollen«

Gespräch mit Georg Pichler

profil: Gerhard Roth, Sie haben sich in den letzten Monaten zweimal in der Zeit *sehr dezidiert um Österreich Sorgen gemacht.*[60] *Ist die fast fehlende Reaktion darauf ein Symptom für eine unterentwickelte politische Kultur?*

Roth: Ich glaube, das hängt sehr mit dem Zustand unserer Medien zusammen. Die Zeitungen selbst haben, meiner Ansicht nach, Demokratie noch nicht einmal im Ansatz umgesetzt. Ich will nicht sagen: nicht begriffen, gewiß haben sie Demokratie längst begriffen, aber sie setzen sie nicht um – was eigentlich noch schlimmer ist. Wir haben großteils Parteizeitungen, die in eine Richtung zielen. Und die Journalisten, die in solchen Zeitungen arbeiten, dürfen höchstens Grenzgänger sein, also gerade noch eine ganz bestimmte Linie entlanggehen. Und wie soll aus so einer Medienlandschaft ein wirklich kritisches Verhältnis zu den Politikern entstehen, die den Staat führen?

profil: Sie haben ja schon in Ihren Artikeln eine ähnliche Medienschelte verteilt. Sie schrieben, die österreichischen Zeitungen würden sich großteils als staatstragend begreifen.

Roth: Ja, gerade in der augenblicklichen politischen Situation, wo es keine mächtige Opposition gibt, da wäre eine Presse, die scharf Kritik übt, für die Demokratie das Wichtigste. Und daß dieser Mangel, dieses Fehlen von kritischen Zeitungen niemandem abgeht, zeigt, daß wir in Österreich noch keine Demokratie gelernt haben, daß wir nicht einmal ihre Grundregeln beherrschen, geschweige, daß wir sie gewohnt sind.

profil: Da drängt sich das Thema Waldheim zwangsläufig auf.

Roth: Hier wurde das – übrigens wie vieles andere – am deutlichsten. Da habe ich meine gesamten Hoffnungen für dieses Land begraben müssen. Ich hab' mir zuerst gedacht, na gut, der Waldheim ist gewählt, das könnte zu einem Vorteil für Österreich werden, wenn man mit diesem Mann zusammen die Vergangenheit aufarbeitet. Ich habe es für möglich gehalten, daß dieser Mann eventuell einen entscheidenden Schritt macht, wie der Weizsäcker in der BRD, und sagt, das und das habe ich damals getan, so und so darf es nicht mehr sein. Statt dessen ist eigentlich das Schlimmste passiert, was man sich hat ausmalen können, nämlich daß man sich mit Händen und Füßen dagegen wehrt, über diese Dinge überhaupt zu sprechen. Alle kritischen Einwände gegen dieses Schweigen werden als ungehörig zurückgewiesen. Statt dessen hat man, ohne viel nachzudenken, alte Wunden aufgerissen. Man denke nur an die Auseinandersetzung mit dem Jewish World Congress. Ich bin ja oft genug in Wien mit dem Taxi gefahren und weiß, wie man jetzt über »die Juden« spricht.

profil: Sie meinen, die Österreicher hätten verabsäumt, über ihre Mitschuld und ihr Mitwirken an den Naziverbrechen entsprechend nachzudenken? Und, wie im Fall Waldheim, sucht man die Schuld wieder »draußen«, bei den »anderen«, statt bei sich selber?

Roth: Hermann Broch hat im Briefwechsel und auch in den späteren Schriften geschrieben, daß Österreich und Deutschland die moralischsten Länder in der Geschichte werden könnten, wenn die Erschütterung der Bevölkerung über die Verbrechen des Nationalsozialismus nur groß genug ist. Das ist aber nicht eingetreten. Wir sind statt zum moralischsten zum vergeßlichsten geworden. Wir sind nicht schlechter als andere Länder, aber wir haben versucht, uns mit Taschenspielertricks aus unserer Vergangenheit herauszumogeln, wir haben sie sozusagen im Ärmel verschwinden lassen wollen.

profil: Und ein Haider profitierte davon?

Roth: Den Österreichern gefällt der Haider als Jongleur, d. h., sie lassen sich von ihm als Jongleur gern verblüffen, wie er da als opportunistischer Figaro die Standpunkte durch die Luft wirbelt und die Taschenspielertricks fortsetzt, indem er die Vergangenheit einmal als unschuldige Taube unter den Zylinder holt und dann wieder den Zylinder aufsetzt, und da ist die Taube weg. Der Fall Waldheim ist noch komplizierter. Ich habe den Waldheim die erste Zeit während des Präsidentschaftswahlkampfs verteidigt, weil mir das Verhalten der SPÖ noch zynischer vorgekommen ist. Zuerst hat die SPÖ den Waldheim mit Unterlagen attackiert und, nachdem der Jewish World Congress einen Teil der Attacke übernommen hat, die Hände in Unschuld gewaschen und gesagt: Wir haben damit nichts zu tun. Die SPÖ hätte sich zu diesen Attakken, mit denen sie nicht zu Unrecht begonnen hat, auch bekennen müssen. Und zwar bis zum Schluß. Aber die SPÖ hatte die Kompetenz für Vergangenheitsfragen im Fall Frischenschlager – Reder bereits verloren.

profil: War dieser Umschwung in der SPÖ, Ihrer Ansicht nach, bloß reine Taktik?

Roth: Man hat in der Vergangenheit Waldheims nur eine gute Wahlkampfmunition gesehen. Der SPÖ ist es dabei gar nicht um eine moralische Frage gegangen. Als man erkannt hat, daß man die ehemaligen Nazis als Wähler verliert und welche außenpolitischen Kettenreaktionen man damit ausgelöst hat, hat man den Jewish World Congress sozusagen die weitere »Drecksarbeit« allein verrichten lassen. Diese opportunistische Vorgangsweise habe ich als schlimmer empfunden als den Opportunismus Waldheims. Die Katastrophe war, daß der Mann nicht fähig war, seine Konflikte begreiflich zu machen oder auch nur selbst zu begreifen. Das Wenige, was ihm dazu eingefallen ist, ist so beschämend, daß man es nicht wiederholen will.

profil: Waldheim ist da ja kein Einzelfall. Ist vielen meiner Großvätergeneration – und Ihrer Vätergeneration – die ange-

messene Vermittlung dieser Geschehnisse nicht ebensowenig gelungen? Welche Erfahrungen haben Sie da gemacht?

Roth: Meine Generation wurde nicht gegen den Bazillus des Nationalsozialismus immun gemacht, sondern im Gegenteil anfällig. Die Elterngeneration hätte eigentlich aus Entsetzen über das Geschehene uns so erziehen und aufklären müssen, daß wir hellhörig und feinfühlig gegen jegliche Nazitendenz hätten werden müssen. Statt dessen hat man uns wieder zu Gehorsam und Pflichterfüllung erzogen. Kein Wort über die Gefahren, die mit diesen beiden Begriffen verbunden sind, keine Besorgnis, daß auch wir auf dasselbe Drahtseil steigen und abstürzen könnten, von dem ihre Generation abgestürzt ist. Mir kommt das fahrlässig und lieblos vor, ungeheuer egoistisch. Deshalb ist es auch wichtig, daß wir keine Entschuldigung für die ältere Generation finden, sondern sie muß sich bei uns entschuldigen.

profil: Warum ist dies nicht gelungen? Wollte sie es überhaupt?

Roth: Sie hat fahrlässig gehandelt aus eben denselben Motiven wie Waldheim: Man wollte nicht schlecht dastehen und steht dadurch noch schlechter da. Wenn es nur der Konflikt der älteren Generation gewesen wäre, wenn nur sie selbst davon betroffen wäre, wäre es eben ihre Angelegenheit gewesen. Aber sie waren gleichgültig gegenüber unserem weiteren Schicksal in dieser Frage, und vielleicht – das ist ein Verdacht – vielleicht waren sie eben doch NACH WIE VOR NAZIS und sind es geblieben und haben uns deshalb alles verschwiegen, weil sie es tief in ihrem Inneren richtig fanden oder Entschuldigungen dafür hatten.

profil: Einer Umfrage zufolge sind etwa ein Viertel der Österreicher für aktive Diskriminierung der Juden, und etwa gleich vielen ist es gleichgültig, ob Juden diskriminiert werden. Für wie gefährlich schätzen Sie den daraus zu folgernden Antisemitismus – wenn man davon sprechen kann – in Österreich ein?

Roth: Das ist derzeit ein irrationaler Faktor, solange die wirt-schaftliche Situation sich nicht zuspitzt. Aber ich schätze das geistige Klima in Österreich für katastrophal ein, und zwar deswegen, weil es zu Polarisierungen kommt und weil wir uns – wenn die Waldheim-Geschichte noch länger dauert – einer Situation nähern, in der sozusagen jedes Wort auf die Goldwaage gelegt wird. Ich bin nicht der Meinung, daß wir jetzt jedem einzelnen, wie in der McCarthy-Ära oder in Diktaturen, nachspüren sollen, ob er ja nie irgendwann, irgendwo ein falsches Wort gesagt hat usw. Ich bin aber der Meinung, daß wir alle uns endlich bewußt sein sollen, was in diesem Land vor sich gegangen ist, daß es z. B. in Wien 180 000 Juden gegeben hat und es jetzt nur noch ein paar Tausend gibt, die großteils in der Leopoldstadt leben. Was ist mit den übrigen geschehen? Wohin sind sie verschwunden? Wir müssen endlich WISSEN wollen! Man wird dahinterkommen, von welchen Phänomenen das Denken der Leute beherrscht wird, von welch ungereimtem Zeug. Da sind nämlich Leute Antisemiten, die noch nie einen Juden gesehen haben. Das ist eine vollkommen unbegreifliche Angelegenheit. Es gibt in verschiedenen Teilen der Steiermark, Tirols oder Salzburgs doch keine Juden, und doch ist dort ein vergleichsweise starker Antisemitismus vorhanden. Man müßte feststellen, woher das kommt, auch die Leute fragen, was sie vom Judentum überhaupt wissen. Ich glaube, die meisten wissen gar nicht, was das ist, was für großartige Traditionen diese Religionsgemeinschaft hat, z. B. in der Kindererziehung, in der Einstellung der Menschen zum »Fragen«. Für die Juden ist im allgemeinen ein Kind, das Fragen stellt, ein Glück. Die Juden erziehen die Kinder im allgemeinen zum Fragen, nicht zum Gehorchen. Die Kinder orthodoxer Juden werden schon früh an Hand des Talmuds zu selbständigem Denken angeregt. Unsere Erziehung ist hingegen persönlichkeitsfeindlich, dem Gehorsam verpflichtet. Österreich ist das persönlichkeitsfeindlichste Land, das ich kenne. Jede Abweichung von der Norm wird sofort registriert. Der Nationalsozialismus hat nicht zufällig in Österreich so viele Anhänger gefunden. Es fehlt uns in der Schule ein vergleichender Reli-

gionsunterricht. Und außerdem haben wir keinen Zeitge-
schichteunterricht. Den würde ich als notwendig ansehen.
Einen Unterricht, der die Zeit von 1900 bis 1970 beleuchtet
und gewisse Zusammenhänge klarmacht.

*profil: Könnte es zwischen diesem absurden Antisemitismus und
einem sogenannten – den Österreichern auch nachgesagten –
Selbsthaß einen Zusammenhang geben? George Tabori meinte
ja nach dieser Antisemitismus-Umfrage*[61]*, man sollte eine Umfrage starten, wie viele Österreicher Österreichern nicht die
Hand geben würden. Da käme ein eventuell höherer Prozentan-
teil heraus.*

Roth: Ich glaube, wenn ein Österreicher einem Österreicher
nicht die Hand geben will, dann hat er gute Gründe dafür,
weil er ja von lauter Österreichern umringt und umgeben ist,
die vielleicht seine Konkurrenten oder seine politischen Gegner sind. Aber wenn ein Österreicher einem Juden nicht die
Hand geben will, von dem er eigentlich nur eine phantasma-
gorische Vorstellung hat, dann wird das Gesamte irgendwie
beängstigend. Denn solange konkrete Bilder da sind, kann
man ja auch aufklärerisch und vernünftig über diese Dinge
reden. Aber gegen einen imaginären Feind anzutreten ist
wahrscheinlich relativ kompliziert.

*profil: Sie haben von den »Österreicher-Darstellern« geschrie-
ben, zu deren Charaktermerkmalen das Stänkern, Schimpfen,
»Schmähführen«, die Schadenfreude, das Nörgeln und andere
noble Eigenschaften gehören.*

Roth: Schauen Sie, ich habe gesagt, das ist eine Karikatur,
ansonsten könnte man ja gar nicht von »den Österreichern«
sprechen. Ich schreibe ja einen Romanzyklus *Die Vergessenen*,
in dem ich mein Österreichbild im Laufe einer zehn- oder
zwölfjährigen Arbeit darstelle. Das in den Artikeln ist eine
äußerst überspitzte, verzerrte, notwendig provokative Darstellung »des Österreichers«.

*profil: Können Sie die spezifischen Eigenschaften »des Österrei-
chers«, den Sie meinen, präzisieren?*

Roth: Die Österreicher haben ja nicht nur von den Juden klischeehafte Vorstellungen, sondern auch von sich selber. Sie sprechen in Meinungsfertigteilen miteinander, so wie man aus einem Matador-Baukasten etwas zusammenbastelt. Sehr viel *Kronen-Zeitung, Kurier,* etwas *profil* und was irgendein Politiker sagt. Sie haben von den Medien gewaschene Gehirne, das ist ihr Denken. Darum wissen sie auch nicht, wer sie sind, weil es ihnen niemand gesagt hat, die Medien auch nicht. Und weil sie nicht wissen, wer sie selbst sind, halten sie sich halt für Steirer oder Wiener oder Tiroler. Und als Steirer sind die Wiener für sie die »Großschädlerten«, und für die Wiener sind die Steirer die »Gscherten«, die »Sterzler« oder »Mostschädeln« – na und so weiter. Da ist schon Selbsthaß da, der auch auf einem ungeheuren Minderwertigkeitsgefühl beruht, das wiederum in der Vereinnahmungstendenz spürbar wird, die überall herrscht. Am liebsten will jeder jeden vereinnahmen, und wenn allesamt und alles vereinnahmt ist, ist das Heimat. Es ist, wie gesagt, sehr schwer, in Österreich von der Norm abzuweichen, ein Außenseiter zu sein. Jedermann ist ein Außenseiter, aber die meisten können es verbergen. Die hohe Selbstmordrate in Österreich muß ja Gründe haben.

profil: Da ist, glaube ich, die Steiermark jetzt führend – lange Zeit war's Wien. Ich möchte jetzt aber auf Ihre literarischen Werke kommen – auf den Zusammenhang Ihres Romanzyklus Die Vergessenen *zu dem bisher Gesagten. Warum dieser Titel?*

Roth: Das ist aus einer Erzählung im *Landläufigen Tod* entstanden. Das ist die Geschichte eines russischen Gefangenen im Ersten Weltkrieg in Eibiswald. Dieser Mann merkt sich alles, was man ihm sagt, ohne es zu verstehen. Und als der Krieg zu Ende ist, erzählt er es den Leuten wieder, auch ohne es zu verstehen, und was früher Begeisterung hervorgerufen hat, ruft jetzt nur noch Widerwillen und am Schluß Gewalt hervor, und er wird letztendlich erschossen. Diese Geschichte wurde geschrieben, noch bevor gewisse Dinge in Österreich aktuell geworden sind.

profil: Aus welchen Teilen setzt sich dieser Zyklus zusammen?
Roth: Band I ist *Der Stille Ozean*, dann der *Landläufige Tod*
mit *Dorfchronik, Am Abgrund*, und im Frühjahr 1988 wird *Der
Untersuchungsrichter* erscheinen, der spielt in Wien, und jetzt
bin ich in Wien, weil ich an einem Abschlußband schreibe.
profil: Warum dieser Perspektivenwechsel? Deshalb, weil Sie im
Stillen Ozean *und besonders im* Landläufigen Tod *die Landge-
gend bereits ausführlichst beschrieben und Ihre Eindrücke vom
Landleben so vollständig gesammelt hatten, daß Sie dann diesen Wechsel in die Stadt, nach Wien, brauchten?*
Roth: Es war schon ursprünglich geplant, Österreich von zwei
Perspektiven aus zu beschreiben, von Wien (Großstadt) und
vom Land aus. Wenn der letzte Band fertig ist, wird man erkennen, daß das Ganze ein Kreis ist, ein Zyklus, und daß
darin die Zeit aufgehoben ist, das heißt die Teile untereinander im Prinzip austauschbar sind. Genauso wie der Arzt
Ascher, der einen Kunstfehler begangen hat, zu Beginn des
Zyklus von der Stadt aufs Land kommt, geht der »verrückte«
und stumme Lindner vom Land in die Stadt. Es sind diese
Bewegungen da: Land – Stadt, Stadt, Stadt – Land, Land.
Das Land aus der Sicht des Städters. Das Land aus der Sicht
dessen, der am Land lebt. Die Stadt aus der Sicht des Menschen, der vom Land kommt. Und die Stadt aus der Sicht dessen, der schon immer in der Stadt lebt.
*profil: Ihre Themen sind: Gewalt, Wahnsinn, Tod, Opfer – Tä-
ter; in diesem Zyklus nun konkret auf Österreich bezogen.
Könnten Sie noch kurz den Aufbau und die Struktur des Zyklus
schildern und wie Sie dazu kamen?*
Roth: Für den *Landläufigen Tod* habe ich nach einer Perspektive gesucht, die es mir ermöglicht, die 100 Geschichten, aus
denen das Buch zuletzt besteht, irgendwo unterzubringen und
zusammenzufassen. Ich bin dann über die Bienen auf die Lösung gekommen. Vor meinem Haus hat ein Bienenzüchter
40 Bienenstöcke aufgestellt, und ich habe ihm bei der Arbeit
zugeschaut. Daraufhin habe ich mich mit Bienen zu befassen
angefangen, und es gab zwei Dinge, die mich besonders faszi-

niert haben – da habe ich noch nicht gewußt, wie wichtig das für meine Arbeit sein wird –: das ist der Wabenbau, das heißt eine Zelle neben der anderen, die dann eine Struktur ergeben. Und zweitens die Beschreibung des Bienenvolkes von Karl von Frisch als ein Tier, das er »der Bien« nennt, und dieses Tier besteht seiner Ansicht nach aus fliegenden Zellen. Das heißt, es ist das einzige Tier, das keine festen Umrisse hat, sondern dessen Umrisse aus der Summe der Bienen zusammengesetzt sind, aus denen dieses Tier besteht. Ich habe also die Geschichten jede für sich einzeln lesbar abgefaßt, und doch ergeben alle zusammen eine Struktur. Auch der Romanzyklus funktioniert im gesamten auf diese Weise. Bei *Am Abgrund* habe ich schon ganz genau gewußt, was ich mache, allerdings nicht im Sinn von Doderer, daß etwas im vorhinein am Reißbrett entworfen wird, kein sogenanntes »flow-chart«, sondern der Versuch, intuitiv zu bleiben, mich auf intuitive Weise den Themen der Gewalt und des Todes zu nähern. Den letzten Teil aber möchte ich in einer klaren, durchsichtigen und einfachen Sprache schreiben. Mit sehr viel Essays über Österreich, über unsere Zeit.

profil: Essays, die auch auf die zuvor besprochenen Ereignisse eingehen, sind im Text eingebaut?

Roth: Ja, so ist es. Weil ich auch im Lauf dieses zehnjährigen Schreibens gemerkt habe, daß ich nicht nur eine Person bin, sondern ein Mensch bin, der träumt, der seine Wachträume hat, seine Tagträume, der aber auch ganz rationell und klar denkt. Diese Ebenen darzustellen in der Literatur ist mir wichtig, auch mit den Brüchen, die damit verbunden sind. Und auch der Versuch, diese Dinge in der Literatur zu vereinen, die man manchmal als stillos und unvereinbar bezeichnet. Mir war das wichtig, weil ich das ja selber in mir trage und auch dazu stehe, was für mich selbst eine Rolle spielt.

(1987)

Meine Geschichten
betreffen auch mich selbst
Gespräch mit Walter Vogl

Gerhard Roth, Ihr neues, eben erschienenes Buch heißt Im tiefen Österreich. *Es ist das der erste Band eines siebenteiligen Zyklus mit dem Titel* Die Archive des Schweigens, *von dem bis auf zwei Bände bereits alle erschienen sind.* Im tiefen Österreich *liefert die von Ihnen mit sozialhistorisch-ethnologischen Kommentaren sowie persönlichen Notizen und Beobachtungen versehenen Bilder aus der Südsteiermark, auf denen unter anderen Ihre Romane* Der stille Ozean *und* Landläufiger Tod *beruhen. Warum haben Sie sich für den Blick in die Tiefe entschieden, da Sie doch ebensogut die Geschichte der McDonaldisierung dieses Landstrichs hätten erzählen können?*
Roth: Man kann jedes Thema auf verschiedene Arten behandeln. Ich mache es auf meine Weise. Ich bin ein Rechercheur, ein Sammler, ich muß langsam arbeiten, ich muß die Menschen befragen, ich muß ein Gefühl der Sicherheit bekommen, wenn ich über irgend etwas arbeite.
Ich bin ein Jahr lang eine bestimmte Wegstrecke abgegangen, ohne zunächst etwas schreiben zu wollen. Das Gespräch mit den Menschen und das Sehen der Landschaft, das Photographieren und das Notieren waren zu dieser Zeit schon die künstlerische Tätigkeit an sich. Alles kam sehr langsam.
Durch ein plötzliches Zusammentreffen von Ereignissen hat sich der *Stille Ozean* als ursprünglich erster Band meines Zyklus aus der Fülle von Material herausgelöst. Ein Nachbar kam mit seinem Auto vor mein Haus und zeigte mir fünf erschossene Füchse. Ich habe ihn gefragt, warum er sie erschos-

sen hat, und er hat mir geantwortet, es sei wegen der Tollwut. Dieses Wort, »Tollwut«, hat im Zusammenhang mit dem recherchierten Material eine Fülle von Assoziationen in mir ausgelöst, und ich habe mich mit der Tollwut beschäftigt, was übrigens auch nicht ohne Recherchen gegangen ist.

Der Bildband *Im tiefen Österreich* erzählt in Wort und Bild davon, wie ich in diesen Landstrich gekommen bin und diese für mich fremde Gegend mit den für mich merkwürdigen Umgangsformen gesehen habe und wie ich langsam immer tiefer in die Geschichte und das Leben eingedrungen bin.

Ein Signum dieses Landstriches ist für Sie der Tod. Nicht umsonst heißt ein Buch Ihres Zyklus Landläufiger Tod. Nun ist der Tod, wie er zum Beispiel in den Bildbeschreibungen des neuen Buches hervortritt, kein gewöhnlicher Tod, es ist meistens ein abrupter Tod, ein skurriler Tod, es ist ein Tod, der fast immer makabre Begleitumstände aufweist. Warum eigentlich gibt es in diesem Buch nicht auch so etwas wie ein sanftes Entschlummern?

Roth: Das ganze Land ist ja sanft entschlummert über den grausamen Todesfällen, die sich in seiner Geschichte ereignet haben. Zunächst einmal zum Tod überhaupt: Der Tod ist immer etwas Unangenehmes, etwas Schmutziges, er hat immer einen häßlichen Charakter. Wenn man sich näher mit Todesumständen von Menschen befaßt, kommt mitunter eine skurrile Seite dazu. Durch bestimmte Zeitumstände und Ereignisse sind manche Todesfälle schmutziger oder blutiger oder skurriler und manche etwas weniger.

Nun haben Sie sich ja doch für die skurrileren, für die schmutzigeren entschieden. Ich meine, daß da doch ein literarisches Kalkül dahinterstecken muß.

Roth: Es stecken zwei Gründe dahinter. Der erste ist, daß mich Tod und Verbrechen in Gedanken beschäftigen, mich zugleich abstoßen und anziehen. Sie regen meine Phantasie an. Ich kann zum Beispiel am Donaukanal entlanggehen und mir verschiedene Morde ausdenken, die ich in einem Buch verwenden kann.

Und zweitens: In meiner Arbeit spielt der Tod natürlich eine bestimmte Rolle, sonst würde das Wort »Tod« ja nicht im Titel eines meiner Bücher vorkommen. Es geht mir darum zu zeigen, wie der Tod durch die Einsamkeit der Menschen, durch politische Umstände, durch Gewalteinwirkung ein Teil einer ungeschriebenen Geschichte wird.

Ist nicht dieses Österreich, dem Sie sich immer wieder auf die verschiedenste Weise und mit den unterschiedlichsten Mitteln zu nähern versuchen, quasi eine Totschlägerrepublik? Der Eindruck jedenfalls drängt sich bei Lektüre Ihrer Bücher auf.

Roth: Die Zweite Republik ist aus einer gewalttätigen Monarchie entstanden, aus einem Totschläger-Ständestaat und einem nationalsozialistischen Mörderregime. Ich glaube, daß der Tod heute in diesem Staat viel weniger dramatisch ist. Heute wird nur noch abgewürgt, und zwar so, daß man nicht einmal merkt, daß abgewürgt wird. Ich kann von mir beispielsweise erzählen, daß ich in einem politischen Kommentar, zu dem ich vom ORF aufgefordert worden war, vom damaligen Bundeskanzler Sinowatz zensuriert wurde.

Die Möglichkeiten zur freien Meinungsäußerung in diesem Land sind unbefriedigend. Wir haben ein Fernseh- und Rundfunkmonopol. Wir haben Zeitungen und Journalisten, die alle »unabhängig« sind, ohne wirklich unabhängig zu sein. Wir haben ein geistiges Klima, in dem jemand, der versucht, über Ereignisse, die im Land passieren oder geschehen sind, zu berichten, mit Haß verfolgt wird. Aus diesen Gründen ist das Land in vielen geistigen Dingen sanft entschlafen. In der Monarchie, im Ständestaat, im Nationalsozialismus waren diese Dinge deutlich sichtbar.

Sie waren in der direkten Ausführung natürlich gemeiner und plumper. Nun ist es halt harmloser und raffinierter geworden. Unsere gesamte Geschichte ist, wie gesagt, eine gewalttätige. Das beginnt mit den Märchenfiguren der Habsburger, die zusammen mit der Kirche die freie Meinungsäußerung unterbunden haben, die zum Beispiel Protestanten oder Juden verfolgt haben. Wir haben da eine lange Tradition. Die Judenverfolgung geht bis in das 12. Jahrhundert zurück. Es folgte eine kurze Zeit der Demokratie, 1918, 16 Jahre lang, nach 650 Jahren monarchistischer Geschichte. 1934 wieder Gewalt: Ständestaat, 1938 neuerlich Gewalt: Nationalsozialismus.

Die Zeit nach dem Nationalsozialismus war ein schwieriges und auch schwerfälliges Ringen um Demokratie, die mühsam Schritt für Schritt erlernt werden muß. Man kann jetzt sehen, daß die Vergangenheit das Denken geprägt und auch unsensibel gemacht hat für spätere Ereignisse, die in dem Land stattfanden.

Darauf haben Sie nicht nur in Ihren direkten politischen Stellungnahmen immer wieder hingewiesen.

Roth: Es gibt eine Geschichte in meinem Romanzyklus, die für das Gesamte stehen könnte. Die Geschichte spielt in Gasselsdorf, dem Heimatort des steirischen Landeshauptmanns Krainer. Bei der Wahl 1938 um den »Anschluß« hat eine Frau in diesem Ort gegen den »Anschluß« gestimmt. Natürlich kam es heraus, und jemand schrieb mit weißer Farbe auf ihre Scheune »Dieses Schwein wählt Nein«. Die Frau hat das überpinselt, daraufhin wurde der Satz wieder auf der anderen Seite der Scheune hingeschrieben. Aus Angst, sich noch größere Schwierigkeiten einzuhandeln, hat die Frau die Aufschrift während des ganzen Krieges stehenlassen. Nach dem Krieg wurde sie aufgefordert, die Schrift zu entfernen. Das hat sie nicht gemacht, ich weiß nicht, warum. Daraufhin haben Leute aus dem Ort die Aufschrift selbst überpinselt.

Nun kommt es mir vor, als ob dauernd immer wieder jemand in Österreich diesen Satz hinaufschreibt, um zu erinnern. Die übrige Bevölkerung wartet bereits mit Pinsel und Farbe, um gleich danach wieder hinzulaufen und das zu übermalen.

Sie gelten als einer der politisch engagiertesten Schriftsteller in diesem Land. Nun ist aber die Geschichte Ihres politischen Engagements selbst eine, die es wert ist, etwas genauer betrachtet zu werden. Sie haben ja zum Beispiel Anfang der achtziger Jahre an einem Text-Bild-Band über den damaligen Bundes-

kanzler Bruno Kreisky mitgearbeitet und haben, wie Sie selbst gesagt haben, bei der Nationalratswahl im Jahre 1982 Josef Cap mit einer Vorzugsstimme gewählt. In der Zwischenzeit haben Sie sich doch sehr weit von diesen tagespolitischen Dingen entfernt.

Roth: Ich sehe mich nicht als politisch engagierten Schriftsteller. Ich bin eher ein Analytiker, der dieses Land wie durch ein Mikroskop betrachtet und eine Diagnose versucht. Zur Kreisky-Zeit schien mir ein Engagement sinnvoll. Ich habe so etwas wie Hoffnung empfunden. Darum wollte ich eine politische Kraft unterstützen, von der ich geglaubt habe, daß sie gewisse Dinge, die hier passieren, bereinigt oder eine Haltung zu ihnen entwickelt. Das betrifft in erster Linie die politischen Katastrophen, die in diesem Jahrhundert passiert sind. Zu meinem Ärger habe ich erkennen müssen, daß das nicht der Fall war.

Darüber hinaus hat die SPÖ, um die es hier im speziellen geht, eine Entwicklung genommen, die nicht mehr mit den Ideen übereinstimmt, die ich ursprünglich in der Partei gesehen habe. In Österreich werden selten klare Worte gesprochen. Es gab 1988 einen schlimmen Rückfall.

Die Folgen sind zu den Nationalratswahlen in diesem Jahr sichtbar geworden.[62] Wir haben eine FPÖ, die 16 Prozent hat, und wir haben eine Sprachregelung in diesem Land, die erschreckend ist. Von Haiders »Schädlingsbekämpfungsmittel«, einem Wort, das er im Zusammenhang mit der Abschiebung unerwünschter Ausländer geäußert hat, bis zu Gugerbauers »Krähenjagd«[63] taucht da alles auf, was an Sprachmaterial in die Archive abgelegt zu sein schien.

Solche Äußerungen sind kein Zufall, sondern Ergebnis einer blauäugigen Ignoranz gegenüber der Vergangenheit. Daß ein solches Vokabular weiterlebt, ist bedauerlich, aber auch nicht ganz überraschend. Albert Camus hat in der *Pest* geschrieben, daß der Pestbazillus in Wäschestücken, in alten Möbeln überdauern und Jahrhunderte später wieder ausbrechen kann.

Nun haben die siebziger Jahre für Österreich eigentlich einen gewaltigen Liberalitätsschub gebracht, der zuerst in den Künsten spürbar war und dort jene Aufbruchsstimmung erzeugt hat, von der Sie oben gesprochen haben. Wenn Sie jetzt, mehr als zehn Jahre danach, auf die siebziger Jahre zurücksehen, kommen Sie da nicht zu dem Schluß, daß der Keim der Stagnation, von der Sie sprechen, bereits damals aufzugehen im Begriff war?

Roth: Der Keim dafür liegt noch weiter zurück. In der Zeit unmittelbar nach dem Zweiten Weltkrieg ist eine Generation in einer Atmosphäre des Schweigens und Verschweigens aufgewachsen. Eine Generation, die von den alten Nationalsozialisten in den Schulen unterrichtet, von Eltern erzogen worden war, die dieses System im Kopf gespeichert hatten, und von Politikern regiert wurde, die zum Teil im Nationalsozialismus und im Ständestaat eine Rolle gespielt haben oder zumindest engagiert waren.

Alle diese Leute waren überhaupt nicht an einer konstruktiven Auseinandersetzung mit der unmittelbaren Vergangenheit interessiert, sondern wollten ihr Fell unter Berufung auf das Wort »Wiederaufbau« so teuer wie möglich verkaufen. Der ganze Wiederaufbau ist eigentlich ein riesiger Grabstein über der verschütteten Vergangenheit. So konnte man zur Ansicht gelangen, daß »wir«, wie es ja immer wieder heißt, den Krieg verloren haben. Auf diese Weise gelang es, aus einer Täterrolle in eine Opferrolle zu schlüpfen.

Es ist mir aber immer deutlicher geworden, daß die Geschichten, die ich schreibe, auch mich selber betreffen, daß es meine Geschichten sind, daß ich nicht jemand bin, der in Österreich ausschließlich ein beschreibbares Modell erkennen kann, sondern auch jemand, der selbst in diesem Modell gefangen ist, in dieser Geschichte, in dieser Umwelt, wie die übrigen Österreicher auch.

Ich habe in meinem Kopf einen ebensolchen Anteil an – wenn man so will – postfaschistischer Ideologie wie viele Menschen in diesem Land und muß mit mir darüber ins reine kommen.

Bei meiner Arbeit sind mir viele Gedanken, die mir bisher nicht aufgefallen sind, bewußt geworden, und ich wollte all diese Dinge vor allem in dem Buch *Der Untersuchungsrichter* in den Romanzyklus einbringen, um zu zeigen, daß meine Tätigkeit neben der historisch-politischen auch eine unmittelbar persönliche Basis hat.

Sie sind doch zweifellos eine moralische Instanz in Österreich, deren Zwischenrufe zu Angelegenheiten des politischen Alltags Gewicht haben. Können Sie sich denn vorstellen, daß Sie wieder aktiver in das politische Geschehen eingreifen?

Roth: Ich habe die Auseinandersetzung mit den politischen Gegenwartsereignissen eigentlich satt. Ich finde sie oft unerträglich. Meine Zwischenrufe, wie Sie sie nennen, haben kein großes Gewicht. Ich sehe mich auch nicht als moralische Instanz. Manchmal muß ich aus Notwehr eine Stellungnahme abgeben, weil ich einfach nicht ertrage, was sich ereignet und wie sich gewisse Dinge entwickeln. Ich bin also ein Notwehr-Kritiker, jemand, der sich aus Notwehr einmischt, dem eigentlich alles gegen den Strich geht, der sich aber auch mißbraucht fühlt, weil er hineingedrängt werden soll in politische Tageskommentare, was er anfangs überhaupt nicht wollte und auch jetzt nicht will.

Ich habe zum Beispiel beim Schreiben vom *Landläufigen Tod* so etwas wie ein Gelübde abgelegt, keine politischen Äußerungen zu machen. Ich habe auch vier Jahre lang, während ich dieses Buch geschrieben habe, geschwiegen. Ich glaube, daß dieses Schweigen für eine längere Arbeit notwendig ist, zu ihren Voraussetzungen gehört.

Für meine Zukunft komme ich nicht umhin, diese Methode des Schweigens wieder anzuwenden, um meine Kräfte auf meine literarische Arbeit konzentrieren zu können. Denn die Auseinandersetzungen in dieser Form haben etwas Selbstzersetzendes, man zerstört die schöpferische Kraft in sich, wenn man sich ausschließlich und in immer stärkerem Maße mit Dingen beschäftigt, die auf der Hand liegen, die niedergeschrieben nachlesbar und nachvollziehbar sind, aber durch

Hartnäckigkeit oder bewußte Vertuschung immer wieder auf ein Anfangsstadium zurückgeworfen werden.

Zurück zu Ihrem Romanzyklus. Da fällt auf, daß sich der Schauplatz der insgesamt sieben Bücher, von denen bisher fünf erschienen sind, weg aus der Südsteiermark und hin nach Wien zu verlagern beginnt. Sie selbst sind ja, nachdem Sie neun Jahre lang in Obergreith gelebt haben, 1986 nach Wien übersiedelt. Warum dieser Zug von der Peripherie ins Zentrum?

Roth: Die ganze Arbeit ist eine Spurensuche. Den jetzt ersten Band, *Im tiefen Österreich*, habe ich erst viel später in den Romanzyklus eingebaut. Ich will damit diese Spurensuche dokumentieren. Im siebenten Band, der im Frühjahr 1991 erscheint, erfolgt sie in Wien. Der Zyklus ist nicht auf dem Reißbrett entworfen, sondern von mir erwandert worden. Dieses ganze Fresko, *Die Archive des Schweigens*, ist eigentlich eine lange Wanderung von einem winzigen Ort in der Südsteiermark bis zu den Zentren der Kultur und Politik, die Österreich bestimmt haben.

Dazu gehören das Heeresgeschichtliche Museum im Arsenal, der Stephansdom – also Gebäude, die als Synonym für weltliche und geistliche Macht entstanden sind. Aus diesen Gebäuden habe ich dann archäologisch-historische Rückschlüsse gezogen. Auf den Wanderungen in der Südsteiermark habe ich gesehen, daß mir noch ein wichtiger Teil fehlt, daß alle Gefäße letztlich in Wien zusammenliefen. Man hat ja Wien von der Provinz aus immer als Wasserkopf bezeichnet, das heißt als ein gewaltiges Gebilde, das in seiner Wirkung und auch in seiner Wichtigkeit zu groß für Österreich ist. Dieser Wasserkopf hat auf mich eine große Anziehungskraft ausgeübt.

Wie fügt sich denn das Männerheim in der Meldemannstraße im 20. Wiener Gemeindebezirk in diese Reihe von Örtlichkeiten, die Zentren einer Kultur sind?

Roth: Die Meldemannstraße heißt im Jargon ihrer Bewohner die »Hitlervilla«, weil der »Führer« dort zwischen 1909 und 1913 gewohnt hat. Damals bildete sich auch, wie er in *Mein*

Kampf schreibt, das Fundament seiner Weltanschauung. Ich bin der Ansicht, daß überall dort, wo der Staat etwas bestimmt oder wo etwas unter staatlicher Kontrolle geschieht, die Denkweise dieses Staates zum Ausdruck kommt. Der Staat zeigt sein wahres Gesicht an Orten, an denen er selbst für Ordnung sorgt, sei es in der Justiz, sei es in Irrenhäusern, sei es in Obdachlosenasylen. Dort kann man überprüfen, wie es um einen Staat wirklicht steht.

Unser Staat sieht sich ja viel lieber im Burgtheater oder in der Staatsoper repräsentiert, tatsächlich spielt er aber fortlaufend ein grausames alltägliches Bühnenstück in seinen Polizeiwachstuben, in seinen Gerichtssälen, in seinen Obdachlosenasylen, in seinen Irrenhäusern, in all jenen Gebäuden, in denen er aufgerufen ist, mit Außenseitern und mit solchen Staatsbürgern umzugehen, die Probleme haben, sich einzuordnen.

Ich habe versucht, und zwar gerade an Außenseitern, gerade an der Peripherie, gerade an nicht zentralen Phänomenen, das für mich dingfest zu machen, was in unserer Zeit noch ein Hinweis sein könnte auf das Grauen, das in den Jahren zwischen 1938 und 1945 passiert ist, und vielleicht eine Erklärung abgeben kann, weshalb es so passiert ist und dafür, ob es wieder geschehen könnte. Ich habe Österreich – wie gesagt – als ein geschichtliches Modell aufgefaßt.

Ich schreibe nicht als Berufsösterreicher über diese Geschichte, sondern als einer, der versucht, aus der geschichtlichen Situation heraus ein Modell sichtbar zu machen. So wie man eben in der Archäologie Scherben findet und daraus eine Vase zusammensetzt, so habe ich versucht, dieses Modell zu beschreiben.

Ich sehe das neue Buch, Im tiefen Österreich, *in gewisser Weise als Scharnier, und ich halte es auch nicht für einen Zufall, daß es gerade jetzt erschienen ist. Es ist ein Werk, das über die* Archive des Schweigens *hinausweist, indem es dem Zyklus einen Nebenstrang eröffnet. Der Bildband hat ja seine Vorläufer, es sind das mehrere, bereits erschienene Bände mit Photos und Text, vor allem wohl das Buch über* Franz Gsellmanns Weltmaschine, *welches in Zusammenarbeit mit dem Photographen Franz Killmeyer entstanden ist.*

Roth: Ich glaube, daß die Geschichtsschreibung, wie sie über Jahrhunderte üblich war, in einer Art Newtonscher Mechanik vor sich gegangen ist. Ich meine aber, daß Geschichtsschreibung viel eher etwas mit der fraktalen Geometrie zu tun hat, die ihr Augenmerk auf die Regelhaftigkeit des Chaos lenkt, und daß historische Ereignisse alle in sich gewisse Strukturen haben, voneinander abhängen und in einer chaotischen Ordnung zueinander stehen.

Gsellmanns Weltmaschine war für mich im Laufe meiner Recherchen und meiner Arbeiten eine Arbeit gegen das Chaos, mit den Mitteln des Chaos. John Berger hat in seinem letzten Buch so schön gesagt, daß es beim Schreiben darum gehe, »das Schweigen der Geschehnisse zu beenden«.

Gsellmanns Weltmaschine war für mich auch eine Art Modell. Ein einfacher Bauer in der Oststeiermark hat, beginnend mit einem Atomium, das bei der Brüsseler Weltausstellung zu sehen war, eine Maschine gebaut, indem er Gegenstände aus seinem Landstrich gesammelt und mit ihnen ein Werkel hergestellt hat, das funktioniert, in sich selbst aber keinen Sinn hat.

Es war eine Verwandtschaft zur Methodik meiner Arbeit, die ich in Gesellmanns Weltmaschine gesehen habe und die mich schließlich auch ermunterte, mit dieser Methodik fortzufahren.

(1990)

»Der österreichische Kopf ist mein Thema«

Gespräch mit Karin Kathrein

Wann entstand der erste Gedanke zu Ihrem Roman-Zyklus?
Roth: Vor dreizehn Jahren, als ich in einem kleinen Haus in der Südsteiermark die *Winterreise* geschrieben hab'. Ich bekam Herzrhythmusstörungen aus Angst vor der Zukunft. Denn ich war vom Rechenzentrum in Graz weggegangen, wo ich über zehn Jahre eine Abteilung mit dreißig Mitarbeitern geführt habe. Es ist ja eine Erlösung beim Schreiben, wenn man ganz vage schon das nächste Projekt im Kopf hat. Wie ein Hitzeschild gegen die Wirklichkeit. Ich hab' gewußt, wenn das schmilzt, steh' ich ungeschützt da. So war ich auf der Suche nach einem neuen Projekt und hab' angefangen spazierenzugehen. Als Kind hatte ich dort in der Nähe drei Sommer bei einem Bauern verbracht. Das war nun eine Wiederbegegnung mit meiner Kindheit, wie ein psychoanalytischer Vorgang.
Was haben die Kindheitserinnerungen bewirkt?
Roth: Es hat mich sehr bewegt, wieder in diese Wohnungen zu kommen: Einerseits wie schlecht die Menschen nach wie vor sozial gestanden sind, und andererseits wie unverändert die Meinungen waren. Aber meine Perspektive hatte sich verändert: Damals war ich einen Meter dreißig groß, heute bin ich ein Meter neunzig. Ich hab' nicht mehr nur die Tischkante gesehen, sondern konnte von oben auf die Tischkante blicken. Das heißt, ich hab' nicht alles aus einer Perspektive erlebt, wo man ausgeliefert ist. Ich bin dann mit einem Jäger mitgegan-

gen, hab' festgestellt, daß das Motiv der Jagd eigentlich die Lust am Töten ist, und hab' angefangen, die Natur zu beobachten.

Dann haben Sie das alles zu photographieren begonnen?

Roth: Ich bin mit einer Kamera systematisch drangegangen, dieses Gebiet aufzunehmen. Ich hab' da eine Strecke gehabt, etwa acht bis zwölf Kilometer, da hab' ich jedes Haus photographiert, die Einwohner photographiert und mich mit ihnen über ihr Leben unterhalten. Das hab' ich alles aufgeschrieben, Gespräche, Naturbeobachtungen, Bräuche, den christlichen Alltag. Nach einem Jahr hab' ich ein sehr umfassendes Bild über die Gegend gehabt, aber überhaupt keine Ahnung, was ich damit machen soll. Denn das Aufschreiben und das Photographieren war für mich schon der schöpferische Prozeß, aus dem ich mich gar nicht mehr herauslösen wollte. Es war für mich eine schreckliche Vorstellung, daß ich dieses herrliche Wanderleben aufgeb', wo ich von Haus zu Haus geh', einen Schnaps bekomm', was aufschreib' und immer mehr seh' und erkenn'.

Wann haben Sie dieses herrliche Leben doch aufgegeben?

Roth: Bei mir spielen Zufälle immer wieder eine große Rolle: Da kam ein Nachbar mit seinem Auto vorbei, hat den Kofferraum aufgemacht, mir fünf erschossene Füchse gezeigt und gesagt, die haben's erschossen, weil in unserem Gebiet die Tollwut ausgebrochen sei. Das Wort »Tollwut« hat alles in Gang gesetzt. Mit den Füchsen und dem Mann, der aus der Stadt aufs Land hinausflieht – zu einem guten Teil natürlich ich selber –, ist dann der *Stille Ozean* entstanden. Daran hab' ich etwa acht Monate geschrieben. Aber ich hab' gemerkt, daß das ja nur ein Ausschnitt dessen ist, was ich alles weiß und was alles möglich wäre. So hab' ich einige Versuche unternommen, einen Roman zu schreiben, der im Gegensatz zum *Stillen Ozean* alles von innen beschreibt. Ich hab' aber keinen Ansatz gefunden, bis ich eine Einladung nach Hamburg bekam, dort für ein Jahr ein Stipendium als »Stadtschreiber« anzunehmen. In dem Jahr in Hamburg hab' ich allerdings insgesamt nur sechs Seiten geschrieben. Ich konnte einfach nicht.

War denn Hamburg so sehr eine »andere Welt«?

Roth: Nein, eigentlich hatte ich Probleme mit der Einsamkeit. Ich konnte mit der Einsamkeit am Land umgehen, aber in der Stadt ist das viel schlimmer. Ich hab' dort oft wochenlang mit niemandem ein Wort gesprochen, höchstens mit dem Buchhändler. Ich wollte nicht in die Hamburger Künstlerszene eindringen, denn ich wollte eigentlich für mich selber sein und meine eigenen Sachen weiterentwickeln. Im Winter hab' ich versucht, den *Landläufigen Tod* zu beginnen. Aber das ist an den Lichtverhältnissen gescheitert. Es war bis zehn Uhr vormittag absolut dunkel und am Nachmittag wieder ab drei, vier Uhr absolute Dunkelheit. Dazwischen war's grau. Ich hab' immer den Eindruck gehabt, ich schreib' in der Nacht.

Das haben Sie früher doch auch gemacht?

Roth: Ja. Aber ich hatte mich umgewöhnt. Jedenfalls bekam ich Schlafstörungen und bin jede Nacht in ein Lokal gegangen, das hat »Endstation« geheißen. Das war ein Lokal mit vielen Huren und Zuhältern, das 24 Stunden offen hatte. Ein dreiviertel Jahr bin ich fast jeden Tag um eins oder zwei in der Nacht hingegangen. Dann hat sich ergeben, daß eine der Prostituierten einen kranken Hund mit Schnupfen hatte, und ich hab' mich angeboten, den Hund zu behandeln. Ich sei Tierarzt. Durch das Medizinstudium hab' ich eine kleine Hausapotheke gehabt und hab' dem Hund Nasentropfen gegeben. Der ist wirklich gesund geworden. Das hat mir dort immerhin einiges Ansehen verschafft.

Sie haben mir einmal erzählt, daß Sie in der Schreibkrise begonnen haben, einfach etwas abzuschreiben.

Roth: Das war dann wieder in der Südsteiermark. Ich hatte das merkwürdige Gefühl, wie's der Jack Nicholson im Film *Shining* zeigt: Er geht in ein Hotel, um zu schreiben, es stellt sich aber keine schöpferische Kraft ein, und er schreibt immer denselben Satz. Übrigens ein großartiger Film. Ich hab' gesehen, ich hab' einen enormen Stoff, aber ich kann's formal nicht lösen, mir fehlt noch ein Schlüssel, nämlich Tiere. Daher hab' ich *Moby Dick* wieder gelesen, und in meiner Verzweiflung hab' ich begonnen, Melvilles Roman abzuschreiben. 100 Seiten ungefähr, mit der Hand. Ich hab' viel gelernt beim Abschreiben, welche Technik er angewandt hat, wie er die Geschichte zerrissen, die Kontinuität unterbrochen hat, wie er sich vom linearen Schreiben freigemacht hat, Perspektivenwechsel... Jedenfalls hab' ich für mich einen Weg sichtbar machen können.

Der führte dann zum Landläufigen Tod?

Roth: Zuerst kam noch der nächste Zufall: In dieser Phase hat ein Bienenzüchter zwanzig Magazine vor meinem Haus aufgestellt. Ich war nicht der Besitzer des Hauses und konnte keinen Einwand vorbringen. Aber ich war entsetzt, weil ich dachte, die werden mich jetzt sicher alle stechen. Ich hab' noch gefragt, wie viele in so einem Magazin drinnen sind. Der hat g'sagt: »Ja, das ist verschieden. Im Frühjahr sind's 30 000 und in der Schwarmzeit bis zu 70 000.« Also im Schnitt 50 000, mal zwanzig, ungefähr eine Million Bienen. Wenn die einen alle stechen – das war eine Schreckensvorstellung. So hab' ich angefangen, mich mit Bienen zu beschäftigen. In erster Linie mit Bienenstichen. Schließlich bin ich auf etwas ganz Spannendes gestoßen: auf die Aussage von Karl von Frisch, daß die Bienen in einem Magazin zusammen einen Körper bilden. Diese frei beweglichen Bienen, die einen Körper bilden, waren für mich plötzlich frei bewegliche Geschichten innerhalb einer Gedankenstruktur, die miteinander einen lose zusammenhängenden Geschichtskörper bilden.

Das wurde zum Modell?

Roth: Das war mein Modell. Den Imker und seinen Sohn, die ich bei der Arbeit beobachtet hatte, hab' ich gleich mitgenommen. Nachdem die nie geredet und sich nur Zeichen gegeben haben, ist mir die Idee gekommen, daß der Sohn stumm sein könnte. Aber ich konnte noch immer nicht zu schreiben anfangen. Da hat mich der Kolleritsch gedrängt, für eines der vielen Jubiläumshefte der *manuskripte* etwas zu schreiben. So hab' ich mit der Geschichte *Entenjagd*, die ich aber am Schluß gar nicht in den Roman aufgenommen habe, begonnen. Über diese Geschichte, in der schon alle Figuren versammelt waren, ist mir eigentlich der Roman aufgegangen. Ich hab' dann den *Landläufigen Tod* in zirka drei Jahren geschrieben. Es waren über 1200 Seiten, und ich hab's zusammengekürzt auf 800 Seiten. Dann hab' ich den Günter Brus getroffen, dem diese langen poetischen Sätze aus dem *Labyrinth* im *Landläufigen Tod*, diese Wahnsinnsetüden, sehr gut gefallen haben. Er hat sich bereit erklärt, das Buch zu illustrieren.

Während ich das geschrieben hab', hab' ich gemerkt, na ja, das ist ja ein Rumpf, der Kopf fehlt. Alles, was ich von den Menschen gehört hab', weist ja darauf hin, daß es auch hier auf diesem Gebiet, eine Macht gibt, durch die die Menschen gelenkt werden. Und das ist die Geschichte, die Politik, die Macht, die in Wien gesessen ist.

So kam es dann zu der Übersiedlung nach Wien?

Roth: Nicht gleich. Unmittelbar nach dem *Landläufigen Tod* war ich zwei Monate in Wien, nicht länger. Wahrscheinlich ist der Anatom in mir durchgedrungen, daß ich bei der Sektion des österreichischen Körpers am Land nicht stehengeblieben bin, sondern zum Hirn vordringen wollte. Gleichzeitig ist es ein Protokoll meiner Wanderung durch das Land und durch die Geschichte. Jedenfalls hab' ich dann im *Abgrund* diese Brücke geschlagen. *Am Abgrund* beginnt am Land und endet in Wien. In den zwei Monaten in Wien hab' ich alles an Stoff gesammelt, was ich für meine weiteren Bücher gebraucht hab'. Ich bin zum Schlachthof gegangen, ins Landesgericht zu Mordprozessen, nach Steinhof gefahren und hab' mir die Aufnahmestation zwei Tage lang angeschaut, bin nach Gugging zum Navratil. Dann hab' ich in der Südsteiermark den *Abgrund* geschrieben und den *Untersuchungsrichter*.

Beide Bücher in rascher Folge?

Roth: Beim *Untersuchungsrichter* bin ich in eine sehr große Krise geraten. Das war ein Winter, in dem schon im November Schnee gefallen ist. Ich war im Haus allein, hatte kein

Telephon, kein Auto, das Haus war sehr primitiv, mit Plumps-
klo. Es war eine psychische Expedition ins Extreme. Ich hab'
in dieser Zeit begriffen, wie ein Geisteskranker Besuche ablehnen kann, weil er nicht aus seiner stabilen Lage gerissen
werden will. Dann taucht im Körper langsam, nach einer gewissen Depression und Verzweiflung, so eine Art Größen-
wahn auf. Nur hatte ich Angst vor Begegnungen, weil mich
jede Begegnung irritiert hat. Der Nachbar ist gekommen, hat
den Schnee weggeschaufelt, und ich bin wie in einem Hitch-
cock-Film hinter dem Vorhang gestanden, hab' den Vorhang
zur Seite gezogen, langsam wieder zugemacht und die Tür
nicht aufgesperrt. Nach einigen Monaten wurde die Erschöp-
fung sehr groß. Ich konnte die Küche nicht mehr heizen, weil
ich einfach zu müde war, und bin in das Dachbodenzimmer
hinaufgezogen und hab' dort übernachtet.

Haben Sie trotzdem geschrieben?

Roth: Ich hab' auch oben geschrieben, am Abend bin ich run-
tergegangen, hab' mir zwei Sakkos und einen Mantel angezo-
gen und eine Wollhaube aufgesetzt und eine Flasche Schnaps
mitgenommen – so bin ich vor dem Fernseher gesessen. Es
war ja eiskalt, so minus zehn, fünfzehn Grad. Es bedeutete
einfach eine persönliche Herausforderung für mich. Natürlich kommt man den Selbstmordgedanken viel näher als
sonst, man hat ein Gefühl der Freiheit, daß man wirklich alles
machen kann – nämlich auch sich selbst töten. Aber man
sieht's nicht tragisch, es fällt das Pathetische und Romanti-
sche weg. Es ist eine sehr nüchterne Empfindung. Wenn man
weiß, man kann wieder raufgehen und weiterschreiben. Dann
ist das Schreiben eine Nabelschnur zur Welt.

*Wenn Sie auch in eine Schreibkrise geraten wären, hätte das
aber sehr gefährlich werden können.*

Roth: Das Nichtschreibenkönnen ist immer verbunden mit
einem Zustand der Auflösung. Man spürt, daß das Ich zer-
springt oder zerfällt, man zersetzt sich. Als der *Untersuchungsrichter* fertig war, bin ich nach Wien gegangen. Am ersten Tag
bin ich spazierengegangen beim Währinger Park. Das war

auch so ein Novembertag, wieder mit Tieren, da sind Krähen auf den Bäumen gesessen, und ich bin eigentlich den Krähen nachgegangen. Da hab' ich den jüdischen Friedhof entdeckt. Ich bin bestimmt eine Viertelstunde gestanden, so betroffen war ich. Denn ich hatte die Lösung gefunden, daß der Zyklus weitergeht mit der Begegnung mit einem jüdischen Emigranten, der mir sein Leben erzählt. Auf der politischen Ebene des Romans war das ein ganz wichtiges Element.

Aber Sie haben zuerst die Essays geschrieben?

Roth: Zuerst wollte ich diesen Essay-Band schreiben, *Eine Reise in das Innere von Wien*, eine Art Gebäudearchäologie. Am Land hab' ich die Menschen befragt, jetzt wollte ich in Wien die Gebäude untersuchen. Für mich ist ein Gebäude ein Gedächtnis, und dieses Gedächtnis kann man zum Reden bringen, wenn man die Geschichtsspuren und die Funktionen untersucht. Ich versuchte ja auch, eine Verbindung zwischen der rationalen und der irrationalen Welt der Träume herzustellen. Wie würde die Welt aussehen, wenn man die Weltgeschichte aller unserer Träume zu unserer bewußten Weltgeschichte aufgezeichnet hätte? Erst diese beiden Weltgeschichten, dazu die Weltgeschichte der Tiere, würden eine Menschheitsgeschichte ergeben. In diesem philosophisch-literarischen Ansatz habe ich versucht, den Romanzyklus zu schreiben.

Es gab aber dann Probleme mit dem Verlag?

Roth: Ja. Es entstand die Situation, daß ich kein Geld mehr bekommen hab'. Ich hatte mit dem Fischer Verlag einen Vertrag mit Vorschüssen, der vorgesehen hat, daß ich in etwa acht Jahren mit dem Zyklus fertig bin. Nach dem achten Jahr hat der Verlag meine Zuwendungen stark reduziert und schließlich eingestellt. Nach acht Jahren am Land mußte ich aber den Zyklus in Wien vollenden, weil sich dort die entscheidenden Punkte ergeben haben. Ein Freund hat mir seine Wohnung in Wien zur Verfügung gestellt. Dieses private Sponsoring über zwei Jahre ermöglichte mir, überhaupt weiterzumachen. Dann kam der Gedanke, daß ich, um leben zu können, die Essays in Zeitungen veröffentlichte. Daher sind sie zuerst im *Zeit-Magazin* und im *FAZ-Magazin* erschienen. Meistens gekürzt und ein bißchen verändert, die Urform hab' ich dann ins Buch aufgenommen.

Sie sind bei demselben Verlag geblieben, obwohl er Sie im Stich gelassen hat?

Roth: Man kann nicht sagen »im Stich gelassen«. Sie haben mich zuerst großzügig unterstützt. Ich hab' mich an die Vereinbarung nicht halten können. Es war ungewiß, ob ich überhaupt fertig werde, weil ich zwischendurch psychisch nicht sehr gut beisammen war, durch meine Scheidung und Alkohol. Da gab's eine Phase, in der das ganze Privatleben zerfallen ist, und da hab' ich vielleicht den Eindruck erweckt, daß ich das nimmer schaff'.

Wie entstanden die übrigen Bände des Zyklus?

Roth: Ich bemerkte, daß der Essayband im Zyklus in der Luft hängt. Darum hab' ich mir gedacht, um das Ganze erkennbar zu machen, brauch' ich so was wie ein »Fundament der Wirklichkeit«. Und da ist dann dieser »Band Null«, der spätere Band eins, *Im tiefen Österreich*, entstanden, mit meinen Photos und Aufzeichnungen vom Land. Ich wollte zeigen, wie mein Recherchevorgang am Land für die ersten zwei Bücher vor sich gegangen ist, als Gegenstück zur *Reise in das Innere von Wien*. Also auf diesen zwei Pfosten steht der ganze Roman-Zyklus, auf diesem Fundament der Wirklichkeit. *Die Geschichte der Dunkelheit*, die Erzählungen des jüdischen Emigranten Karl Berger bilden Band sechs, der aber zuletzt erscheint. In Band sieben schließlich, den Essays, werden alle Handlungsstränge des Zyklus noch einmal aufgenommen und verknüpft. Wenn ich Glück hab', steige ich nach diesen dreizehn Jahren mit Null auf der Bank wieder aus.

Vielleicht kaufen sich Leute die anderen Bände nach?

Roth: Nach einer so langen Arbeit verlassen einen auch die treuesten Seelen. Weil man nicht weiß, wo sich das hinentwickelt, weil die Jahre vergehen. Am Literaturmarkt spielt sich sehr viel ab.

Wie war denn das früher? Wann haben Sie zu schreiben begonnen?

Roth: Ich hab' als Kind zu schreiben angefangen. Meine Großmutter hat mir Zettel gegeben, auf die sie Zeichnungen gemacht hat, und ich hab' was dazugeschrieben oder umgekehrt. Die Zettel hat sie zusammengenäht, das waren meine Kinderbücher. In meiner Pubertät hab' ich alles vernichtet, da hab' ich ein großes Schamgefühl gegenüber der damaligen Beschränktheit meiner Kindheit gehabt. Die unvermeidbaren Gedichte wurden genauso vernichtet wie mein erster Roman. Einer ist bei einem Wasserrohrbruch kaputtgegangen. Meine Frau Erika und ich waren sehr arm damals, und ich hab' im Badezimmer auf der Schmutzwäschekiste geschrieben. Mit Kugelschreiber. Das Heft war vom Wasser völlig aufgeweicht, alles war zerflossen.

Haben Sie versucht, es zu rekonstruieren?

Roth: Ja, aber daraus wurde dann die *Autobiographie des Albert Einstein*. Ich hatte inzwischen die »Wiener Gruppe« kennengelernt, eine elementare Begegnung für mich. Das war plötzlich ein ganz anderes Schreiben. Ich hab' dieses subjektive Schreiben und subjektive Malen, das ich früher schon bei Geisteskranken bewundert hab', in einer bewußten Form bei der »Wiener Gruppe« wiedergefunden, die nicht die Wirklichkeit abschreibt, sondern in der Kunst einen Gegenpol zu dieser Wirklichkeit setzt. Das hat zur Folge gehabt, daß ich das Buch ganz anders geschrieben hab' als beim ersten Mal.

Waren Sie in die Grazer Autorengruppe um das Forum Stadtpark und die manuskripte *integriert?*

Roth: Ich bin nie synchron mit meiner Generation gewesen. Ich war ja schon sehr jung Vater, mit achtzehn schon. Bei der Matura mußte das verheimlicht werden. Ich hab' dann mit einundzwanzig geheiratet. Bevor meine Tochter Eva auf die Welt kam, haben Erika und ich uns fast jeden Abend im Grazer Opernhaus getroffen, am Stehplatz, wo man nix konsumieren mußte und wo's dunkel war. Ich bin meistens nur bis zur Hälfte geblieben, denn ich mußte um zehn Uhr zu Hause sein. Daher kenn' ich viele Opern nur zur Hälfte. Es war aber keine »Liebesinsel« dort, es ist sehr gesittet zugegangen. Höchstens, daß man sich bei der Hand genommen hat, aber mehr war's nicht. Später, zu einer Zeit, wo die anderen Abenteuer erlebt, Wanderungen und Autostopfahrten gemacht haben, bin ich zu Hause bei den Kindern gesessen. Wir haben wenig Geld gehabt. Ich hab' damals Medizin studiert, die Erika hat gearbeitet. Als meine drei Kinder dann größer waren, haben die Freunde erst Kinder bekommen. Während sie ihre Ehekrisen durchlitten, hab' ich die Wanderungen und Reisen nachgeholt.

Gab es einen literarischen Kreis, in dem Sie verkehrten?

Roth: Gar nix gab's. Ich war ganz lange absolut allein. Peter Pongratz hab' ich allerdings schon als Volksschüler kennengelernt. Er war der erste große Künstler, dem ich begegnet bin. Er war fest entschlossen, Maler zu werden. Ich hab' dann zu schreiben angefangen, eben dieses Buch, das durch den Wasserrohrbruch kaputt wurde, das hieß *Aufzeichnungen eines überflüssigen Menschen*. Das hab' ich immer in einer Aktentasche mit mir herumgetragen. Auf einer Bank im Stadtpark hab' ich im Winter dem Pongratz einen Teil davon vorgelesen. Er hat mich sehr ermutigt. Ich hab' mich damals schon sehr stark mit der Malerei und der Kunst der Geisteskranken beschäftigt, was ihn auch fasziniert hat. Schon als Kind hab' ich in der Bibliothek meines Vaters ein Buch über Nervenheilkunde gefunden. Das hab' ich verschlungen und festgestellt, daß ich sämtliche Krankheiten, die da drin stehen, selber hab'. Ich war senil dement und schwer depressiv und manisch und schizophren in einem. Die ganzen Wünsche und Verzweiflungen, eine andere Person sein zu wollen, das ist ja alles in mir.

Sie sind doch auch mit Wolfgang Bauer befreundet?

Roth: Er war in der Mittelschule eine Klasse vor mir, wir haben zusammen Fußball gespielt. So sind wir uns als Buben nähergekommen. Mit zwanzig war der Wolfi dann schon im Forum Stadtpark Dichter und hat dort sein Stück *Maler und*

Farbe uraufgeführt. Da hab' ich mitgespielt. Ich war ein Raubritter, der Horst Zankl war der zweite Raubritter, und bei der Premiere hab' ich den Text vergessen. Der Wolfi Bauer ist davongerannt und im Stadtpark spazierengegangen. Aber das Stück war so modern, daß es niemand gemerkt hat. Dann hat sich mit ihm eine Freundschaft ergeben, die viele Jahre angedauert hat. Wir haben Amerika-Reisen zusammen unternommen, ich hab' ihn im *Großen Horizont* beschrieben, und er hat bei mir am Land den Großteil des Gedichtbandes *Das Herz* geschrieben.

Wann haben Sie Alfred Kolleritsch kennengelernt?

Roth: Ich hab' ihm die *Aufzeichnungen eines überflüssigen Menschen* gezeigt. Ich kann mich erinnern, wir waren im Café Nordstern, und er hat eine Sonnenbrille aufgehabt. Er lebte gerade in Scheidung, war sehr depressiv und sehr melancholisch und sehr hypochondrisch. Er hat mich gefragt, ob ich nix von Benn gelesen hätte, aber meine Helden waren damals Camus, Hemingway, Hamsun und Faulkner. Das war völlig indiskutabel für'n Fredi, daß man nicht Benn, Beckett und die »Wiener Gruppe« gut kennt, sie hoch einschätzt und reflektiert im Werk. Ich hab' das dann später durch die persönliche Bekanntschaft mit den Werken der »Wiener Gruppe« von selbst nachvollzogen, hab' Konrad Bayer und Artmann gelesen und war sehr angetan davon. Aber vom Zeitpunkt, zu dem ich Fredi das erste Mal meine Arbeiten gezeigt hab', bis zum ersten Druck meiner Manuskripte sind Jahre verstrichen. Ich glaub', er hat damals recht gehabt. Nur dann, als ich schon ein bissel besser geschrieben hab', hat er noch seine Vorurteile bewahrt, aus der Zeit, wo's ihm gar nicht gefallen hat.

Sie haben zuerst Medizin studiert, das Studium dann aufgegeben und im Rechenzentrum zu arbeiten begonnen?

Roth: Von '61 bis '64 habe ich Medizin studiert. Ins Rechenzentrum bin ich ungefähr '68 gekommen, aber ich war schon entschlossen, Schriftsteller zu werden. Ich mußte Geld verdienen, und die Arbeit dort war etwas, was mich im Schreiben nicht zerstört hat. Damit trainierte man das logische Denken.

Was haben Sie während dieser Zeit geschrieben?
Roth: Alles bis zur *Winterreise*, das heißt *Der Wille zur Krankheit, Der große Horizont* und *Ein neuer Morgen.*

Sie haben doch auch Theaterstücke geschrieben?
Roth: *Lichtenberg* war das erste Stück. Das kam beim *steirischen herbst* heraus und ist auch ein paarmal nachgespielt worden. Ich hab' da aber eine interessante Erfahrung gemacht, nämlich, was ich beim Theater verdienen kann. Das Stück wurde in Graz auf der Probebühne gespielt, da haben nicht mehr als hundert Zuschauer Platz. Eintrittspreis war 50 Schilling. Es war immer ausverkauft, wurde siebenmal gespielt, hat also 35000 Schilling eingebracht. Ich hab' 10 Prozent davon bekommen, ein Drittel mußte ich an den Verlag abliefern, den Rest versteuern. Der Regisseur hat damals 100000 Schilling bekommen, die Schauspieler ihre Gehälter, und ich bin mit 2400 Schilling übriggeblieben. Und diese Erfahrung hat sich, in leicht modifizierter Form, einige Male wiederholt.

Aber in einem größeren Haus muß die Bezahlung doch besser gewesen sein?
Roth: Die Theater sind ja sehr träge im Nachspielen von Stücken, die wollen alle die Uraufführung haben, da wird sehr viel Geld flüssiggemacht. Man sucht sich einen sehr guten Regisseur, schaut, daß man einen Abdruck im *Theater heute* bekommt, und wenn's nicht wirklich ein rauschender Erfolg ist, gilt es als Begräbnis erster, zweiter oder dritter Klasse. Das Stück wird nicht mehr gespielt.

Finden Sie, daß auch im Burgtheater zu wenig zeitgenössische Autoren gespielt werden?
Roth: Ich halte das Burgtheater für feig. Die Sachen, die der Peymann selber macht, sind ja sehr gut. Er ist ein hervorragender Regisseur, und mir gefällt das Theater, das er macht. Es ist sensibel, es ist poetisch, es ist schöpferisch. Er hat eine wunderbare Hand für den Thomas Bernhard. Aber ich finde

das meiste, was daneben gemacht wird, oft lieblos, mit weniger Inbrunst, weniger Einsatz gemacht. Halbherzig eigentlich. Ich hätte nie geglaubt, daß er sich von der österreichischen Krankheit der Halbherzigkeit so rasch infizieren läßt.[64]

Was finden Sie so halbherzig?

Roth: Die zweite, dritte Garnitur von Regisseuren, die sich um neue Stücke kümmern soll. Wenn der Meister nicht selber Hand anlegt, dort wo's vielleicht wichtig wäre, daß er's einmal tut. Es ist keine Kontinuität da, und für mich ist das Theater eigentlich ein Museum geworden. Ich geh' sehr gern ins Museum, aber was für mich künstlerisch und ästhetisch immer interessanter wurde, ist der Film. Das Theater ist altbacken, was die Moral, die Reaktion des Publikums auf das Vorgeführte betrifft, das schon mit einer fast angeborenen Ästhetik-Erwartung hereinkommt. Tabus, die im Film für ein Millionenpublikum längst gefallen sind, bilden Diskussionsstoff für das Theaterpublikum.

Sie meinen, daß das Theater beim Publikum einen anderen Stellenwert hat als der Film?

Roth: Das Theater ist ein Teil des Staatsapparates. Die Schauspieler, die Regisseure, die Intendanten sind im Prinzip der verlängerte Arm des Staates. Sie müssen sich nun emanzipieren und ihre Freiheit sichern, indem sie auf die vorherrschende Meinung eindreschen. Aber das ist alles ein Rollenspiel. Was wirklich riskant ist, ästhetisch neue Entwicklungen oder die Innenwelt mehr nach außen zu stülpen, das kommt aber kaum vor. Beim Film geht es brutaler, aber oft auch ehrlicher zu. Er wendet sich an einen lebendigeren Geist.

Haben Sie in den letzten Jahren aus diesen Gründen keine Theaterstücke mehr geschrieben?

Roth: Ich habe vier Stücke geschrieben: *Lichtenberg, Sehnsucht, Dämmerung* und *Erinnerungen an die Menschheit.* Das letzte war von meiner Warte aus etwas wirklich Kühnes. Ich hab' ein Theaterstück geschrieben, das aus nicht zusammenhängenden Partikeln besteht, in denen das Theater selber reflektiert wird. Später hat sich der Handke im *Spiel vom Fragen* dieser Ästhetik bedient oder ist unabhängig davon dazu gekommen, aber bei mir war das schon vier Jahre vorher. Für den Versuch bin ich von der Kritik geprügelt worden. Ich wußte selber nicht, wo das hingeht, aber ich wollte ausbrechen aus der sich immer mehr ins Hörspiel wandelnden Theaterkultur.

Ist es nicht schade, daß Sie nicht weitergegangen sind?

Roth: Ich bin ja nicht tot! Aber ich glaube, daß die wirkliche Weiterentwicklung vom Theater zunächst am Papier vor sich gehen wird. Früher dachte ich, man muß das in praktischer Umarmung mit dem Theater machen. Aber was sich auf der Prosa-Ebene abspielt, ist unendlich aufregender. Wie entsteht das? Der Autor ist mit sich allein und entwirft mit Papier und Bleistift seine Welt subjektiv, wie er sie sieht, wie er sie erfährt, wie er sie darstellen möchte. Am Theater geht's durch Instanzen. Da sitzen Dramaturgen, die sich um die Weiterentwicklung des Theaters kaum kümmern, die die alten Stücke sehr gut kennen, die alten Rollen und wer damit optimal besetzt werden könnte, die aber Berührungsscheu vor dem Neuen haben. Sie spüren da Neuland unter den Füßen, wissen nicht, ob die Eisdecke dick genug ist, vertrauen dem Autor nicht.

Wieder zurück zum Roman-Zyklus: Wie kam es zu dem Titel Archive des Schweigens*?*

Roth: Das Schweigen, das nach dem Krieg geherrscht hat, hat mich sehr geprägt. In diesem Schweigen konnte ich mich noch am ehesten mit den Äußerungen von Geisteskranken identifizieren, nämlich diesen total subjektiven Erfahrungen. Ich wollte so subjektiv wie möglich schreiben. Auch in den frühen experimentellen Romanen, in denen ich versucht habe, eine Innenwelt nach außen zu stülpen und ihr dadurch etwas Allgemeines zu verleihen. Ich hab' beim Schreiben der *Archive des Schweigens* erkannt, daß diese individuelle Innenwelt natürlich ganz stark mit der Welt, die einen umgibt, korrespondiert. Ich sah, daß ich immer wieder auf das Verschwiegene stoße und wie mit einer kleinen Taschenlampe ausgerüstet in ein dunkles, verlassenes Archiv des Schweigens gerate und dort Leben herauszieh'. Je länger ich diese Wanderung unternommen habe, desto deutlicher und unausweichlicher traten die österreichische Geschichte, die österreichische Politik, die österreichische Mentalität hervor. Zunächst hab' ich geglaubt, daß die Wurzeln in dem Sprung vom Ende der Monarchie in die Erste Republik liegen. Ich bin aber draufgekommen, daß uns die gesamte österreichische Geschichte schon lange dorthin getrieben hat. Bis zum Nationalsozialismus, für den die Voraussetzungen längst geschaffen waren. Das reicht weit zurück: Die Kirche hat mit der damals herrschenden weltlichen Macht der Habsburger den jenseitigen Teil abgedeckt, den diesseitigen Teil das Militär, die Beamtenschaft und der Adel. Alle diese Institutionen waren autoritär und undemokratisch. Man kann sagen, auch heute stützt sich der demokratische Staat noch auf undemokratische Institutionen, die uns prägen.

Meinen Sie, daß der Nationalsozialismus noch immer eine Rolle spielt?

Roth: Immer mehr. Er ist das größte Tabu. Es ist interessant, man kann in Österreich wirklich über alles sprechen, nur beim Thema Nationalsozialismus hört man sofort »nicht schon wieder«. In dem Moment, in dem sie sich unter sich glauben, erzählen dann aber dieselben Leute, die »nicht schon wieder« gesagt haben, am Wirtshaustisch sehr begeistert ihre Kriegserlebnisse. Das heißt, es ist also nicht die Zeit tabuisiert, sondern die Schuld, die mit der Zeit verbunden war. Ich hab' gesehen, daß hinter diesem Schweigen ein gewaltiges Verbrechen liegt, das die Ursache des Schweigens ist. Nun ging's darum, dieses Verbrechen in den Romanzyklus einzuarbeiten. Der ganze Zyklus ist eine Auseinandersetzung mit Gewalt, mit Verbrechen, mit Mord, mit Totschlag.

Übt die Gewalt eine Faszination auf Sie aus?

Roth: Ja, das streit' ich nicht ab. Die Gewalt ist ein Urthema der Kunst, eine Urenergie. Im Fernsehen und in den Zeitungen wird der Gewalt viel Platz eingeräumt. Wenn das so abstoßend wäre, würden sich die Leute das nicht anschauen. Die Gewalt wird kaum zensuriert, dafür die Sexualität, die Leben hervorbringt, umso mehr.

Sexualität spielt bei Ihnen aber eine geringere Rolle…

Roth: Bei der *Winterreise* hat man mir vorgeworfen, daß sie eine zu große Rolle spielt. Mein jetziges Thema aber war dieser österreichische Kopf: Ich wollte in diesen österreichischen Kopf hineingehen und ihn studieren. Für mich ist es eine patriarchalische, autoritäre, hierarchische Welt.

Frauen sind da weniger wichtig?

Roth: Es ist eine Männerphilosophie, die da zur Darstellung gebracht wurde. Ich glaub' auch, daß ich die Männerwelt immer besser verstehe. Wenn ich mit einer Frau zu tun hab', bin ich eher ein Spielball der Frau. Die Frauenwelt ist mir weit verschlossener. Aber ich studier' sie eh sehr fleißig…

Hat die Kirche für Sie Bedeutung?

Roth: Nein, absolut keine. Höchstens, daß ich mich mit den Auswirkungen der Kirche beschäftige. Aber in eine Kirche geh' ich rein wie in einer Periode meiner Kindheit: mit Schrecken und gewisser Abscheu vor diesem Nekrophilen, das in jeder katholischen Kirche sichtbar ist. Das ist so, als ob man in einen unterirdischen Friedhof hineingeht, in einen Tempel der Todesängste. Ich seh' darin keine lebensfreundlichen Prinzipien.

Die Kirche hat in Ihrer Kindheit Ängste ausgelöst?

Roth: Ich hab' als Kind sehr viel Angst gehabt, und ich schreib' sie jetzt irgendwie weg. Ich bin gespeist von den Ängsten meiner Kindheit. Wenn ich sie beschreib', empfinde ich Genuß, weil mir nix g'schehen kann. Wenn ich einen Mord beschreib', bin ich alles selber. Ich bin die Figur, der's geschieht, ich bin der, der's macht und der, der's aufdeckt.

Woher kamen Ihre Ängste?

Roth: Ich hatte in meiner Kindheit schon die schwersten Verletzungen, dreizehn Gipsmanschetten. Den Weltschmerz hab' ich als Kind durch die vielen Unfälle empfunden. Die zweite Komponente, der Tod, ist unter anderem dadurch bestimmt, daß ich aus einer Arzt-Familie komm' und daß wir im christlichen Glauben aufgewachsen sind. Wo der ans Kreuz Geschlagene überm Küchentisch hängt oder sogar im Schlafzimmer, ein Mensch, der angenagelt ist an Holz und da verendet ist. Ich hab' die Erfahrungen des Sterbens und des Todes schon sehr früh gemacht. Mein Vater hat mich immer auf Wanderungen mitgenommen. Da sind wir in Bauernhöfen gelandet, wo jemand einen verletzten Fuß oder sonstwas gehabt hat. Dann wurde der Fuß aufgebunden, und da war ein riesiges Loch, der Knochen zerfressen. Dann hat mein Vater erzählt, daß ich auch Arzt werde, und ich hab' Verbände reichen müssen. Mir war furchtbar schlecht. Statt Bezahlung gab's was zum Essen, die Bauern haben Geselchtes gebracht, und das hat so ausg'schaut wie der offene Fuß. Ich konnte keinen Bissen hinunterbringen.

Hat die Beziehung zum Tod damit an Schrecken verloren?

Roth: Nein, gewonnen. Ich hab' große Todesangst gehabt und ab der Pubertät Selbstmordwünsche. Aber der Wunsch zu leben war immer stärker. Lange Zeit haben mir diese Selbstmordwünsche aber über Schwierigkeiten hinweggeholfen, weil ich mir gedacht hab', ich hab' die Freiheit, das zu machen. Wenn man's nicht macht, hat man eine Karte im Talon.

(1991)

»Ich bin zum Ziel gekommen, indem ich gescheitert bin«
Gespräch mit Carna Zacharias

Die Geschichte der Dunkelheit, *der seit einiger Zeit vorliegende letzte Band der* Archive des Schweigens, *hat eine ungewöhnliche literarische Form – und einen ungewöhnlichen Inhalt.*
Roth: Ich glaube, in der Art gibt es kein Gegenstück. Der Bericht eines Menschen, der aus dem Exil zurückgekehrt ist. Es war mir bei diesem Buch wichtig, das Leben eines Außenseiters exemplarisch nachzuzeichnen. Denn die Besonderheit dieser Geschichte ist, daß die Hauptfigur Karl Berger ein assimilierter Jude war, das heißt, er hat durch seine Erziehung schon wesentliche Teile seiner Identität aufgegeben und hatte sich als Österreicher gefühlt. Und dann mußte er feststellen, daß er sozusagen gar kein Österreicher ist, obwohl er sich in nichts, weder im Aussehen noch in der Geisteshaltung, von den anderen unterschieden hat. Er mußte erkennen, daß er nicht angenommen wird. Das ist für mich exemplarisch: die willkürliche Festsetzung, wer zu einer Gemeinschaft gehört und wer ein Außenseiter ist. Der zweite Punkt, der meinen Bericht von den anderen unterscheidet, ist, daß Berger zurückgekehrt ist, und zwar relativ spät, 1962. Andere Remigranten haben mir gesagt, daß das besonders schwierig war, weil man dann schon in einem anderen Land Erfahrungen gemacht hatte. Für Berger war diese Rückkehr dann auch so schwer, weil er niemanden vorgefunden hat, er hat keine Freunde gehabt, keine Schicksalsgenossen. Der dritte Punkt ist die Geschichte seines Sohnes, in dem sich diese Identitätslosigkeit fortsetzt.

Im Grunde bereut er es, zurückgekehrt zu sein.

Roth: Er bereut alles. Er bereut, daß er weg mußte, daß er sich in England nicht zurechtfand, daß er in Israel nicht Fuß gefaßt hat. Er ist ein Außenseiter geblieben, und im Grunde kann ihm kaum jemand helfen. Das einzige, was ihm heute eine gewisse Geborgenheit gibt, ist das Wiederfinden des jüdischen Glaubens.

Den ideologischen Hintergrund dieses Buches bildet ein bis heute nahezu ungebrochener Antisemitismus.

Roth: Der österreichische Antisemitismus ist ein sehr aggressiver, der sich durch die ganze Geschichte zieht, weil Österreich ein katholisches Land war und der katholische Antisemitismus hier seit Jahrhunderten zu Hause ist. Ich habe in der *Reise in das Innere von Wien* die Geschichte der Leopoldstadt skizziert, und da zeige ich, wie das historisch vor sich gegangen ist, wie viele Judenvertreibungen es gegeben hat. Der Judenhaß hat in Österreich Tradition, und die Österreicher wissen oft selbst gar nicht, daß sie Antisemiten sind, das ist das Merkwürdige an der Sache.

Glauben Sie, daß der Antisemitismus eher zunimmt?

Roth: In Deutschland hat es jetzt eine leichte Verschiebung gegeben durch die Vereinigung mit der DDR, da sind eigentlich auch, typisch wie bei uns, die durch Verdrängung oder Nichtbearbeitung dieser Frage schlummernden Vorurteile wieder herausgekommen. In Österreich ist dieses Thema lange Zeit vom Tisch gewischt worden. Ich bin in einem Land des Schweigens großgeworden. Es wurde über dieses Thema konsequent geschwiegen. Von den Journalisten, von den Lehrern, von den Vorgesetzten, von Politikern und von den Eltern – übrigens auch von meinen eigenen. Ich kenne wie Tausende von Österreichern dann die Gespräche mit den Eltern und Verwandten, die von einer unglaublichen Abwehr waren, einer fast zornerfüllten Belehrungssucht: daß man ja nicht wissen könne, was damals wirklich geschehen sei. Dieses Schweigen hat mich geprägt. Ich bin mit meinen ersten Sachen, die ich geschrieben habe, auf das Subjektivistischste, was es gibt, ausgewichen: so zu denken, zu assoziieren wie ein Geisteskranker. Die Geisteskranken erschienen mir als die Menschen, die ich viel besser verstanden habe als die Leute, die mich zum Schweigen erziehen wollten. Gegen dieses totalitäre Schweigen habe ich die ganz subjektive Sprache gesetzt. Das hat mich jetzt auch bei meinem Zyklus *Die Archive des Schweigens* beeinflußt. Ich wollte, indem ich über totalitäres Denken schreibe, nicht eine uniforme Sprache benutzen, sondern jedem Individuum, das vorkommt, seine eigene Sprache geben. Die verschiedenen Stilformen sind also nicht Selbstzweck, sondern ein bewußt eingesetztes Mittel.

Die Archive des Schweigens *umfassen vier Romane und drei eher essayistische, journalistische Werke. Kann man da von einem »Romanzyklus« sprechen?*

Roth: Ich nenne es selber so, und zwar deswegen, weil ich eigentlich zwei Teile des Zyklus sehe. Das eine ist der literarische Teil, der beginnt mit dem *Landläufigen Tod* und endet mit dem *Untersuchungsrichter*. Und drei Bände sind für mich die Materialienbände in verschiedenster Form. Ich betrachte sie als Fundament der Wirklichkeit zu den Romanen, das ich mitliefern mußte, damit ich das Verständnis für diese ganze Geschichte erzeugen kann, auch für einen Leser, der das alles hier nicht erlebt hat, z. B. einen Leser in einem anderen Land. Die vier Romane sind eine Untersuchung. Bei einer Untersuchung weiß man zu Beginn nicht, was dabei herauskommt, sonst wäre es keine. Das Resultat, das ich dann aufgrund meiner Arbeit gewonnen habe, steckt in den Materialienbänden. Das Ergebnis der literarischen Spurensuche im Land des Schweigens. Ich habe zum Beispiel in der *Reise in das Innere von Wien* die schweigenden Gebäude zum Sprechen gebracht, ich habe versucht, einen Remigranten, der ein durchschnittliches Leben geführt hat, zum Sprechen zu bringen, und ich habe aus Fotografien und Gesprächen ein Buch über das Landleben gemacht. Insofern stehe ich zu dem Begriff »Romanzyklus«, obwohl diese Arbeit viel komplexer ist als das, was man heute als Roman bezeichnet. Für mich heißt das auch die Arbeit am Roman selber, die Dokumente zählen dazu. Ich wollte die Form, die mir durch den Roman aufgegeben ist, durchbrechen, aber nicht, um eine Form zu durchbrechen, sondern weil ich gezwungen wurde, das so zu machen. So wie ich überhaupt glaube, daß alle formalen Veränderungen, die literarische Folgen haben, aus Notwehr entstehen und nicht aus Spielerei. Man könnte sagen, ich bin zum Ziel gekommen, indem ich gescheitert bin.

Gibt es eine inhaltliche Bilanz, die Sie aus dieser Arbeit ziehen können?

Roth: Die Essenz, die ich für mich selber aus dem Ganzen gezogen habe, war, daß die Katastrophe in den Nationalgeschichten liegt. Jedes Land trägt, wenn es einen Angriffskrieg führt, eine »höhere Zivilisationsstufe« und die »richtige« Religion in ein anderes Land, wird aber selber von »Barbaren« überfallen. Jedes Land sieht das aus seiner Sicht so, jedes Land ist unschuldig, jedes Land will nur das Beste, und alle anderen sind Feinde oder Verbündete. Dieser Geschichtsschreibe-Wahnsinn geht weiter. Die Geschichte untersucht nicht nach ethischen Gesichtspunkten, sondern aus der Sicht der Macht heraus. Und solange sich die Geschichtsschreibung nicht auf eine ethische Beurteilung der Dinge zentriert, wird sie immer in sich einen nationalistischen Sprengstoff transportieren. Es gibt keine Leistung, auf die ein Volk stolzer sein kann als auf die Tatsache, Frieden geschlossen zu haben. Aber das Friedenschließen gilt immer als schwach, als Niederlage und setzt Revanchegelüste frei. Erst wenn man vor der eigenen Tür kehrt und ethische Gesichtspunkte gelten läßt, wird man ganz langsam eine Bewußtseinsänderung erzeugen können. Ich habe gegen die traditionelle Art der Geschichtsschreibung eine subjektive gesetzt und auch so etwas wie ihre Psychoanalyse versucht. Also das gesucht, was verdrängt, vergessen, abgeschoben wurde, und das dann in den Mittelpunkt gestellt.

Noch einmal zurück zur Geschichte der Dunkelheit. *Sie haben für die formale Strenge, das »Unliterarische« dieses Berichts, auch Kritik geerntet.*

Roth: O ja, es gab bösartige Kritiken in Wien. Der Hauptvorwurf war, ich hätte diesen Bericht gefühllos und eiskalt verfaßt. Ich habe bei diesem Buch zwei literarische Grundtendenzen verfolgt. Die eine: das im Flaubertschen Sinne unpersönliche Schreiben und die andere: die eigene Entwicklung bis zum Verfassen eines Berichts. Ich habe diesen Bericht 1987 in Bergers Wohnung aufgeschrieben, sechs Wochen, nachdem sein Sohn Selbstmord begangen hat. Das waren zweimal wöchentlich vier Stunden. Dann war mir das Thema einfach zu nahe, ich konnte mich nicht rühren in dem Stoff, ich war so beeindruckt davon. Ich habe dann zuerst die *Reise in das Innere von Wien* geschrieben und mich 1990 wieder über die Notizen gemacht. Und da ist dann so etwas wie eine Metamorphose mit mir geschehen. Ursprünglich wollte ich einen Roman schreiben, aber das hat sich einfach verboten. Dann fiel mir ein, die Umgebung dieser Gespräche zu beschreiben. Aber das gefiel mir auch nicht. Und dann kam mir die Form-Idee bei einer Plastik von Giacometti: Verdichte den Stoff und blase ihn nicht auf. Drück ihn so zusammen, wie es gerade noch möglich ist. Wie eine dieser Figuren von Giacometti, die wie verkohlt, verbrannt wirken und dabei die Essenz des Ganzen so ausdrücken. Und dann kam ich auf die Idee, die Schwarzweißfotografie als Vorbild zu nehmen. Zu schreiben wie ein Bild, das nur aus schwarzen und weißen Punkten besteht. Jeder Satz sollte so ein schwarzer oder weißer Punkt sein und alles, was Farbe, was überflüssig ist, daraus getilgt werden. Das war das ästhetische Bild, das ich von diesem Buch in meiner Vorstellung gehabt habe: Berger sitzt in meinem Inneren und blättert in diesem Buch, jede Überschrift ist so ein Schwarzweißfoto, und er fährt mit dem Finger darauf hin und sagt etwa: Das war, als ich an Bord des Schiffes gegangen bin... Das war das, was ich aus dem Buch herausbringen wollte. Unterstellt hat man mir dann aber, ich sei herzlos mit Berger umgegangen. Ich kann nur sagen, ich selbst habe nicht den Eindruck. In vielem ist die Literaturkritik dümmer als die Kunstkritik, das muß ich schon sagen. In der Kunst gibt es zum Beispiel so etwas wie die Concept art, aber in der Literatur nimmt man so etwas nicht zur Kenntnis. Außerdem ist das Ganze ja nur ein Baustein innerhalb des ganzen Romanzyklus...[65]

Sie gehen mit Ihrem Land immer wieder hart ins Gericht, wie auch schon etwa Thomas Bernhard. Ist das eine gute alte Tradition unter österreichischen Intellektuellen?

Roth: Ich glaube, das hängt damit zusammen, daß wir hier lange Zeit keine guten Zeitungen hatten. In Deutschland hatte diese Arbeit *Der Spiegel* übernommen, während wir hier nur eine abhängige, parteiorientierte Presse hatten, die die Probleme des Landes unter den Teppich kehrte. Betrachtet man die Geschichte, ist den Österreichern das freie Wort in der Zange zwischen Kirche und Staat schon immer verboten gewesen, das konnte dann sehr schön sublimiert werden in der Musik... Allerdings: Das ist nicht der Ausdruck der Intellektuellen schlechthin in Österreich, sondern einer ganz bestimmten Gruppe, die der zweiten, sehr introvertierten, entgegengesetzt ist. Literaturhistorisch ist das die Spannung zwischen Adalbert Stifter und Karl Kraus.

Ihr Romanzyklus handelt en detail von Österreich, aber die Archive des Schweigens gibt es doch wohl in jedem Land?

Roth: Österreich war für mich zuerst das Objekt der Untersuchung, wurde aber dann zu einem Modell. Und das war das Merkwürdige daran: Genau das, was mir österreichische Kritiker vorgeworfen haben, nämlich, solche Dinge gäbe es woanders auch, ist eine Bestätigung dafür, daß dies eine Untersuchung anhand von Österreich ist, die sich aber nicht auf dieses eine Land beschränkt, sondern durchaus auf andere Länder anwendbar ist. Die Archive des Schweigens werden im Kommunismus sicher einmal geöffnet werden müssen, und man ist gerade dabei, sie auch in Deutschland zu öffnen.

Ein anderer Schwerpunkt Ihrer Arbeit – Sie haben es schon angedeutet – ist die intensive Beschäftigung mit psychisch Kranken, mit Schizophrenie. Ist das ein ganz reales, sozusagen medizinisches Interesse, oder ist das eher symbolhaft im Sinne von »Es gibt keine Normalität« zu verstehen?

Roth: Dafür gibt es einen ganzen Fächer von Gründen. Einer ist: Was wäre die Welt, wenn nicht einer über dieser Welt den Verstand verlieren würde? Ich glaube, daß die Geisteskranken die Welt auszeichnen, eben dadurch, daß sie über ihr den Verstand verloren haben. Diese Form gibt es schon im griechischen Drama oder bei Shakespeare – nur der Narr kann die Geschichte erzählen, weil sie für einen anderen unerzählbar ist. Ein anderer Grund ist, daß ich vom sogenannten Negativen zur Arbeit angeregt werde. Mein Gehirn springt auf Unfälle, Gewalttaten, Geisteskrankheiten, soziales Elend schöpferisch an. Das sind Themen, die mich in Bewegung setzen. Nicht, daß ich mich an ihnen labe, ich bin geschockt davon. Aber der Schock löst schöpferische Kräfte aus. Ein anderer hat den Impuls zu helfen und wird dann Sozialarbeiter oder Arzt. Auf einer Insel, die nur schön ist, könnte ich auf Dauer als Künstler nicht existieren. Ich habe schon als Kind die medizinischen Bücher meines Vaters gelesen und bin darauf gekommen, daß ich das in der Summe alles selber bin. Dann kam dieses subjektive Schreiben als Antwort auf das kollektive Schweigen, von dem ich schon gesprochen habe. Mir kam das als das Richtigste vor, was ich machen konnte. Und ich habe schon früh die Bücher von Navratil über Schizophrenie gelesen, und dann begann ich mich mit der Kunst von Schizophrenen zu beschäftigen, das hat mich geistig sehr angeregt. Ich habe Medizin studiert, dann abgebrochen, aber das Interesse ist geblieben. Später besuchte ich Navratil und den schizophrenen Dichter Ernst Herbeck.

Wie stehen Psychiatrie und künstlerische Kreativität Ihrer Meinung nach zueinander?

Roth: Ich finde, daß man den schöpferischen Kern des Menschen nicht den Psychiatern überlassen sollte. Ich glaube, daß das eben durch eine gewisse Hautlosigkeit der sogenannten Geisteskranken unverblümt herauskommt, was wir durch Beherrschung und angelernte Verhaltensweisen in Bahnen lenken und halten können. Ich erlebe sicher auch beim Schreiben Zustände von Schizophrenie, indem ich Dinge sehe, die es nicht gibt, und werde nur deshalb nicht in eine Anstalt eingeliefert, weil ich mich und meine Arbeit sozial integrieren kann. Die Schwierigkeit ist doch die, daß wir nach wie vor von *einer* Wirklichkeit sprechen, die man als verbindlich voraussetzt, und wir nicht in der Lage sind, weder bei sogenannten Wilden noch bei sogenannten Geisteskranken, den Menschen als jemanden anzunehmen, der die Wirklichkeit anders erfährt, die aber für ihn genauso real ist. Wenn wir sagen, daß seine Wirklichkeit Wahnsinn ist, dann muß man sich nur mal vorstellen, jemand täte das mit uns. Natürlich gibt es unter Geisteskranken Gewalttätigkeit, aber die gibt es unter den »Normalen« ja auch. Ich glaube, daß es eine der großen Ausreden der Geschichte ist, wenn man sagt, Hitler war ein Wahnsinniger, oder heute Saddam Hussein.

13 Jahre lang haben Sie an den Archiven des Schweigens *gearbeitet – was kommt jetzt?*

Roth: Ich mache jetzt zwei, drei journalistische Arbeiten, sozusagen als Anlauf. Und dann möchte ich einen Roman schreiben. Da will ich mir viel Zeit lassen und wieder das Gefühl haben, mit einem Blatt Papier und einem Bleistift die Welt zu erfinden. Also nicht mehr nur kriminalistisch oder gerichtsmedizinisch einem Phänomen nachzuspüren, sondern alles aus dem Kopf heraus zu erfinden.

Sie sind unglaublich produktiv. Sind Sie schreibsüchtig?

Roth: Wenn ich nicht schreibe, löse ich mich in einzelne Atome auf.

(1992)

Gespräch mit Gerhard Roth

Von Peter Ensberg

Nach einer scheinbaren Abkehr von den experimentellen Schreibweisen Ihrer Anfangswerke greifen Sie diese wieder auf in mehreren Werken des Zyklus, beispielsweise im Landläufigen Tod *und in* Am Abgrund. *Wie würden Sie unter diesem Gesichtspunkt Ihr Werk charakterisieren?*

Roth: Ich habe aus »NOTWEHR« experimentell geschrieben, das heißt: Ich wollte etwas beschreiben und suchte die dafür geeignete Form und Sprache. (Ich bin also nicht von der Form ausgegangen und habe dann gesucht, was hineinpaßt.) Alles Schreiben war für mich experimentell im Sinne einer neuen Erfahrung beim Scheiben selbst. Ich möchte mein Werk nicht selbst charakterisieren, da es etwas Lebendiges ist und sich weiterentwickelt.

Sie vermischen konventionelle und experimentelle Erzählmittel in Ihren Werken. Wo sehen Sie die Defizite beider Schreibweisen? Würden Sie Ihrem Werk Kompromißcharakter zusprechen?

Roth: *Die Archive des Schweigens* sollten nicht in einer linearen (totalitären) Erzählsprache geschrieben sein, wie Geschichtsbücher – sie setzen sich ja mit einer totalitären Macht auseinander –, sondern Erzählungen, Personen, Tiere etc. sollten ihren eigenen Sprachkörper haben. Ich ging weniger von Defiziten aus, als davon, was mir eine Methode, die ich anwende, zusätzlich bringt. Wenn man will, könnte man bei mir das sogenannte konventionelle Erzählen als die Erzählung des Bewußtseins und das unter »experimentelles Erzählen« zusammengefaßte als die Notationen des Unterbewußtseins bezeichnen. Doch gehen diese beiden Erzählformen bei mir ineinander über. Ich komme nicht auf eine AUTOMATI-SCHE Schreibweise, auch nicht auf eine KONSTRUIERTE, sondern im Sinne von Ebbe und Flut ineinanderfließende und auseinanderfließende. So gesehen ist mein Schreiben bipolar und nicht polar. (Wie halt die Chaos-Theorie auch von einer Antichaos-Theorie begleitet wird.) Selbstverständlich spreche ich meinem Werk keinen Kompromißcharakter zu, es steht als Selbstbehauptung gerade gegen das allgemeine Klischee von der Kompromißlosigkeit. In der Politik ist Kompromiß das Leben, die Kompromißlosigkeit der Totalitarismus. In der Literatur bedeutet Kompromißlosigkeit in der Vorstellung von Germanisten und Kulturjournalisten, den Kuchen immer mit der gleichen, leicht erkennbaren Backform zuzubereiten. Etwas Langweiligeres und dem fabrikmäßigen Herstellen Identeres kann ich mir nicht vorstellen.

Sie waren in Ihrer künstlerischen Anfangsphase der »Grazer Gruppe« stark verbunden. War Ihr 1978 erfolgter Austritt aus der »Grazer Autorenversammlung« Resultat Ihrer schriftstellerischen Entwicklung? Ist es Zufall, daß in diesem Zeitraum auch Ihr Wegzug von Graz fällt?

Roth: Ich wollte keinem Schriftstellerverein angehören, dessen Sinn nicht in der Wirkung nach außen liegt: Also a) Lösung von Problemen, die Schriftsteller allgemein tangieren, das heißt sozialen; b) politische Stellungnahmen. Ich habe diese Vorstellungen in der »Grazer Autorenversammlung« nicht erfüllt gesehen, statt dessen aber immer eine größere Vereinsmeierei um sich greifen. Jetzt ist der Verein halt etwas für Schriftsteller geworden, die auch oder gerade die Vereinsmeierei lieben, was mir unappetitlich ist, und die sich mit Alibifunktionen zufriedengeben. Ich weiß nicht, ob es Zufall ist, daß ich gerade damals von Graz weggegangen bin. Aber ich ging in die Südsteiermark, um dort über das Land zu schreiben (*Stiller Ozean, Landläufiger Tod*) und nach Wien, um dort über Wien zu schreiben (u. a. *Eine Reise in das Innere von Wien*) – nicht, um damit gegen Graz zu protestieren. (Ich wäre auch in die Südsteiermark und nach Wien gegangen, wenn ich mich in Graz wohl gefühlt hätte.)

Ihre Protagonisten bekommen im Laufe Ihrer Arbeiten immer mehr persönliche Geschichte in dem Sinn, daß sie auch in einen historischen und geographischen Kontext plaziert werden. Korrespondiert diese Entwicklung mit Ihrer eigenen Interessenverschiebung? Ist beispielsweise die Auseinandersetzung mit der Vergangenheit für Sie persönlich zunehmend wichtiger geworden?

Roth: Ich kann nicht sagen, wie sich meine Arbeit in der Zukunft weiterentwickeln wird. Jedenfalls war meine Arbeit immer »autobiographisch«. Die Summe ist eigentlich eine zum Teil versteckte, zum Teil offene Autobiographie. So wie *Die Archive des Schweigens* eigentlich eine Odyssee sind, nämlich meine, auf der Suche nach der versteckten verschwiegenen Vergangenheit, auf der Suche nach ANTWORTEN. Ja, die Auseinandersetzung mit der Vergangenheit ist für mich persönlich immer wichtiger geworden. Nur so läßt sich der *Archive*-Zyklus überhaupt beurteilen. Es ist MEINE persönliche Auseinandersetzung.

Uwe Johnson hat die Bezeichnung »Figuren« für »seine« Protagonisten abgelehnt und sie als »Personen« begriffen, als aus eigenem Recht Existierende. Wie selbständig sind Ihre Protagonisten? Welche Beziehung haben Sie zu ihnen?

Roth: Es muß wohl einen Zusammenhang zwischen den Figuren und ihrem Autor geben, sonst könnte er nicht über sie schreiben. Sie verselbständigen sich dann mitunter, aber das geschieht auch mit mir selbst, sonst würde ich mich nicht verändern. Man verändert sich ja nicht, wie man Mathematik studiert. Die Veränderung GESCHIEHT, ähnlich wie einem eine Krankheit passiert. Insoferne bin ich froh, wenn sich meine Figuren verselbständigen, und ein Germanist erklärt mir dann, was ich gedacht habe, als ich geschrieben habe – wie ein Psychiater, der meinen Traum deutet. Vielleicht hat er recht? Aber vielleicht ist alles Unsinn. Zusammenfassend würde ich sagen, ich bin alle meine Figuren selbst und auch

230

deren Gegenteil, das ich nie beschrieben habe, weil es mir zu unersprießlich erschienen wäre.

Sie haben in mehreren Interviews den autobiographischen Hintergrund Ihrer Arbeit betont. Die Erfahrung des Schweigens über den Nationalsozialismus fällt in diesen Zusammenhang oder die Beobachtung eines latent vorhandenen Gewaltpotentials im Menschen, das Sie auch in sich selbst verspüren. Inwieweit würden Sie Ihre persönlichen Erfahrungen als spezifisch österreichische bezeichnen?

Roth: Anfangs habe ich eine österreichische Untersuchung gemacht, inzwischen zeigt es sich, daß es eine allgemeine ist. Österreich ist also nur der Fall, der geschehen ist und den man daher untersuchen kann. In Österreich kritisiere ich die Menschen im allgemeinen, in Österreich beschimpfe ich die Welt, die ich nicht mag. Die Österreicher selber sind nicht besser und nicht schlechter als die übrige Welt, nur anders. Darum verstehen sie ihr eigenes Schlamassel nicht, weil sie denken, daß sie zumindest gleich gut sind wie die übrige Welt und *nicht* anders. Aber die anderen sind auch alle anders. Über meine spezifischen österreichischen Erfahrungen will ich jetzt nicht sprechen, das würde zu weit führen, und es ließe sich nicht vermeiden, daß man zynisch würde oder wehleidig, wozu ich keine Lust verspüre.

Sie haben aus Ihrer Sympathie für die SPÖ – auch öffentlich – keinen Hehl gemacht. Ihre anfängliche Bewunderung für Kreisky ist einer distanzierten Haltung der Person und der SPÖ gegenüber gewichen. Wie sehen Sie heute Ihr politisches Engagement?

Roth: Ich hatte starke Sympathien für die SPÖ, weil sie für mich in meiner Jugend die einzige politische Hoffnung in diesem Land war und weil Kreisky auch im Vergleich zu Schleinzer, Klaus und Peter oder Taus gleichsam ein politisch Erleuchteter war. Ich finde heute noch, daß Kreisky die größte politische Figur in Österreich war, seit der Monarchie. Und ich habe mein Engagement nicht bereut, obwohl ich heute über vieles nachdenke, besonders den Fall Wiesenthal/

Kreisky oder den Fall Peter/Kreisky. Die SPÖ ist heute für mich in Österreich das KLEINSTE oder zweitkleinste der politischen Übel, aber allgemein ist die Politik in Österreich a) furchtbar provinziell und miefig, b) geistesarm und c) in den Händen von zu vielen geltungssüchtigen Spießern. Marx sagt: »Das Sein bestimmt das Bewußtsein.« Unsere Politiker verstehen den vielgeschmähten und vielgerühmten kleinen Mann nicht mehr. Sie leben ihr »Highlife« und denken, wenn überhaupt, technokratisch. Wann hört man ein unkonventionelles Wort? Der Bundespräsident Klestil z. B. ist ein Mann ohne Überraschungen, alles, was der sagen wird, weiß man doch schon im voraus. Außerdem ist er selbstverständlich altmodisch und konservativ, wie es dem österreichischen Charakter eben entspricht. Das trifft auf viele österreichische Politiker zu. Was ich politisch äußere, ist – überspitzt gesagt –, was ich mir schuldig bin, damit ich das Recht habe, Bücher zu schreiben, die keine politischen Inhalte haben. Denn meine Bücher, die einen politischen Inhalt haben, sind, wie ich schon vorhin gesagt habe, *eigentlich* oder *auch* autobiographische. Ich würde mich heute sicher stärker parteipolitisch engagieren, wenn die Gefahr bestünde, daß Haider und die FPÖ an die Macht kommen. Im übrigen sind mir bei meinen *Archiven* »linke« Kollegen und »fortschrittliche« österreichische Zeitungen mehr in den Rücken gefallen als die übrige Öffentlichkeit.

Sie gehören zu jenen Schriftstellern, die sich in ihren Werken konkret und kritisch mit Österreich auseinandersetzen. In den 8oer Jahren haben Sie dieses Land in zum Teil heftiger und polemischer Weise attackiert, während Sie in den letzten Jahren zu einer sachlich-abgeklärten, distanzierten Analyse gefunden haben. Ist Ihr Zorn verraucht? Hat die trotz aller Widerstände erfolgte Wahl Waldheims zum Bundespräsidenten mit dieser Entwicklung zu tun?

Roth: Das ist Unsinn. Lesen Sie meine Rede zum Kaschnitzpreis und zum Literaturpreis der Stadt Wien 1992 und die Polemik, die sie auslöste. Ein ununterbrochenes Zuwortmelden zur Politik (zur Tagespolitik im speziellen) ist selbstzerstörerisch, ich bezahlte meine Wortmeldungen immer mit unfreiwilligen Schreibpausen. Das heißt, man gibt wirklich etwas her, wenn man sich öffentlich äußert. Außerdem soll man Gesagtes, wenn man es einmal gesagt hat, nicht ununterbrochen wiederholen. Das Leben ist kurz. Wegen Waldheims Wahl bin ich nicht ins Schweigen versunken, im Gegenteil, in seiner Amtszeit war ich recht aktiv. Ich sagte auch voraus, daß diejenigen, die gegen Waldheim schreiben würden, später von den Medien und der Öffentlichkeit »verfolgt« würden. So ist es auch gekommen. Das trifft merkwürdigerweise gerade auf jene Zeitungen zu, die selbst Waldheim-kritisch waren. Es ist gerade so, als hätten sich die österreichischen Journalisten darüber geärgert, daß ihnen jemand Konkurrenz gemacht hat.

In der Reise in das Innere von Wien *setzen Sie sich aber doch anders mit Zuständen in Österreich auseinander als in den* Zwischenrufen aus Österreich, *die 1987 und 1988 in der* Zeit *publiziert wurden.*

Roth: Zeitungsartikel enthalten immer eine gewisse Polemik. Sie sind für den Tagesgebrauch bestimmt und sollen ins Auge springen. Ein Buch ist wie ein Selbstgespräch oder wie ein Brief, den man an jemanden schreibt, also viel intimer und weniger spektakulär.

Von offizieller Seite wird zum ersten Mal von einer »gemeinsamen Verantwortung« (Bundeskanzler Vranitzky in Israel) Österreichs für die Verbrechen des Nationalsozialismus gesprochen. Wie beurteilen Sie diese Aussage?

Roth: Reichlich spät. Inzwischen weiß es eh jeder, sogar die Rechtsradikalen wissen es, nur die wollen's noch immer als etwas Positives verteidigen.

Sie haben vier Theaterstücke geschrieben; 1985 ist mit Erinnerungen an die Menschheit *das letzte zur Aufführung gekommen. Sie haben sich damals von der Reaktion der Kritik beziehungsweise der Öffentlichkeit sehr enttäuscht gezeigt. Wie schätzen Sie den Stellenwert Ihrer Theaterarbeit ein?*

Roth: Von der Öffentlichkeit war ich nicht enttäuscht, die Aufführungen waren sehr gut besucht. Ich schätze den Stellenwert meiner Theaterarbeit nicht selbst ein. Aber die *Erinnerungen an die Menschheit* haben einiges vorweggenommen.

Ist die Filmarbeit künstlerisch wertvoller, attraktiver für Sie?

Roth: Ich glaube, daß das Theater längst museal ist, die logische Kunst für das museale Österreich. Übrigens ist das Theater ein schönes Museum, das ich mitunter sehr geliebt habe. Jetzt bedeutet es nur noch eine Anstrengung für mich, ins Theater zu gehen. Auch ins Kino gehe ich kaum. Ich gehe nicht mehr gerne unter Menschen. Ich finde es bequem und schön, mir eine Videokassette auszuleihen und einen Film zu Hause anzusehen. Der Film ist für mich attraktiver, und er hat eine größere Nähe zur Prosa. Das ist für mich sehr wichtig, weil ich alles in allem ein Prosa-Autor bin.

Sie haben zu den erfolgreichen Verfilmungen Ihrer Romane meistens das Drehbuch selbst verfaßt, in letzter Zeit auch zwei Drehbücher für Fernsehfilme (Das Geheimnis *und* Geschäfte) *geschrieben. Können Sie die Bedeutung der Filmarbeit für Sie näher charakterisieren?*

Roth: Erstens, daß es eine Zusammenarbeit mit anderen Künstlern gibt, das heißt, daß man nicht so isoliert seiner Arbeit nachgehen muß wie sonst. Zweitens, daß ich mich, was die Handlung betrifft, ausleben kann. Der Film verlangt mehr nach Handlung als ein Roman. Außerdem denke ich in Bildern. Jede Arbeit, die ich beginne, geht von einem Bild aus, und das Bild verselbständigt sich dann. Beim Romanschreiben sehe ich das, was geschieht, bis ins Detail als Innenbild in meinem Kopf. Ich kann generell sagen, daß ich die Arbeiten, die ich für den Film mache, nur deshalb gemacht habe, weil es den Film gibt. Beim *Geheimnis* und später bei *Geschäfte* hat mich wirklich nur die filmische Idee interessiert und nicht die literarische. Ich hätte aus dem Stoff keinen Roman gemacht. Ich will damit sagen, daß es Stoffe gibt, die sich mir als Film aufdrängen.

Im Untersuchungsrichter *heißt es: »In der Kunst: Das Falsche ist das Richtige.« Inwiefern ist Ihr Werk von diesem Grundsatz getragen?*

Roth: Wenn das Falsche das Richtige ist, ist es als Richtiges schon wieder das Falsche. Man darf sich auf keine Methode verlassen, nicht auf die öffentliche Meinung, nicht auf das eigene Ansehen, nicht auf einen materiellen Erfolg, nicht auf Freunde, nicht auf Feinde, schon gar nicht auf den Verlag, den lieben Gott oder sonst jemanden. Man kann sich nur auf die eigene Inspiration verlassen. Man muß zu dem stehen, was einen inspiriert, sonst hat man keine Aufgabe zu erfüllen. Es ist egal, ob man dabei lächerlich aussieht oder verbrecherisch oder idiotisch. Ich bin immer meiner Inspiration nachgegangen, und da mich der Widerspruch AUCH inspiriert, war das sogenannte Falsche für mich oft das Richtige. Aber das ist ein schwieriger Weg, denn dauernder Widerspruch, dauernder Haß, dauerndes Unverständnis lähmen und machen einen zuletzt vielleicht selbst kraftlos und stumm – soferne man nicht das (Un-) Glück hat, früh zu sterben.

Wo sehen Sie die Aufgabe der Literatur und des Schriftstellers im allgemeinen?

Roth: Die Literatur und die Schriftsteller haben keine Aufgabe allgemein gesehen. Die hat nur jeder Schriftsteller für sich selbst dem gegenüber, was er wirklich denkt und fühlt und was ihn inspiriert.

Wo liegt für Sie persönlich die Aufgabe der Literatur und des Schriftstellers?

Roth: Die Einsamkeit des einzelnen zu überwinden helfen. Der einzelne erkennt, daß er (als Leser) mit seinen oft »absonderlichen« Gedanken nicht allein auf der Welt ist. Daher ist mein Wahrheitsanspruch an die Literatur besonders groß. Bücher, die keine Wahrheiten enthalten, interessieren mich nicht. – Mich selbst hat die Literatur von der ersten Begegnung an verändert. Ein Buch ist für mich gleichzeitig ein Schutz vor dem Vernichtetwerden wie auch die Befriedigung meines gedanklichen Voyeurismus: Insoferne ist die Literatur für mich ein Rauschgift, das mich besonders klarsichtig machen kann. Einerseits versetzt sie in Trance, andererseits macht sie hellsichtig. Ich denke besonders an die Lektüre von Kafka, Joseph Conrad oder Hermann Hesse, William Faulkner und Albert Camus.

Verstehen Sie sich als engagierten Schriftsteller?

Roth: Nein, nicht in dem Sinn, wie dieser Ausdruck ein Programm beschreibt. Meine Idee bin ich selber, und zwangsläufig kreuze ich Probleme, die in meiner Zeit eine Rolle spielen. Wenn diese mich inspirieren, schreibe ich darüber, aber ich würde nie in der Lage sein, mir aufgrund eines Ereignisses eine Idee abzuringen. Da käme mir meine Arbeit fabrikmäßig vor, daß ich also ein Produkt herstelle.

Haben Sie als Autor eine besondere Verantwortung?

Roth: Nein. Ein Schriftsteller hat nicht mehr und nicht weniger Verantwortung als beispielsweise ein General, ein Chirurg, ein Rechtsanwalt, ein Lehrer oder ganz gewöhnliche Eltern eines Kindes. Die Kritik unterstellt einem Autor gerne die Verantwortlichkeit eines Politikers, ein Autor ist aber in erster Linie sich selbst verantwortlich, seinem Begriff von Aufrichtigkeit. Was man unter Genie versteht, ist die größte Wahrhaftigkeit sich selbst und der Umwelt gegenüber. Bei den Worten bietet die Schlange der Falschheit fast immer einen Apfel der Lüge als Alternative an. Läßt ein Autor sich verführen, verliert er seinen schöpferischen Garten Eden. Es ist eine lebenslange Auseinandersetzung mit der Lüge und gegen die VEREINNAHMUNG, die ein Autor führen muß.

(1994)

GERFRIED SPERL

Roth und der Zeitbruch

Die intensive Recherche, die geduldige Beobachtung, aber auch die direkte Konfrontation sind Hauptzüge des politischen Engagements Gerhard Roths. Es steht in einem mehrfachen Spannungsfeld.

Der junge Schriftsteller stritt in Graz für die avantgardistische Kultur und für eine experimentelle Rolle regionaler Kunstzentren, wie das »Forum Stadtpark« und damit für den »steirischen herbst«. Er hat sich nie den Vorurteilen konservativer Politiker gegenüber der Metropole Wien angeschlossen. Und er hat sich damals schon den tieferen Ursachen politischer Mißstände zugewandt.

Seine Hoffnung galt einer politischen Wende, die mit dem Sozialdemokraten Bruno Kreisky verbunden war. Dieser Kanzler repräsentierte in den 70er Jahren einen neuen Kulturliberalismus und eine Politik der Öffnung. In die Bewunderung mischte sich jedoch auch Distanz: Selbst Kreiskys Kopf steckte gleichsam in den »Archiven des Schweigens«, er hatte fünf ehemalige NSDAP-Mitglieder zu Ministern gemacht, was Schatten auf das Projekt der geistigen Modernisierung Österreichs warf.

1986, am Beginn der »Waldheimat-Zeit«, ging Gerhard Roth nach Wien und fand in einem Gebäudekomplex eine Wohnung, dessen architektonische Atmosphäre zwischen Bibliothek und Kaserne schwebt. 1986 war auch das Jahr des Aufstiegs von Jörg Haider. Binnen acht Jahren, bis zu den Nationalratswahlen 1994, sollte es ihm gelingen, den Stimmenanteil seiner Partei um das Dreifache auf über 22 Prozent zu erhöhen. Gleichzeitig steigerten sich die Widersprüche in der österreichischen Gesellschaft, forciert durch die populistische Taktik Haiders. Schritt für Schritt zwang er die SPÖ/ÖVP-

Regierung unter dem Sozialdemokraten Franz Vranitzky, die Ausländer- und Asylgesetze zu verschärfen. Sein Ausländer-Volksbegehren brachte 1993 zwar nicht die erwartete Million an Unterschriften. Jene 417 000 Österreicher aber, die für Jörg Haider öffentlich ihren Namen bekundet haben, sind fortan seine Kernschicht geworden.

Im Dezember 1993 fühlten sich – vermutlich – Rechtsradikale ermuntert, gegen den Wiener Bürgermeister Helmut Zilk und andere Opfer mit Briefbomben-Terror vorzugehen.

Im Frühjahr 1995 wurden vier österreichische Roma in Oberwart durch eine heimtückische Bombenfalle aus rassistischen Gründen ermordet. Gerhard Roth hat diese Entwicklung vorausgeahnt: »Österreich, das Reich der neuen Rede«, lautet der Titel seiner Rede anläßlich der Verleihung des Literaturpreises der Stadt Wien und des Kaschnitz-Preises im Herbst 1992.

»Das doppelköpfige Österreich« ließ ihn nicht mehr los. Hier die politisch-historische Lüge vom Opfer der Nazidiktatur, dort die Lebenslüge von der heilen Insel. Hier die Abgründe der österreichischen Seele, dort die Anstrengungen einer affirmativen Kultur. Hier das Unvermögen, aber auch die Weigerung, der eigenen Vergangenheit ins Gesicht zu sehen, dort die Zukunftseuphorie: Die Europäische Union wurde am 12. Juni 1994 mit großer Mehrheit begrüßt.

»Beide Zwillingsköpfe können ohne den anderen nichts tun, zwanghaft müssen sie überall gemeinsam auftreten«, schreibt Roth im Februar 1988 in einem Gastkommentar für das Nachrichtenmagazin »profil«. »Es gibt keine endgültige Auseinandersetzung zwischen ihnen, weil sie aufeinander angewiesen sind. Dieses doppelköpfige, kleine, harmlos aussehende Monstrum, das zugleich lügt und die Wahrheit sagt, ist unser wahres Staatswappen und Waldheim ihr eindrucksvolles Symbol.«

Der Schriftsteller Gerhard Roth schreibt in der Tradition eines Zeitbruchs. Die 68er Bewegung (der er nicht angehörte) hatte in der Alpen- und Donaurepublik nie eine dominant politische Ausprägung gehabt. Denn nicht der Marxismus, sondern der Anarchismus bildet für sie den eigentlichen Angelpunkt in der Kunst. Die verstreuten Kultur-Liberalen schließen mit den 68er-Aktionisten eine Koalition, die ab den 70er Jahren die Kulturdiskussion dominiert, die Kultursituation deshalb aber nicht wesentlich verändert.

Roth, den ich seit studentischen Tagen kenne, den ich andererseits oft Jahre nicht gesehen habe, ist den Grundanliegen des Aufbegehrens der 60er Jahre treugeblieben: Er zweifelt, und er lebt geschichtlich. In diesem Sinn ist er, der seine Heimat(en) kennt und literarisch deutet, geografisch nicht festzulegen. Wie kein anderer Schriftsteller seiner Generation in Österreich hat er sich jenseits von Moden und medialen Eruptionen zu den Grundwasser-Strömungen nicht nur in Österreich geäußert.

Er steht damit viel stärker in der Tradition seiner italienischen, französischen und deutschen Kollegen. Er entspricht nicht dem Bild Schnitzlers oder Hofmannsthals. An Gerhard Roth knüpft sich kein österreichischer Traum.

Gerfried Sperl ist Chefredakteur der Wiener Tageszeitung *Der Standard* und Mitherausgeber der kulturpolitischen Zeitschrift *Was*.

Anmerkungen

1 Der Titel geht zurück auf einen Ausspruch der österreichischen Kulturjournalistin Krista Fleischmann in TV-»Kulturjournal«.
Am 6. Februar 1987 erschien in der Hamburger Wochenzeitung DIE ZEIT eine gekürzte Fassung von Roths polemischer Analyse des österreichischen Wesens. Kurt Waldheim war zu dieser Zeit Präsident der Republik, die sich durch diese Wahl international, vor allem gegenüber dem Westen, isoliert hatte. SPÖ und ÖVP waren im Herbst 1986, 20 Jahre nach dem Ende der ersten großen Koalition, ein neues Bündnis eingegangen.

2 Jörg Haider, österr. Politiker, FPÖ, Dr. jur.; jäh gestoppt schien Haiders Politkarriere im Juni 1991, nachdem er bei einer seiner zahlreichen verbalen Entgleisungen im Kärtner Landtag der Bundesregierung die »ordentliche Beschäftigungspolitik« des Dritten Reiches als beispielhaft vorgehalten hatte. Vom Amt des Kärntner Landeshauptmannes mußte er hierauf zurücktreten.

3 Braunau, die Geburtsstadt Adolf Hitlers, und Ried im Innkreis sind die bereits traditionellen Endstationen des freiheitlichen Wahlkampfes (Braunau, Oktober 1991).

4 *Basta*, österreichisches Magazin, seit Juli 1994 in das Magazin *Der Wiener* integriert.

5 Kurt Waldheim, österreichischer Bundespräsident (1986–1992); Generalsekretär der UNO (1972–1981); Dr. jur.
Acht Wochen vor der Wahl zum Bundespräsidenten am 4.5.1986 wurde durch die Veröffentlichung im Magazin *profil* eine weit über Österreich hinausgreifende Diskussion über Waldheims Verhalten in der NS- und Kriegszeit ausgelöst, worüber Waldheim offenkundig nicht lückenlos Auskunft gegeben hatte. Die internationale Diskussion setzte sich auch nach seinem Amtsantritt fort. Waldheim wurde auf dem internationalen Parkett geschnitten. Im November 1990 wollte er nach Tokio zur Thronbesteigung des japanischen Kaisers Akihito reisen, um aus seiner Isolation auszubrechen.

6 Anläßlich einer im Oktober 1986 stattfindenden Wahlveranstaltung

in der Stadthalle in Wien tanzte Fred Sinowatz gemeinsam mit dem Showstar Marlene Charell einen Cancan.

7 Dr. Kurt Steyrer, österr. Arzt und Politiker; Kandidat der SPÖ für die Bundespräsidentenwahl 1986.

8 Dr. Friedhelm Frischenschlager, österr. Politiker und Jurist (bis 1993 FPÖ, dann Liberales Forum). Als Verteidigungsminister (1983–1986) im Kabinett Sinowatz löste er politischen Ärger im Jänner 1985 aus, als er den von Italien nach jahrzehntelanger Haft freigelassenen, seinerzeit als Kriegsverbrecher verurteilten SS-Sturmbannführer Walter Reder persönlich am Flughafen Graz abholte.

9 Bundeskanzler Sinowatz (SPÖ) bildete im April 1983 mit der Freiheitlichen Partei Österreichs (FPÖ) eine Koalition, sie dauerte bis 1986.

10 Dem damaligen Bundeskanzler Fred Sinowatz wurde von Medien vorgeworfen, er habe mit Hilfe seines Sekretärs Hans Pusch eine »braune Vergangenheit« Waldheims konstruiert.

11 Waldheims Pferd, bez. auf Alfred Hrdlička, österr. Bildhauer, Prof. an der Hochschule für angewandte Kunst in Wien. Den »vergeßlichen« Bundespräsidenten Waldheim, von dem der frühere Bundeskanzler Sinowatz zur Kenntnis genommen hatte, daß nicht »Herr Waldheim, sondern sein Pferd bei der SA war«, verfolgte er beharrlich mit einem bizarren Holzpferd.

12 Waldheim war unter Bundeskanzler Klaus (ÖVP) Außenminister (1968–1970).

13 Am 25. April 1971 verlor Waldheim als Kandidat der ÖVP bei den österr. Bundespräsidentenwahlen gegen den bisherigen Bundespräsidenten Jonas.

14 Waldheim hatte im österreichischen Fernsehen auf die Frage nach seiner Kriegsvergangenheit in der deutschen Wehrmacht, wo er als Nachrichtenoffizier Einblick in die Auseinandersetzung mit Partisanenverbänden gehabt haben mußte, geantwortet, er habe nur seine Pflicht erfüllt. Dies bedeutete, daß er seinen Militärdienst als Pflichterfüllung gegenüber Hitler und dem Nationalsozialismus auffaßte, zumal er sich nie davon distanzierte.

15 Gerhard Roth würde heute das Gegenteil formulieren: »Sie begriffen nicht, daß sie ihre Erklärung nicht nur in der kürzesten Geschichte, der 20jährigen der Ersten Republik, finden konnten, sondern in der langen, der vorausgegangenen habsburgischen.«

16 Österreich war in der Zeit von Juli 1945–Mai 1955 den vier Siegermächten in einer alliierten Militärregierung unterstellt.

17 Leopold Figl (1902–1965), ÖVP-Politiker und Staatsmann, 1945–1953 Bundeskanzler. Als Außenminister unterschrieb Figl am 15.5.1955 den österr. Staatsvertrag.

18 Herbert Prohaska, Fußballer und Teamchef der österr. Nationalmannschaft.

19 Bruno Kreisky (1911–1990), österr. Politiker, SPÖ, Dr. jur.; Bundeskanzler (1970–1983).
20 Johann Öllinger, Minister für Land- und Forstwirtschaft, trat am
   20.5.1970 zurück.
21 Friedrich Peter, österr. Politiker, ab 1956 Vorsitzender der FPÖ.
22 Simon Wiesenthal, österreichisch-israelischer Architekt und Autor,
   Dipl.-Ing.; Wiesenthal wurde 1941 in Lemberg von den Deutschen
   verhaftet, bis zur Befreiung mußte er 12 KZ durchleben. 1947 begann
   er mit dem Aufbau eines Dokumentationszentrums in Wien, das die
   Greuel des Dritten Reiches festhalten sollte.
   Wiesenthal brachte den NS-Verbrecher Eichmann und 1000 weitere
   NS-Schergen vor ihre Richter. Seit 1961 leitet er das von ihm gegründete »Jüdische Dokumentationszentrum« in Wien.
23 »Hetz«, österr. Umgangssprache, bedeutet: Spaß, Vergnügen, Belu-
   stigung. »Hetz« ist abgeleitet von »Tierhetztheater«, das Mitte des
   18. Jahrhunderts das Wiener Publikum unterhielt.
24 Karl Schranz, österr. Schirennläufer; er gewann 13 Weltcup-Einzel-
   rennen und als bisher einziger Österreicher zweimal (1969, 1970) den
   Gesamtweltcup. Er durfte in Sapporo nicht starten, da IOC-Boß Brun-
   dage ein Exempel in Sachen Amateurstatus statuieren wollte. Schranz
   trug bei einem Juxfußballspiel ein Leibchen mit der Reklameauf-
   schrift »Asmara-Café«.
25 Kurt Waldheim wurde im April 1987 von der amerikanischen Regierung auf die sogenannte »Watch-List« gesetzt und darf seither nicht
   mehr in die USA einreisen.
26 Josef Haslinger: Politik der Gefühle. Darmstadt: Luchterhand 1987;
   Klaus Harpprecht: Am Ende der Gemütlichkeit. Düsseldorf: Claas-
   sen 1987; Bernard Cohen/Luc Rosenzweig: Der Waldheim-Komplex. Wien: Verlag für Gesellschaftskritik 1987.
27 Der Vater von Kurt Waldheim hieß ursprünglich Vaclavec und ließ
   seinen Namen eindeutschen.
   Laut Munzinger Vaclavec sic: Watzlawick.
28 Waldheims Wahlslogan der ÖVP beim Präsidentschaftswahlkampf in
   Anspielung auf dessen Tätigkeit als UNO-Generalsekretär.
29 Im Kabinett Kreisky waren die SPÖ-Politiker:
   Johann Öllinger, Dipl.-Ing. Dr. – Minister für Land- und Forstwirtschaft 1970;
   Otto Rösch – Minister für Inneres 1970–1977;
   Josef Moser – Minister für Bauten und Technik 1970–1979;
   Oskar Weihs (1911–1978) – Minister für Land- und Forstwirtschaft
   1960–1976;
   Erwin Frühbauer – Minister für Verkehr 1971–1975.
30 Erwin Ringel (1921–1994), Neurologe und Psychiater, Autor von:
   Die österreichische Seele (1984).

31 Weltcup 9. Jänner 1988: Disqualifikation von vier österr. Schirenn-
läuferinnen bei einem Weltcuprennen. Sie hatten verbotenerweise
die Startnummern mit Sicherheitsnadeln am Schianzug befestigt.

32 Richard Nimmerrichter, siehe Anm. 51.

33 Gregor Munzenrieder, ehemaliger FPÖ-Landtagsabgeordneter im
Burgenland. Munzenrieder soll sich 1987 bei der Wahl des burgenländischen Landeshauptmannes nicht an die ausgehandelte Unterstützung der FPÖ für den ÖVP-Kandidaten Sauerzopf gehalten haben.

34 Udo Proksch, österr. Geschäftsmann, geb. 1934 in Rostock. Im Jänner
1992 wird Proksch wegen sechsfachen Mordes, sechsfachen Mordver-
suches, Gefährdung durch Sprengmittel und versuchten schweren Be-
truges zu lebenslanger Haft verurteilt. Er hatte 1977 sein Schiff »Lu-
cona« im Indischen Ozean versenkt, das wertlosen Schrott geladen
hatte, der auf 212 Millionen Schilling versichert und als Uranmühle
deklariert war. Dabei wurden sechs Besatzungsmitglieder getötet.

35 Anspielung auf Waldheims Ausspruch, er sei nicht einmal ein kleines
Rädchen der Maschinerie des Nationalsozialismus gewesen.

36 Hitlers Lieblings-Marsch.

37 Alois Mock, österr. Politiker, Dr. jur.; Außenminister, ehem. Bundes-
parteiobmann der ÖVP.

38 Anspielung auf Karl Habsburg-Lothringen; 1992–1993 Moderator
der ORF-Game-Show »Who is Who«.

39 Das am 25. Jänner 1992 eingeleitete Volksbegehren »Österreich zuerst« blieb mit nur 417000 Unterschriften (7,37 % der Wahlberech-
tigten) weit unter der Erwartung der FPÖ. Allerdings mußte sich jeder
Unterzeichner im Bezirksamt legitimieren.

40 Jörg Haider gilt dank eines ererbten, seinerzeit arisierten Grundbesit-
zes (Kärnten – Bärenthal) als einer der reichsten Politiker Österreichs.

41 Im November 1992 wurde ein Brandanschlag auf zwei Wohnhäuser
in Mölln verübt. Es wurden drei Türkinnen getötet. Im Mai 1993
wurde ein Brandanschlag auf ein von Türken bewohntes Mehrfami-
lienhaus verübt, bei dem vier Menschen ums Leben kamen.

42 Wahlslogan von Jörg Haider bei den Nationalratswahlen 1994.

43 Michael Graff, Rechtsanwalt, Justizsprecher der ÖVP, bis 1987 ÖVP-
Generalsekretär, Rücktritt nach seiner Äußerung, daß Bundespräsident Waldheim kein schuldhaftes Verhalten nachgewiesen werden
könne, solange nicht bewiesen sei, daß er »mit seinen eigenen Händen sechs Juden erwürgt hat«.

44 Wiener Gruppe, avantgardistischer Wiener Schriftstellerzirkel, bestand seit 1958, löste sich 1961 auf.
Grazer Forum Stadtpark, 1958 gegründete Grazer Künstlergruppe.

45 Kurt Krenn, Theologe, Bischof der Diözese St. Pölten.

46 Edgar M. Bronfman, amerikan. Unternehmer, Präsident des Jüdischen Weltkongresses.

47 Franz Wegart, österr. Landespolitiker, ÖVP; von 1985–1993 Präsident des steiermärkischen Landtages.

48 Theodor Piffl-Perčević, 1911–1994, österr. Politiker, ÖVP; Unterrichtsminister von 1964–1969, Vorsitzender der Stiftung Pro Oriente.

49 12. März 1938.

50 Beginn der ersten Briefbombenserie in Österreich: 4. Dezember 1993, bei der u. a. Wiens Bürgermeister Helmut Zilk schwer verletzt wurde.
   Beginn der zweiten Briefbombenserie: 5. Oktober 1994.

51 Staberl, Pseudonym für Richard Nimmerrichter, österr. Journalist; seit 1964 tägliche Kolumne in dem Boulevardblatt *Neue Kronen Zeitung*, 1992 vom österr. Presserat wegen seines Artikels »Methoden des Massenmordes« verurteilt. Der Artikel wurde als eine Beleidigung des Andenkens an die Opfer gesehen.
   Gerd Leitgeb, österr. Journalist; Kolumne »Fenstergucker« im Boulevardblatt *Täglich Alles*.

52 Franz Jägerstätter, Landwirt und Mesner aus Oberösterreich; lehnte Wehrdienst in Hitlers Wehrmacht ab und wurde 1943 wegen Wehrdienstverweigerung in Berlin hingerichtet.

53 Im Lager Lackenbach wurden in der Zeit des Dritten Reiches tausende Roma interniert, die entweder nach Auschwitz deportiert und dort vergast wurden, oder im Lager Lackenbach an Typhus oder anderen Seuchen starben. Nur wenige überlebten.

54 Thomas Bernhard attackierte Gerhard Roth und Peter Turrini, weil sie für ein Fotobuch (*Bruno Kreisky*. Fotografiert von Konrad B. Müller. Texte von Gerhard Roth und Peter Turrini. Berlin, Wien 1981) Texte über Bruno Kreisky verfaßt hatten. – Thomas Bernhard: »Der personifizierte Salonsozialist«. In: *profil*, Wien, 26. 1. 1981.

55 Ära Kreisky:
   1970: 48,8 %
   1971: 50,4 %
   1975: 50,4 %
   1979: 51,3 %
   1983: 47 %
   Zum Vergleich: 1994: 35,2 %

56 1938 herrschte in Österreich unter dem Austrofaschismus eine große Arbeitslosigkeit, die nachträglich dafür mitverantwortlich gemacht wurde, daß Österreich eine leichte Beute der Nationalsozialisten wurde und viele Österreicher Mitglieder der NSDAP wurden. Die Gold- und Devisenvorräte der Österreichischen Nationalbank hingegen betrugen Anfang 1938 2,7 Milliarden Goldschilling, »ein Vielfa-

ches der Gold- und Devisenvorräte der Reichsbank in Berlin«, wie Hugo Portisch schreibt. Mit diesen Zuschüssen und dem beschlagnahmten jüdischen Vermögen konnte das Deutsche Reich die für die Rüstung benötigten Devisenausgaben bis zu Kriegsbeginn weitgehend decken. Das ist der historische Hintergrund von Kreiskys Feststellung.

57 Ernst Herbeck: »Der Morgen«. In: E. H.: *Im Herbst da reiht der Feenwind.* Gesammelte Texte 1960–1991. Hg. v. Leo Navratil. Salzburg, Wien 1992, S. 8.

58 »Langsam scheiden. Ein Besuch bei Alexander«. Auch in: Gerhard Roth: *Die schönen Bilder beim Trabrennen.* Frankfurt/Main 1982, S. 127–135.

59 Arbeitstitel für Gerhard Roths Romanzyklus *Die Archive des Schweigens.*

60 »Was für den einen das Paradies ist, kann für den anderen die Hölle sein« (S. 21–42) und »Der unhörbare Trauermarsch. Österreich und die Vergangenheit« (S. 43–48).

61 Antisemitismusstudie in der Zeitschrift *profil* 1987/12.

62 FPÖ-Wahlergebnisse: 1986: 9,7 % = 472 205 Stimmen;
1994: 22,5 % = 1 042 000 Stimmen.

63 Norbert Gugerbauer, österr. Jurist und Politiker; 1989–1992 FPÖ-Klubobmann im Parlament, legte nach Querelen mit dem FPÖ-Bundesparteiobmann Jörg Haider alle politischen Funktionen nieder. Am Parteitag der FPÖ 1990 in Linz hatte Gugerbauer zur »Krähenjagd« aufgerufen und meinte damit die Politiker der – von ihm so bezeichneten – »Altparteien«.

64 Anm. von Gerhard Roth: »Die Kritik an Peymann kommt aus der Sicht des Tages. Langfristig gesehen hat Peymann die wertvollste Arbeit zur Durchsetzung der österreichischen Gegenwartsdramatik und für das Burgtheater geleistet.«

65 Anm. von Gerhard Roth: »Es gab noch einen weiteren Vorwurf: Ich hätte Berger als Verfasser im Titel nennen müssen. Diese Kritik bezieht sich auf die Äußerung im Vorwort, ich gäbe Bergers Erzählung unverändert wieder. In Wirklichkeit ist dieser Kommentar fiktiv.«

Auswahlbibliographie und Quellenverzeichnis

(* im vorliegenden Band enthalten)

Anatomie des österreichischen Hirns. (Gespräch mit Robert Weichinger.) In: Uwe Wittstock (Hg.): *Gerhard Roth. Materialien zu »Die Archive des Schweigens«.* Frankfurt am Main (Fischer Taschenbuch Verlag) 1992, S. 67–81.

Archivar des Schweigens. (Gespräch mit Jan Malek.) In: *Buchkultur*, Wien, Nr. 1/1991, S. 8–10.

Bis man vor lauter Weinen ermüdet. In: *Die Presse*, Wien, 2./3. 11. 1991.

Das allmähliche Verstummen der Sprache. In: *Die Zeit*, Hamburg, 16.10.1987.

* Das doppelköpfige Österreich. In: *profil*, Wien, 15.2.1988.

* Das Theater und seine Spielregel. In: *Theater 1987*. Jahrbuch der Zeitschrift *Theater heute*. Zürich 1987, S. 65–67.

Der Chronist. (Gespräch mit Ingomar Robier.) In: *Kärntner Tageszeitung*, Klagenfurt, 6.12.1991.

* Der ewige Sieg des Apparats. In: *Die Zeit*, Hamburg, 31.7.1987.

* Der Menschenfeind, der der Alpenkönig war. Nachruf auf Thomas Bernhard. In: *Neue Rundschau*, Frankfurt am Main, H. 2, Jg. 100 (1989), S. 187–189.

* »Der österreichische Kopf ist mein Thema«. (Gespräch mit Karin Kathrein.) In: *Bühne*, Wien, Sept. 1991, S. 54–59.

* Der Schein siegt. In: *Die Zeit*, Hamburg, 3.6.1988.

* Der unhörbare Trauermarsch. Österreich und die Vergangenheit. In: *Die Zeit*, Hamburg, 8.5.1987.

* Der Würgegriff des Volksempfindens. In: *Die Zeit*, Hamburg, 14.8.1987.

»Die Fürchterlichsten sind die Gebildeten«. (Gespräch mit Ditta Rudle.) In: *Wochenpresse*, Wien, 17.7.1987.

* Die Kultur vernichtet die Kunst. In: *Die Zeit*, Hamburg, 27.3.1987.

* Die SPÖ und ihr »dialektischer Populismus«. In: *News*, Wien, 4.8.1994.

Die unsichtbaren Sieger. In: *Der Standard*, Wien, 26./27. 1. 1991.

Ein Autor – landläufig – depressiv. (Gespräch mit Eva Maria Urban.) In: *Arbeiter Zeitung*, Wien, 14. 4. 1990.

* Ein Gespenst geht um: In: *Kleine Zeitung*, Graz, 10. 2. 1985; u. d. T. »Im eigenen Fett. Der Schriftsteller Gerhard Roth zur Lage der Nation« auch in: *Die Zeit*, Hamburg, 15. 2. 1985; u. d. T. »Zur Lage der Nation« auch in: *Wespennest*, Wien, H. 58/ 1985, S. 47 f.

* »Ein Regisseur, der gern die Hauptrolle spielte«. (Erinnerung an Bruno Kreisky.) In: *Kurier*, Wien, 2. 8. 1990.

Ein Tag im Leben des Bruno K. In: *Zeitmagazin*, Hamburg, Nr. 4/ 1981, S. 4 – 12.

* Eismeer des Schweigens. Ernst Herbeck: »Alexander« – Ausgewählte Texte 1961 – 1981. In: *Die Zeit*, Hamburg, 14. 1. 1983; u. d. T. »Gedichte aus einem Totenhaus« in: *Kleine Zeitung*, Graz, 21. 1. 1983.

Erinnerungs-Fragmente und Kritik am Kleinbürgertum. (Gespräch mit Johannes Frankfurter.) In: *Neue Zeit*, Graz, 29. 9. 1978.

* Ernst Herbeck. In: *Protokolle*, Wien, Nr. 1/ 1994, S. 71 – 74.

* »Für mich ist Schreiben eine Qual«. (Gespräch mit Günter Kaindlstorfer.) In: *Arbeiter Zeitung*, Wien, 14. 3. 1986.

* Gespräch mit Gerhard Roth. In: Peter Ensberg, Helga Schreckenberger: *Gerhard Roth. Kunst als Auflehnung gegen das Sein*. Tübingen: Stauffenburg-Verlag 1994 (= Stauffenburg-Colloquium 31), S. 179 – 185.

»Graz ist eine Nazihochburg«. (Gespräch mit Alfred Stingl.) In: *Wochenpresse*, Wien, 11. 9. 1987.

Haider kann nicht anders. In: *Arbeiter Zeitung*, Wien, 17. 6. 1991.

Hundert Jahre später. Rede zur Rosegger-Preisverleihung am 13. 5. 1994. In: *Protokolle*, Wien, Nr. 2/ 1994, S. 49 f.

* »Ich bin zum Ziel gekommen, indem ich gescheitert bin«. (Gespräch mit Carna Zacharias.) In: *Börsenblatt für den deutschen Buchhandel*, Frankfurt am Main, 4. 2. 1992.

* Im Lande des Zigeunerbarons. In: *News*, Wien, 9. 2. 1995.

* Im Reich des Herrn Karl. Noch einmal Österreich: Bücher über den »Waldheim-Komplex«, eine Politik der Gefühle« und »Das Ende der Gemütlichkeit«. In: *Die Zeit*, Hamburg, 4. 12. 1987.

Ins offene Messer. (Gespräch mit Christoph Hirschmann.) In: *Arbeiter Zeitung*, Wien, 24. 2. 1988.

Kreisky und Emil Jannings. In: *Kleine Zeitung*, Graz, 21. 9. 1975.

Kunst im Blutrausch. (Gespräch mit Hermann Nitsch.) In: *Basta*, Wien, Nr. 2/ 1987, S. 80 – 84.

Labyrinth der Fälschungen. In: *Die Zeit*, Hamburg, 29. 1. 1988.

* »Man hat die Vergangenheit im Ärmel verschwinden lassen wollen«. (Gespräch mit Georg Pichler.) In: *profil*, Wien, 1. 6. 1987.

* Meine Geschichten betreffen auch mich selbst. (Gespräch mit Walter Vogl.) In: *Die Presse*, Wien, 29./30. 12. 1990.

* Mir wird mein Leben lästig schon. Über den österreichischen Künstler August Walla. In: *Die Zeit*, Hamburg, 18. 3. 1988.

Offener Brief zur »Gespenster«-Diskussion. In: *Kleine Zeitung*, Graz, 14. 10. 1975.

* Österreich, das Reich der neuen Rede. (Rede anläßlich der Verleihung des Literaturpreises der Stadt Wien und des Marie Luise Kaschnitz-Preises 1992.) Gekürzte Fassung u. d. T. »Die Saat des Schweigens ist aufgegangen« in: *Der Standard*, Wien, 12. 11. 1992; u. d. T. »Das Reich der neuen Rede« auch in: *Die Zeit*, Hamburg, 13. 12. 1992.

* Rat Smrt. In: Peter Pongratz, *Das Herz der Finsternis*. Bilder und Zeichnungen zum Krieg am Balkan. Katalog. Wien 1993, o. S.

Reise ins Innere des Zorns. Gedanken zur Grazer Gemeinderatswahl. In: *Kleine Zeitung*, Graz, 25. 2. 1978.

* Rushdie und die Weltbild-Zyklopen. In: *profil*, Wien, 28. 2. 1994.

Selbstportrait als Staberl. In: *Der Standard*, Wien, 14. 12. 1992.

Tod am See. In: *News*, Wien, 12. 11. 1992.

Tollwut im Stillen Ozean. (Gespräch mit Christoph Hirschmann und Axel Krotz.) In: *Arbeiter Zeitung*, Wien, 7. / 8. 9. 1991.

* Vergreist und verfault. In: *News*, Wien, Sonderheft 1, Dez. 1993.

Vier Gefahren für den »steirischen herbst«. In: *Kleine Zeitung*, Graz, 29. 10. 1980.

* Von Schafen, falschen Hunden, bedrohlichen Krähen und anderen Tieren. (Rede anläßlich der Verleihung des Ehrenpreises des Österreichischen Buchhandels.) Gekürzte Fassung u. d. T. »Die Schaf-Macher« in: *Der Standard*, Wien, 11. 11. 1994.

* Warum sie schreiben wie sie schreiben. (Antwort auf eine Umfrage.) In: *Literaturmagazin* 19, Reinbek b. Hamburg (Rowohlt) 1987, S. 17, 108 f.

* »Was für den einen das Paradies ist, kann für den anderen die Hölle sein«. In: *Bertolt Brecht: Der aufhaltsame Aufstieg des Arturo Ui*. Wien: Burgtheater 1987 (= Programmbuch 16), S. 103–123; gekürzte Fassung in: *Die Zeit*, Hamburg, 6. 2. 1987.

Wenn es Politikern so ginge… Rückblick auf einige Spitalszustände. In: *Kleine Zeitung*, Graz, 19. 3. 1978.

Zu Politik und Politikern. In: *Kurier*, Wien, 26. 10. 1993.

Zur Unfreiheit abgerichtet und in der Kälte erstarrt. (Gespräch mit Johannes Frankfurter.) In: *Neue Zeit*, Graz, 30. 9. 1978.

Gerhard Roth
Die Archive des Schweigens

Band 1: *Im tiefen Österreich*
Bildtextband. 212 Seiten mit 65 vierfarbigen und
125 schwarz-weiß Abbildungen. Leinen
und als Band 11401

Band 2: *Der Stille Ozean*
Roman. 247 Seiten. Leinen
und als Band 11402

Band 3: *Landläufiger Tod*
Roman. Illustriert von Günter Brus
795 Seiten. Leinen
und als Band 11403

Band 4: *Am Abgrund*
Roman. 174 Seiten. Leinen
und als Band 11404

Band 5: *Der Untersuchungsrichter*
Die Geschichte eines Entwurfs
Roman. 172 Seiten. Leinen
und als Band 11405

Band 6: *Die Geschichte der Dunkelheit*
Ein Bericht. 159 Seiten. Leinen
und als Band 11406

Band 7: *Eine Reise in das Innere von Wien*
Essays. 288 Seiten mit 20seitigem Bildteil. Leinen
und als Band 11407

S. Fischer

Gerhard Roth
Der See
Roman
240 Seiten. Leinen

Paul Eck ist Vertreter für pharmazeutische Produkte. Überraschend erhält er einen Brief von seinem Vater, den er seit der Scheidung seiner Eltern nicht gesehen, den er nie wirklich kennengelernt hat. Der Vater lädt ihn ein zu einem Besuch am Neusiedler See. Trotz großer Vorbehalte macht sich der Sohn auf die Reise. Doch am Tag seines Eintreffens verschwindet der Vater spurlos, bevor die beiden sich begegnen. Es wird ein Bootsunfall auf dem See vermutet, dessen eigentümliche meterologische und geographische Gegebenheiten berüchtigt sind. Der Sohn spürt seinem Vater nach und versucht, ihn – oder wenigstens seinen Leichnam – ausfindig zu machen. Er muß erkennen, daß sein Vater in allerlei dunkle Geschäfte und windige Vorhaben rund um den See verstrickt war. Bei den Anwohnern des Sees macht der Sohn sich mit den falschen Fragen zum falschen Zeitpunkt rasch unbeliebt, seine Suche wird keineswegs unterstützt, sondern nachdrücklich behindert. Gerhard Roths handlungsreicher und suggestiv erzählter Roman nimmt Elemente der klassischen Detektivgeschichte auf.

S. Fischer

Österreich erzählt

27 Erzählungen

Ausgewählt und mit einer Nachbemerkung
von Jutta Freund

Band 9283

Österreich erzählt – von Träumen und Erinnerungen, von Einsamkeit und Tod, vom Lachen und Vergessen. 27 österreichische Autoren schreiben bissig, böse, witzig oder wehmütig über ihr Land, über historische Ereignisse, über seine Bewohner, schreiben ihre Geschichten – jeder auf seine charakteristische Art und Weise. Die hier gesammelten Erzählungen zeigen in ihrer Vielfalt die Spannweite und die verschiedenen Strömungen der österreichischen Prosa unseres Jahrhunderts. Sie geben die Stimmung dieses Landes wieder, des Landes, das Hans Weigel »die Synthese aller Welten«, das »staatsgewordene Paradoxon« nannte, in dem man »deutsch sprechen kann, ohne Deutscher zu sein«. Eine Mischung aus Heiterkeit und Melancholie tritt uns entgegen, diese typische Mischung, die zu so vielen nicht nur literarischen Bildern und Vergleichen schon Anlaß gab.

Es erzählen:

*Ilse Aichinger, Peter Altenberg, H.C. Artmann,
Ingeborg Bachmann, Alois Brandstetter, Franz Theodor
Csokor, Heimito von Doderer, Erich Fried,
Barbara Frischmuth, Marlen Haushofer, André Heller,
Fritz von Hermanovsky-Orlando,
Hugo von Hofmannsthal, Ödön von Horváth,
Elfriede Jelinek, Robert Musil, Alfred Polgar,
Helmut Qualtinger, Christoph Ransmayr, Peter Rosei,
George Saiko, Arthur Schnitzler, Jutta Schutting,
Jura Soyfer, Franz Tumler, Franz Werfel, Stefan Zweig.*

Fischer Taschenbuch Verlag

fi 1153 / 5

Ilse Aichinger
Werke

Herausgegeben von
Richard Reichensperger

Acht Bände in Kassette
Die Kassette wird nur
geschlossen abgegeben
Als Einzelbände lieferbar

Die größere Hoffnung
Roman. Band 11041

»Wer ist fremder, ihr oder ich?
Der haßt, ist fremder als der
gehaßt wird, und die Fremdesten
sind, die sich am meisten zuhause
fühlen.«

Der Gefesselte
Erzählungen 1
1948–1952
Band 11042

Am Beginn der Wiederaufbau-Ära
sprechen Ilse Aichingers frühe
Erzählungen von Erstarrung und
Verdrängung, »erlösungssüchtig
und untröstlich, kritisch und
gelassen.«   *Joachim Kaiser*

Eliza Eliza
Erzählungen 2
1958–1968
Band 11043

»Tatsache ist, daß Ilse Aichinger
mit den herkömmlichen Praktiken
des Schreibens endgültig gebrochen hat. Sie verläßt sich nicht
mehr auf Visionen, sie besteht auf
reiner bodenloser Anarchie.«

Heinz Piontek

Schlechte Wörter
Band 11044

»Eine Prosa der Zweifel, der Fragen, der Suche. Diese Prosa hebt
alles aus den Angeln, was sie an-
spricht und meint.«   *Jürgen Becker*

fi 2013 / 2 a

Kleist, Moos, Fasane
Prosa. Band 11045

In Erinnerungen an die Zeit des Nationalsozialismus, in Aufzeichnungen und Reden vollzieht sich eine poetische Rebellion gegen die Gewalt der Geschichte.
»Wenn es zur Zeit der Sintflut geschneit und nicht geregnet hätte, hätte Noah seine selbstsüchtige Arche nichts geholfen.«

Auckland
Hörspiele. Band 11046

Dieser Band versammelt erstmals sämtliche Hörspiele Ilse Aichingers, vom sozialkritischen Stück »Knöpfe« (1953) bis zum Sprachgewebe »Gare maritime« (1976), das die Autorin mit Jutta Lampe und Otto Sander inszenierte.

Zu keiner Stunde
Szenen und Dialoge
Band 11047

Dialoge und Szenen, die in mikroskopisch präziser Dialogtechnik Orte und Charaktere lebendig machen, »ein zierliches Meisterwerk, das Fülle und Geheimnis des Lebens enthält.«
Günter Blöcker

Verschenkter Rat
Gedichte. Band 11048

»Gedichte, in denen Kritik an dieser Welt geübt wird, die darum, weil sie nicht tagespolitisch ist, um nichts weniger radikal ist.«
Erich Fried

Fischer Taschenbuch Verlag

fi 2013 / 2 b

W. G. Sebald

Die Ausgewanderten
Vier lange Erzählungen
Band 12056

Die Beschreibung des Unglücks
Zur österreichischen Literatur von Stifter bis Handke
Band 12151

Nach der Natur
Ein Elementargedicht
Band 12055

Schwindel. Gefühle.
Band 12054

Unheimliche Heimat
Essays zur österreichischen Literatur
Band 12150

Fischer Taschenbuch Verlag

fi 1572 / 5